Rafael Seligmann

Hitler

Die Deutschen und ihr Führer

Ullstein

Besuchen Sie uns im Internet:
www.ullstein-taschenbuch.de

Umwelthinweis:
Dieses Buch wurde auf chlor- und säurefreiem Papier gedruckt.

Ungekürzte Ausgabe im Ullstein Taschenbuch
1. Auflage August 2005
© Ullstein Buchverlage GmbH, Berlin 2004/Ullstein Verlag
Umschlaggestaltung: Büro Hamburg (nach einer Vorlage von
Hauptmann & Kompanie Werbeagentur, München – Zürich/Doris Hünteler)
Titelabbildung: getty images/Hulton Archive
Satz: LVD GmbH, Berlin
Gesetzt aus der Bembo
Druck und Bindearbeiten: Ebner & Spiegel, Ulm
Printed in Germany
ISBN-13: 978-3-548-36759-0
ISBN-10: 3-548-36759-3

Meinem Vater Ludwig Seligmann

Inhalt

... und wenn einst der zähmende Talisman, das Kreuz, zerbricht, dann rasselt wieder empor die Wildheit der alten Kämpfer, die unsinnige Berserkerwut, wovon die nordischen Dichter so viel singen und sagen. Jener Talisman ist morsch, und kommen wird der Tag, wo er kläglich zusammenbricht. Die alten steinernen Götter erheben sich dann ... und reiben sich den tausendjährigen Staub aus den Augen, und Thor mit dem Riesenhammer springt endlich empor und zerschlägt die gotischen Dome ... Der Gedanke geht der Tat voraus, wie der Blitz dem Donner. Der deutsche Donner freilich ist auch ein Deutscher und ist nicht sehr gelenkig, und kommt etwas langsam herangerollt; aber kommen wird er, und wenn Ihr es einst krachen hört, wie es noch niemals in der Weltgeschichte gekracht hat, so wisst: der deutsche Donner hat endlich sein Ziel erreicht. Bei diesem Geräusche werden die Adler aus der Luft tot niederfallen, und die Löwen in der fernsten Wüste Afrikas werden die Schwänze einkneifen ... Es wird ein Stück aufgeführt werden in Deutschland, wogegen die französische Revolution nur wie eine harmlose Idylle erscheinen möchte ...

Heinrich Heine
Zur Geschichte der Religion und Philosophie in Deutschland

Wechselwirkung

Adolf Hitler ist die dominante Figur unserer Zeitgeschichte. Als Politiker, Feldherr und Verbrecher überragt er Napoleon, Mussolini, Stalin, Franco, Mao Tse-tung und Saddam Hussein. Hitlers Wirken war derart einschneidend, dass es weiterhin das Fühlen, Denken und Handeln der Menschen, insbesondere der Deutschen, beeinflusst.

Keines Menschen Leben und Taten sind so nachhaltig erforscht worden wie jene Adolf Hitlers. Angesehene Historiker und Publizisten haben sich eingehend mit der Weltanschauung des Nazi-Chefs, seiner Politik, seinen Untaten und seinen Kriegen auseinander gesetzt. Der Eifer mancher Biografen bezog Hitlers Privatleben mit ein, selbst seinen Hunden wurde nachgeschnüffelt.

Die anschwellende Publikationslawine zur Person Hitler steht in einem bemerkenswerten Gegensatz zum Erkenntnisertrag. Entscheidende Fragen der Wirkung Hitlers wurden bis heute nur am Rande gestellt und bleiben daher ungenügend beantwortet.

Womit schlug der österreichische Zuwanderer die Deutschen in seinen Bann? Warum stimmten 17 Millionen Menschen in demokratischen Wahlen für ihn? Aus welchem Grund erkoren die Deutschen Hitler zu ihrem Führer? Warum haben die Deutschen im Namen Hitlers gekämpft, getötet und sich am Ende gar für ihren Führer geopfert, als bereits unumstößlich feststand, dass ihr Herrscher untergehen und ihr Land mit sich in den Abgrund reißen würde? Wie konnte es zum gemeinschaftlichen Völkermord an den Juden kommen?

Diese Fragen allein erweisen, dass Hitler seine Macht nur im Zusammenspiel mit den Deutschen entfalten konnte. Auf sich selbst gestellt war der Postkartenmaler ein Niemand.

Hier wird der entscheidende Unterschied zu den eingangs erwähnten Diktatoren deutlich. Die Herren entbehrten ebenso wie der Hunnenhäuptling Attila jeglicher demokratischen Legitimation. Popularität war für sie zweitrangig. Adolf Hitler dagegen besaß bis an sein Ende die breite Zustimmung, das Vertrauen, die Verehrung, ja die Liebe der Deutschen.

Die unbedingte Gefolgschaft der Bevölkerung war die Grundlage der Herrschaft Hitlers. Die Deutschen schenkten Hitler ihr Vertrauen. Nur dadurch war er fähig, seine Weltauffassung, seine Politik, seinen Hass, seinen Krieg und seine Verbrechen zu jenen seines Volkes zu machen.

Niccolò Machiavelli nennt Liebe oder Angst als wirksamste Instrumente zur Sicherung von Macht. »Am besten« aber, so der Florentiner Philosoph, sei es, »zugleich geliebt und gefürchtet« zu werden. Eben dieses Gefühlsamalgam verband die Deutschen mit Hitler. Warum? Was vermittelte der Mann aus Braunau seinem Volk?

Hitlers Anziehungskraft wird bis heute mit seinem »Charisma« erklärt. Charisma, so Max Weber, sei die übernatürliche Fähigkeit einer Person, Einfluss auf andere auszuüben. Hitler gebrauchte den Begriff Vorsehung. Auf diese Weise sollte ein mythisches Band zwischen dem Volk und seinem Führer geknüpft werden. Die Verflechtung der Deutschen mit Hitler war jedoch keineswegs überirdisch. Wie bei jeder dauerhaften Liebesbeziehung gab es auch in diesem Fall zunächst eine spontane Bindung. Sie entsprang geteilten mythischen Gefühlen. Daneben aber bestand auch eine handfeste Grundlage. Das gemeinsame Interesse der Deutschen und Hitlers war das Alibi seines Charismas. Das Bindeglied zwischen Führer und Volk war die Angst vor der Moderne.

Die Moderne bezeichnet das Bestreben, Denken und Handeln an zweckmäßiger Vernunft zu orientieren. Dadurch werden Erwägungen und Taten nachvollziehbar und kontrollierbar. Diese Einstellung erfordert eine selbstbewusste Ablehnung metaphysischer Tröstungen und Ausreden für das eigene Versagen.

Aufgrund von Geschichte und Geografie konnte das Denken der Moderne in Deutschland nie seine volle Kraft entfalten. Anfang des 19. Jahrhunderts wurde durch Napoleons Grenadiere den Deutschen kurzfristig das Denken der Aufklärung aufgenötigt. Das Kind des vernunftgemäßen Denkens wurde in Deutschland jedoch bald darauf mit dem Bad der Befreiungskriege im hohen Bogen wieder ausgeschüttet. Die überwiegende Mehrheit des deutschen Bürgertums beliebte, sich an dem Idealismus Fichtes, Arndts und der neu erfundenen germanischen Mythenwelt Richard Wagners zu orientieren, ja dorthin zu flüchten, statt die eigene politische, soziale und kulturelle Wahrnehmung nüchternen Kriterien zu unterziehen.

Diese Einstellung verstärkte sich infolge des Traumas des verlorenen Ersten Weltkriegs und der gesellschaftlichen und wirtschaftlichen Krise ab Ende der zwanziger Jahre. Statt die anstehenden Schwierigkeiten rational anzugehen und schließlich aus der Welt zu schaffen, berauschten sich die Deutschen an der Droge des Chauvinismus, die bereits für ihre Misere im Weltkrieg und danach mitverantwortlich war.

Die Deutschen fühlten sich und waren tatsächlich durch die Moderne bedroht – da sie sich weitgehend den Prinzipien der nachvollziehbaren Vernunft verschlossen. Auch Adolf Hitler verstand sich als Opfer der Moderne, er gab ihr die Schuld an seinem bisherigen Scheitern. So verliehen Hitler und seine Bewegung der Angst des deutschen Bürgertums eine authentische Stimme. Der NS-Chef nannte den Deutschen als exklusiven Grund ihrer Misere die Juden. Die Juden waren in der Tat die unbestrittenen Nutznießer der Moderne, ganz gleichgültig, ob als Demokraten, Kapitalisten, Intellektuelle oder Kommunisten.

Adolf Hitler begnügte sich nicht damit, die Juden anzuprangern. Er führte vielmehr sein Volk in den Befreiungskrieg gegen die Juden. Damit aktivierte Hitler den in Deutschland schlummernden Antisemitismus. In der Tat verkörperten und propagierten die Juden stärker als jede andere Gruppe die Moderne. Damals bestanden, was heute meist verschwiegen wird, erhebliche wirtschaftliche, gesellschaftliche und geistige deutsch-jüdische Gegensätze. Diese von den Nazis angeheizten Konflikte eskalierten zum Krieg der Mehrheit gegen die Minderheit, der in einem kühl exekutierten Massenmord endete. Gleichwohl war der Antisemitismus nicht Ursprung, sondern Metapher der deutschen Angst vor der Moderne. Die Deutschen waren keine mörderischen Antisemiten. Sie sahen jedoch weg, tolerierten oder profitierten gar vom Völkermord.

Die taktische Modernität der Kriegsführung Hitlers, seine Begeisterung und die seiner Mitstreiter für die neueste Technik in Propaganda, Massenmobilisierung und Kriegswaffen lässt bis heute viele nicht erkennen, dass den Nazis und ihrem Führer diese modernen Instrumente lediglich als Mittel ihrer Vernichtungskampagne gegen das moderne Denken und seine Träger dienten. Das Ziel Hitlers aber stand unverbrüchlich fest: die Rückkehr zur Scholle, zur verklärten Welt der Germanen.

Der »totale Krieg« ab 1943 war eine Erfindung von Joseph Goebbels. Millionen Deutsche beteiligten sich begeistert daran. Denn sie standen bis zuletzt in unverbrüchlicher Treue zu Hitler. Der kleinen, elitären Widerstandsbewegung fehlte die Basis im Volk. Daher waren Stauffenberg und seine Mitstreiter zur Täuschung gezwungen. Sie mussten vorgeben, die Staatsautorität zu verteidigen.

Die NS-Propaganda suggerierte eine Einheit von Volk und Führer: »Deutschland ist Hitler und Hitler ist Deutschland.« Die Totalität ist übertrieben, doch unstreitig ist, dass Hitler seine Wirkung nur im Verein mit den Deutschen entfalten konnte. Die Hintergründe der Hingabe der Deutschen an ihren Führer sind der Gegenstand dieses Buches.

Die Leser sollen nicht in einer Flut von Fußnoten und Anmerkungen zur Fachliteratur ertrinken. Darum habe ich in der Regel auf Nachweise der zitierten Textstellen verzichtet.

Mein Verständnis von Zeitgeschichte orientiert sich an den Forderungen des Philosophen Karl Popper: Tatsachen und Gedanken sollen nicht bewiesen, sondern hinterfragt werden. Dies setzt die Kenntnis der wichtigsten Quellen voraus. Daher soll Hitlers Buch *Mein Kampf* hier ausführlich erläutert werden. Die fortdauernde Indizierung der Schrift in Deutschland ist kontraproduktiv. Sie zeugt von mangelndem demokratischen Selbstbewusstsein. Der ungehinderte Zugang zu den Bänden Hitlers würde keine neuen Nazis produzieren. Im Gegenteil, ein Mythos würde zusammenbrechen.

Die Thesen der Hitlerliteratur, etwa der Biografien Joachim C. Fests, Ian Kershaws und der anregenden *Anmerkungen zu Hitler* Sebastian Haffners werden im vorliegenden Buch durchaus kritisch gewürdigt.

Bescheidener Anfang

1919

Die gewaltigste politische Karriere des vergangenen Jahrtausends nahm einen unscheinbaren Anfang.

Im Juni 1919, ein halbes Jahr nach der Etablierung der deutschen Demokratie, der Weimarer Republik, veranstaltet das lokale Reichswehrkommando in den Räumen der Universität München einen Schnellkurs zur weltanschaulichen Aufrüstung politisch »zuverlässiger« Soldaten. Dozenten des Lehrgangs sind unter anderen der Publizist und selbst ernannte Wirtschaftsfachmann Gottfried Feder, der über »Zinsknechtschaft« referiert. Die entsprechende historisch-politische Aufklärung übernimmt der Historiker Karl Alexander von Müller.

Nach einem Vortrag von Müllers kommt es zu einer erregten Debatte unter den Hörern. Der Gefreite Adolf Hitler belehrt einen anderen Kursteilnehmer vehement über die Ausbeutung der Deutschen durch die Juden. Von Müller fällt die ungewöhnliche Redebegabung des Soldaten auf. Er macht den Bildungsoffizier Karl Mayr darauf aufmerksam. Damit beginnt der politische Aufstieg Adolf Hitlers. Mayr fördert fortan systematisch den Werdegang des wortgewandten Soldaten. Unter anderem kommandiert er den Gefreiten ins Lager Lechfeld ab. Die Grenadiere dieses Standorts gelten als anfällig für kommunistische Ideen. Gemeinsam mit dem dortigen Armeekommandeur indoktriniert Hitler die Soldaten. Er doziert über »Friedensbedingungen und Wiederaufbau«, »Soziale und wirtschaftliche Schlagworte«, »Kapitalismus«. Ein entscheidendes Element seiner Ausführungen ist der Antisemitismus. Hitler schwadroniert nicht wie andere über Judenhass. Vielmehr besitzt er eine weltanschauliche Vorstellung von der Rolle der Juden und der effektivsten Art, sie zu bekämpfen. Adolf

Hitler lehnt eine vom Gefühl getragene Judenfeindschaft ab. Er versteht sich als Rassenantisemit und predigt daher einen »Antisemitismus der Vernunft«, wie er es nennt: »Letztes Ziel aber muss unverrückbar die Entfernung der Juden überhaupt sein.«

Die anwesenden Offiziere und Hitler selbst erkennen die mitreißende Wirkung seiner Worte: »Ich durfte auch von Erfolg sprechen: Viele Hunderte, ja wohl Tausende von Kameraden habe ich im Verlaufe meiner Vorträge wieder zu ihrem Volk und Vaterland zurückgeführt.« Hitlers Beurteilung trifft zu. Mannschaften und Offiziere sind von seinen Reden angetan.

Adolf Hitlers erste öffentliche Auftritte und sein politischer Erfolg setzten nicht von ungefähr mit antijüdischer Agitation ein. Die heute vielfach beschworene deutsch-jüdische Symbiose ist ein nostalgischer Abgesang. Eine gut gemeinte, jedoch irreführende Verklärung, die einer unvoreingenommenen Aufarbeitung der Geschichte entgegensteht. Tatsächlich herrschte in der Folge des Ersten Weltkriegs ein anschwellender deutsch-jüdischer Krieg. Er speiste sich aus einem realen Interessenskonflikt und wurde durch alte Mythen befeuert.

Die Deutschen waren keine eliminatorischen Antisemiten, wie rückwärts gewandte Propheten uns heute weismachen wollen. Deutschlands Juden blickten auf eine 1700-jährige Geschichte zurück. Trotz sporadischer Verfolgung und kontinuierlicher Diskriminierung hatten die Deutschen im Gegensatz zu anderen europäischen Nationen – etwa England, Spanien, Portugal und Frankreich – die Juden nicht vertrieben. Mit der Reichsgründung von 1871 erlangten die deutschen Juden schließlich die Emanzipation. Doch der von den Juden ersehnte legale Durchbruch erwies sich als Beginn eines katastrophalen historischen Prozesses.

Die Juden waren ihren deutschen Landsleuten im Durchschnitt weit überlegen. Ihre Tüchtigkeit rührte aus einem Bündel von Ursachen: Sie pflegten seit der Antike das Studium der Bibel und deren Begleitschriften. Ihr geschulter Geist verlieh ihnen einen Vorsprung gegenüber den Nichtjuden, bei denen

die Alphabetisierung der Masse erst im 19. Jahrhundert eingesetzt hatte.

Den Juden war es im Allgemeinen nicht erlaubt, Land zu be-
bauen. Die Weigerung der Zünfte, Juden aufzunehmen, erhöhte
zwangsläufig ihre Mobilität. Ständige Benachteiligung und die
latente Gefahr von Verfolgungen steigerten die Flexibilität und
die Fähigkeit, sich rasch auf neue Situationen einzustellen.

Da den Christen lange Zeit Zinsnahme verboten blieb, entwickelte sich das Geldgeschäft zu einer jüdischen Domäne.
Finanztransaktionen erfordern rationales Denken und Handeln, ständige Lernbereitschaft sowie hohe Anpassungsfähigkeit.

Fazit: Die Notwendigkeit zum modernen Denken verlieh
den Juden einen Vorsprung gegenüber ihrer nichtjüdischen
Umgebung, einen, wie es vielen schien, uneinholbaren Vorsprung.

Die Tüchtigkeit und der Eifer der zu spät emanzipierten Juden in Deutschland entsprachen jenen der Deutschen in der
internationalen Arena. Beide drängten unentwegt vorwärts –
und machten sich dadurch unbeliebt. Streber werden verachtet, weil man ihren Erfolg neidet.

Nicht einmal jeder hundertste Deutsche war Jude (0,7 Prozent der Bevölkerung). Umso bemerkenswerter waren die objektiven Leistungen der Juden. Ein Viertel der deutschen Nobelpreisträger, sechs Prozent der Richter und Staatsanwälte,
sieben von hundert Ärzten, mehr als acht Prozent der Journalisten und Schriftsteller und 15 Prozent der Rechtsanwälte und
Notare waren Juden. Berlin war das wichtigste jüdische Zentrum Deutschlands, ja Europas. Dort lebten am Ende des Ersten Weltkriegs mehr als 170 000 Juden, 4 Prozent der Einwoh-
nerschaft. Knapp die Hälfte der niedergelassenen Anwälte und
mehr als ein Fünftel der selbstständigen Ärzte in der Hauptstadt waren jüdischer Herkunft. Im Textilhandel besaßen jüdische Firmen einen Marktanteil von nahezu 40 Prozent. Die
großen Kaufhausketten gehörten deutschlandweit zu vier Fünf-
teln jüdischstämmigen Familien. Ein Drittel der hundertfünfzig
Berliner Privatbanken befanden sich in jüdischem Besitz. Die

erfolgreichen Verlage S. Fischer, Schocken sowie die Zeitungs-
häuser Ullstein und Mosse hatten jüdische Eigentümer.

Im kulturellen Leben spielten Juden eine herausragende
Rolle: Der Sezessionsmaler Max Liebermann war ab 1920 Präsident der Preußischen Akademie der Künste. Seit 1914 leitete
der spätere Nobelpreisträger Albert Einstein das Kaiser-Wil-
helm-Institut für Physik. Der Chemiker Fritz Haber wurde
ebenfalls Nobelpreisträger. Im Krieg entwickelte er Giftgase.

Trotz oder gerade wegen ihrer Erfolge wurden die Juden
von der breiten Mehrheit der deutschen Bevölkerung nicht als
ihresgleichen akzeptiert. Viele Deutsche nahmen sie als Fremde
wahr oder sahen sie als ihre Feinde an – die Übergänge waren
fließend. Die Juden unternahmen teilweise groteske Bemü-
hungen, durch Anpassung als Deutsche anerkannt zu werden –
als Beispiel sei hier Walther Rathenaus Pamphlet *Höre Israel* aus
dem Jahre 1905 zitiert. Rathenau, dem aufgrund seines Judentums ein Offizierspatent verwehrt wurde, versuchte den antisemitischen Teufel mit dem Beelzebub der Selbstverleugnung
auszutreiben: »Was muss geschehen? Die bewusste Selbsterzie-
hung einer Rasse zur Anpassung an fremde Anforderung …
eine Anartung in dem Sinne, dass Stammeseigenschaften,
gleichviel ob gute oder schlechte, von denen erwiesen ist, dass
sie den Landesgenossen verhasst sind, abgelegt und durch geeignete ersetzt werden müssen.«

Rathenau und Co. mochten sich anbiedern und um Anpassung bemühen, ihre intellektuelle Überlegenheit wollten
und konnten sie nicht ablegen: Sie dachten nicht daran, ihre
Sessel und Pulte mit den Fließbandplätzen, Geschäften und
Werkstätten der deutschen Arbeiter und Kleinbürger zu tauschen. Deshalb mussten ihre Anartungsanstrengungen scheitern.

Der deutsch-jüdische Konflikt war kein religiöser Zwist – auf
beiden Seiten schwand die Glaubensbereitschaft rapide – und
schon gar kein Rassenkrieg – Deutsche und Juden waren or-
dentlich »durchrasst« und durchmischt –, sondern eine gesellschaftliche Auseinandersetzung, die ihren Ursprung in der

unterschiedlichen geistigen und damit sozialen Prägung beider Gruppen hatte.

Die Unterlegenheit der nichtjüdischen deutschen Gesellschaft gegenüber den Juden entsprang einem unentwirrbaren geografisch-historischen Geflecht. Germanien, später Deutschland, war Gefangener seiner Position im Zentrum Europas. Jede Armee, die sich seit den Römertagen erobernd von Norden nach Süden, von Osten nach Westen oder umgekehrt aufmachte – Hunnen, Schweden, Russen, Franzosen –, musste notgedrungen Deutschland passierend einnehmen. Ein Ergebnis war die politische Zersplitterung Deutschlands. Der deutsche Kaiser war ein politisches Leichtgewicht.

Als Folge des Westfälischen Friedens von 1648 wurden die im Dreißigjährigen Krieg weitgehend zerstörten deutschen Lande politisch in knapp dreihundert Teile atomisiert. Eine einheitliche geistige Entwicklung war unmöglich. Die deutschen Höfe, der höhere Adel orientierten sich nach Frankreich. Bürgertum und Bauern wurden auf sich zurückgeworfen.

Deutschland hatte seinen Immanuel Kant. Doch dem Königsberger Philosophen konnte es nicht gelingen, die Menschen seines Landes aus ihrer »selbstverschuldeten Unmündigkeit« durch »Aufklärung« zu befreien. Zu gespalten war ihr Land, zu immobil und ohne Einwirkungskraft blieb sein Bürgertum. In der französischen Gesellschaft dagegen gewann das aufklärerische Verständnis, Herausforderungen vernunftgemäß zu analysieren und zu lösen, zunehmend Einfluss. In Deuschland wiederum brachte die Französische Revolution die Rationalität des modernen Denkens in Verruf – soweit man bislang davon überhaupt Kenntnis genommen hatte. Ein großer Geist wie Goethe erkannte die Freiheitskraft, die die Proklamation der Menschenrechte mit sich brachte. Doch die Mehrheit des deutschen Bildungsbürgertums genügte sich wie der philosophierende Theologe Johann Gottfried Herder im Entsetzen über die »fürchterliche Unordnung der Dinge« und ein »wahnsinniges Volk und eines wahnsinnigen Volkes Herrschaft«. »Was in Frankreich geschehen ist, kann und darf uns nicht zum Muster dienen«, warnte im selben Tenor der Dichter Christoph Martin Wieland. Die im modernen Denken ungeübten Gehirne der deutschen Intellektuellen waren vom Chaos und der Gewalt der Revolution dermaßen entsetzt und blockiert, dass sie unfähig waren, sich mit der ihr zugrunde liegenden Kraft der Vernunft auseinander zu setzen.

Als die Grenadiere Napoleons, der zugleich Kind und Totengräber der Revolution war, die deutschen Armeen besiegten und ihre Länder besetzten, waren die Prinzipien der modernen Vernunft hierzulande endgültig diskreditiert. Die Demütigung der französischen Okkupation brachte anstelle der Ratio, die man mit französischer Unterdrückung gleichsetzte, den schlummernden deutschen Nationalismus zum Durchbruch. Dabei wurden germanische Mythen mit christlichen Ingredienzien zu einem irrationalen nationalistischen Gebräu vergoren.

Der Philosoph Johann Gottlieb Fichte stilisierte in seinen *Reden an die deutsche Nation* (1807/08) die Deutschen zum Urvolk, auserwählt, die Menschheit geistig zu veredeln. Im gleichen Tenor verschmolz der Dichter Ernst Moritz Arndt Christentum und deutschen Nationalstolz zu einem »blutigen Schwert der Rache«.

Wohlan, Deutschlands Männer konnten dermaßen geistig aufgerüstet in die Befreiungskriege ziehen und diese gewinnen. Das mythenbestimmte, irrationale Denken richtete sich keineswegs allein nach außen, gegen die französische Besatzungsmacht. Im Inland erkor man in Anlehnung an das Mittelalter die Juden zu altneuen Feinden. Sie bildeten einen »mächtigen, feindseligen Staat, der mit allen übrigen im beständigen Kriege stehe«, meinte Fichte zu wissen. Seine Lösung: »Allen [Juden] in einer Nacht die Köpfe abzuschlagen und andere aufzusetzen, in denen auch nicht eine jüdische Idee« sei.

Die Kraft der Vernunft blieb nachhaltig verfemt. Deutschland verharrte für die nächsten anderthalb Jahrhunderte in einem nationalistischen Rausch. Unter dem Kater litten die Deutschen wie ihre europäischen Nachbarn.

Die März-Revolutionäre von 1848 stiegen in Deutschland

wie anderswo für die Freiheit auf die Barrikaden. Doch nach wenigen Jahren landete der überwiegende Teil des Bürgertums, selbst der Liberalen, in den Armen Bismarcks. Die Verheißung eines deutschen Nationalstaats wog schwerer als das rationale Konzept von bürgerlicher Freiheit und Demokratie.

Kanzler Otto von Bismarck war ein klar denkender, rational handelnder Politiker. Das von ihm zusammengeschweißte Reich indessen wurde von Kräften im Junker- und Bürgertum mitgetragen, die sich aufgrund ihres mythischen, pseudogermanischen Denkens in einem fortwährenden Kampf gegen äußere und innere Erbfeinde befanden.

Als Spiritus Rector des irrationalen, rückwärts orientierten Denkens stilisierte sich ab Mitte des 19. Jahrhunderts Richard Wagner. Der Komponist gab sich als Gralshüter einer von ihm entwickelten neogermanischen Kultur, von der alles Fremde ausgeschlossen blieb. Wagners Musik und seine Sagenwelt sprachen immer mehr Deutsche an, die auf der Suche nach einer Identität waren, an der sie ihr wachsendes nationales Selbstbewusstsein orientieren konnten. Richard Wagner beschränkte sich jedoch nicht auf die Schaffung von Opern. In seiner 1850 zunächst unter dem Pseudonym K. Freigedank veröffentlichten Broschüre *Das Judenthum in der Musik* geriert sich der Autor als Sprachrohr von »Empfindungen, die im Volke als innerlichste Abneigung gegen jüdisches Wesen« verbreitet seien. Was als jüdische Kunst ausgegeben werde, sei »unwillkürlich abstoßend«. Die Sprache der Juden, die ihrem Charakter entspreche, »widert uns [an]«. Den »gottesdienstlichen Gesang« der Juden wiederum dämonisiert Wagner als »Fratze«.

Wagners Resümee ist eine Warnung an das Volk und insbesondere dessen Musiker vor einer »Verjüdung«. Ansonsten würde es als »Würmer zerfressende Leiche« enden. Wagners Antisemitismus traf sich mit den latenten Vorurteilen vieler. So wurde dessen *Judenthum*-Schrift bis 1914 rund eine Million Mal verkauft.

Solange Bismarck im Amt war und der liberale Kronprinz Friedrich Wilhelm seine Handlungsfähigkeit behielt, blieb der

Einfluss der Irrationalisten begrenzt. Die Thronbesteigung Wilhelm II. und die nachfolgende Entlassung Bismarcks (1890) aber markierten einen Wechsel des geistigen Klimas in Deutschland. Anstelle des kühl kalkulierenden Machtingenieurs Bismarck trat mit Wilhelm II. die Personifikation neudeutscher Schneidigkeit. Der Kaiser gab sich herrisch und betonte gerne seine und Deutschlands militärische Macht. Er forderte die deutsche Interventionstruppe zur unnachsichtigen Niederschlagung des Boxer-Aufstands in China auf und erteilte beispielweise den Engländern per Zeitungsinterview unerbetene und anmaßende Ratschläge.

Wilhelm verband seine unbegrenzten politischen und persönlichen Ambitionen mit einem von Richard Wagner inspiriertem, diffusen Denken. Scharfsinnig erkannte Friedrich Nietzsche den unheilvollen Einfluss des Wagnerschen Weltbilds auf den labilen Monarchen: »Nach Wagners Kaisermarsch kann nicht einmal der junge deutsche Kaiser marschieren.« Wilhelm II. versuchte es dennoch.

Nichts verdeutlicht so sehr die Verwirrung deutschen Denkens in der Wilhelminischen Epoche wie der von breiten Kreisen geteilte Slogan des Kaisers vom Streben nach einem »Platz an der Sonne«. Deutschland war die größte Wirtschaftsmacht, es besaß die effektivste Armee Kontinentaleuropas, seine Hochschulen und seine Technologie waren weltweit führend. Dennoch nagte mangelndes Selbstwertgefühl an Kaiser und Volk. Sie glaubten sich zurückgestellt und wollten permanent alle anderen überflügeln und überragen. Auf diese Weise steuerte man Deutschland in die Rivalität mit allen Weltmächten. Allein an der maroden k. u. k. Monarchie hielt man in »Nibelungentreue« fest und ließ sich von ihr in den Weltkrieg gegen eine überlegene Koalition ziehen.

Als es so weit war, meinte der Kaiser: »Jetzt spricht das Schwert. Politik hat das Maul zu halten.« Damit bewies Wilhelm II. die Irrationalität seines Denkens. Durch die Aufgabe der politischen Option entzog er sich selbst als Monarch die Geschäftsgrundlage.

Der Eintritt Deutschlands in den Krieg und die Unterwerfung des Reichs waren die Folge eines politischen Versagens, dessen Ursache in einem Denken lag, das sich nicht an der Vernunft orientierte.

Mit der Niederlage im Krieg verloren viele Deutsche, unter ihnen der heimatlose österreichische Zuwanderer Adolf Hitler, die Orientierung. Die Schuld daran gaben sie nicht ihrer bisherigen Geisteshaltung und ihrem Handeln, das sie und ihr Land in die Katastrophe geführt hatte, sondern auf bewährte Weise den Kräften der Verschwörung. Äußeren und inneren Feinden, unter denen man den Juden eine Schlüsselstellung einräumte.

So eskalierte der latente deutsch-jüdische Konflikt zum Krieg. Der Streit der Interessen wurde verschärft durch den Zwist des Weltverständnisses. Die deutschen Mystiker bliesen zum Feldzug gegen das moderne »verjudete« Denken. Zu ihrem Fahnenträger schwang sich Adolf Hitler auf. Durch sein zur Schau getragenes Weltbild sowie die Hemmungslosigkeit seiner Reden und seines Auftretens gelang es Hitler, eine dynamische Gefolgschaft in Deutschland einzufordern. Innerhalb eines Dutzends Jahre wurde Hitler so zum populärsten deutschen Politiker. Die Deutschen und ihr zukünftiger Führer wuchsen zu einer Schicksalsgemeinschaft zusammen. Sie wurden von den gleichen Werten, Ressentiments und Wunschvorstellungen geleitet.

Phantast, Autodidakt, Dilettant

1889–1914

Adolf Hitler wurde 1889 im oberösterreichischen Grenzstädt-chen Braunau am Inn geboren. Sein Vater Alois hatte sich mit großer Energie zum k. u. k. Zollamtsoberoffizial hochge-arbeitet. Alois Hitler war der idealtypische Subalternbeamte, pünktlich, streng, gewissenhaft. 1885 heiratete er in dritter Ehe seine Großkusine Klara Pölzl. Seine Frau war eine unterwür-fige Gattin und zärtliche Mutter. Nachdem mehrere Kinder früh verstorben waren, schenkte sie am 20. April 1889 ihrem einzigen Sohn das Leben. Ein geliebtes Wunschkind. Klara ver-suchte, so gut sie konnte, den jungen Adolf vor dem Vater zu schützen. Der pedantische, autoritäre Alois Hitler war ein jäh-zorniger Mann, der seine Kinder hart anfasste. Besonders erzürnt war der Vater über die mangelhaften Schulleistungen seines Sprösslings Adolf und ließ den Jungen dies spüren. Adolf besuchte seit 1900 die Realschule in Linz. Bereits im ersten Jahr blieb er sitzen. 1904, ein Jahr nach dem Tod des Vaters, wechselte der Schüler an die Realschule in der Kleinstadt Steyr, die er mit Ach und Krach beendete.

Adolf Hitler hatte keinen fest umrissenen Berufswunsch. Je-denfalls keinen, den er offen preisgeben wollte. Denn die Ge-fühle und Gedanken des Jünglings orientierten sich an der Welt Richard Wagners. Mit zwölf besuchte er erstmals die Oper in Linz. Er wohnte der Aufführung von *Lohengrin* bei. »Mit einem Schlage war ich gefesselt. Die jugendliche Begeisterung für den Bayreuther Meister kannte keine Grenzen«, bekannte Hitler später in *Mein Kampf*. Eine präzise Selbstbeobachtung. Reife, gebildete Persönlichkeiten wie Thomas Mann oder Friedrich Nietzsche bekannten, sie seien trunken von der Musik des »schnupfenden Gnoms aus Sachsen« gewesen. Der junge und leicht erregbare Adolf dagegen war von der Ton- und Sagen-welt Wagners »gefesselt«.

Manche Historiker und Publizisten meinen, Hitler hätte seine Bestimmung, Politiker zu sein, bereits im Alter von sech-zehn Jahren erkannt. Damals besuchte er gemeinsam mit sei-nem Freund August Kubizek erstmals Wagners *Rienzi,* das Drama um den Renaissance-Volkstribun, der durch Verrat in Niederlage und Feuertod getrieben wird. Die These der frü-hen Festlegung auf die Politik stützt sich auf eine Angabe Ku-bizeks, der 1939 eine entsprechende Bemerkung Hitlers an Winifred Wagner gehört haben will. *Rienzi* habe Adolf über die Maßen erschüttert und ergriffen: »In jener Stunde begann es«, soll Hitler bekannt haben. Tatsächlich lebte der junge Hit-ler mehr in Wagners Opern als in der Realität. Ihm fehlte eine konkrete Vorstellung von den Anforderungen und Möglich-keiten der Politik.

Nach Abschluss der Schule führte Hitler in Linz das Leben eines verwöhnten Möchtegern-Bohemiens. Er kleidete sich kleinbürgerlich elegant. Der Jüngling nahm Zeichen- und Klavierunterricht am Ort, dichtete, malte und komponierte nach Herzenslust. Er besuchte jede Wagner-Inszenierung. Ins-piriert von seinem Bayreuther Vorbild schwelgte er in Macht- und Kunstfantasien. Mutter Klara, befreit vom tyrannischen Gatten, verwöhnte ihren geliebten Sohn mit Hingabe.

1907 wagte sich Hitler nach Wien. Er träumte davon, in der Donaumetropole Ruhm als Künstler zu erlangen. Hitler be-warb sich um Aufnahme in die konservative Akademie für Bildende Künste, bestand die Zulassungsprüfung, scheiterte je-doch beim Probezeichnen. Für die modernen Entwicklungen in den Künsten und Wissenschaften fehlten Hitler Sinn und Interesse. Er nahm nicht zur Kenntnis, dass die Hauptstadt der k. u. k. Monarchie damals ein Zentrum der europäischen Avantgarde war. Klimt begründete dort eine Malschule, Mah-ler und Schönberg kreierten eine neue Musik, Schnitzler dra-matisierte psychologische Prozesse, die Freud erforschte. Doch der junge Provinzler wollte und konnte den kulturellen und künstlerischen Umbruch, der um ihn herum stattfand, nicht erkennen; er blieb dem Traditionellen verhaftet. Hitler war faszniert von der großzügigen, überkommenen architektonischen Gestaltung des Rings. Er besuchte, so oft er konnte, die Oper, um sich an der Musik seines Meisters zu berauschen.

Ende des Jahres kehrte Adolf nach Linz zurück. Seine Mutter lag nach langer Krankheit im Sterben. Als der Tod eintrat, war der Sohn »zerbrochen«, wie der jüdische Hausarzt Bloch feststellte. Hitler war also durchaus liebesfähig. Er liebte seine Mutter. Klara Hitler wiederum bewunderte ihren Sohn ohne Einschränkung und schenkte ihm bedingungslose Liebe. Dies ist, wie Hitlers österreichischer Zeitgenosse Sigmund Freud erkannte, der Quell für das lebenslange Selbstwertgefühl eines Menschen. Männer begreifen sich als Eroberer. Dieser Zug Hitlers sollte jedoch noch geraume Zeit verborgen bleiben.

Nach der Beerdigung der Mutter kehrte Hitler nach Wien zurück. Seine Waisenrente sicherte ihm zunächst ein auskömmliches Leben. Erneut scheiterte er an der Aufnahmeprüfung für die Kunstakademie.

Diese Phase ist ein Wendepunkt in Hitlers Biografie. Der Tod der Mutter und der Fehlschlag seiner künstlerischen Ambitionen erschütterten den jungen Mann. Doch selbst diese Schockerlebnisse reichten nicht aus, ihn aus seiner Traumwelt in die Wirklichkeit zu reißen. Ihm fehlte die Kraft, sich mit dem eigenen Versagen auseinander zu setzen, eine nüchterne Bilanz zu ziehen und seinen Lebensweg entsprechend den äußeren Gegebenheiten und einer realistischen Einschätzung seiner Fähigkeiten anzupassen. Infolge des verlorenen Ersten Weltkriegs sollte in Deutschland kollektiv ein psychologisch vergleichbares Verhalten breiter Schichten auftreten. Die Unfähigkeit Hitlers, sich selbst und seiner Umgebung das eigene Scheitern einzugestehen, wird unter anderem darin deutlich, dass er sich in den folgenden Jahren als »Kunstmaler«, »akademischer Maler« oder »Schriftsteller« bezeichnen wird.

Auch als seine finanziellen Mittel zusehends versiegten, unternahm Hitler zunächst keine realistischen Anstrengungen, sich ein geregeltes Auskommen und eine stetige Beschäftigung zu sichern. Stattdessen verfasste er deutsche Heldendramen, versuchte, eine Oper zu komponieren, entwarf Bühnenbilder. Er eiferte seinem Idol Richard Wagner nach. Dabei hauste er in Männerheimen und Obdachlosenasylen, hatte kaum Geld, sich zu kleiden. Die wenigen Mittel, die ihm zur Verfügung standen, verwendete er für Opernkarten.

Selbst ein Fantast und Einzelgänger wie Hitler konnte und wollte sich nicht vollständig gegen das tatsächliche Geschehen abschirmen. Adolf Hitler war ein exzessiver Zeitungsleser. Mitunter wohnte er als Zuschauer den Sitzungen des österreichischen Parlaments bei. In den Männerheimen kommentierte er das Zeitgeschehen gelegentlich in erregten Monologen, die wenig Anteilnahme hervorriefen. Dann wieder verfiel er in stilles Brüten.

1908 feierte Kaiser Franz Joseph sein sechzigjähriges Thronjubiläum. Während seiner Regentschaft hatte Österreich Norditalien und Venetien verloren. Um die Habsburger Monarchie am Leben zu halten, mussten die Deutschen die Macht mit den Magyaren teilen. Die Slawen in Polen, Böhmen, Mähren und Kroatien fühlten sich im k. u. k. Reich benachteiligt und begehrten auf. Die Deutschen nahmen Schlüsselstellungen in Staat, Armee und Verwaltung ein, tatsächlich aber waren sie eine Minderheit: 12,5 unter 51,4 Millionen Menschen.

Wiens geschicktester politischer Agitator hieß Karl Lueger. Lueger wusste, dass vor allem die Kleinbürger – also Angestellte, Subalternbeamte, kleine Geschäftsleute, Rentner – am nachhaltigsten von der Angst vor Verarmung und Überfremdung geplagt wurden. Von den knapp 1,7 Millionen Wienern war weniger als die Hälfte in der Metropole geboren. Die Mehrheit stellten Zuwanderer aus den östlichen Landesteilen, von den Wienern herablassend als »Tschuschen« tituliert. Obgleich nicht einmal jeder zehnte Wiener jüdischer Herkunft war, katalysierten die Juden alte christliche Vorurteile als »Gottesmörder« sowie neue Strömungen des Sozialneids. Ängste und Sehnsüchte wurden in die Juden projiziert.

Juden galten als reich, skrupellos, schlau, schmutzig, arm, manipulativ, sozialistisch – kurz, als Bedrohung. Der begnadete Demagoge Lueger redete die diffusen Befürchtungen und Ahnungen zur realen Gefahr hoch. Der christlich-soziale Politiker, der Juden zu seinen Freunden und Bekannten zählte, nahm rassistische Theorien nicht ernst: »Wer Jude ist, bestimme ich.« Doch Lueger schürte die Angst vor der vermeintlichen Macht der Juden: »Der Einfluss auf die Massen ist bei uns in den Händen der Juden, der größte Theil der Presse ist in ihren Händen, der weitaus größte Theil des Capitals und speciell des Großcapitals ist in Judenhänden und die Juden üben hier einen Terrorismus aus, wie er ärger nicht gedacht werden kann.« Lueger rief dazu auf, das christliche Volk »aus der Vorherrschaft des Judenthums« zu befreien. Die Angstparolen hatten Erfolg. Das aufgehetzte Kleinbürgertum votierte für den Volkstribun. Der Kaiser versuchte, die Ernennung Luegers zum Bürgermeister zu verhindern. Doch 1897 musste Franz Joseph seine Untertanen gewähren lassen. Lueger blieb bis zu seinem Tod im Jahre 1910 Wiener Stadtoberhaupt. Er war ein tüchtiger Lokalpolitiker, der die Stadt modernisierte und es stets verstand, die eigenen Verdienste hervorzuheben.

Hitler teilte die Ängste der Kleinbürger vor Verarmung und Sozialismus. Er bewunderte Luegers Demagogie. In *Mein Kampf* preist er die »Zauberkraft des [von Lueger] gesprochenen Wortes« und würdigt dessen Wirkung als »Brandfackel« für »die Masse«.

Hitler behauptete, in Wien habe er begonnen, die »Judenfrage« zu »studieren«. Das Studium bestand vorwiegend aus der Lektüre antisemitischer Zeitungen und Pamphlete sowie dem Beiwohnen von Parlamentsdebatten und politischen Versammlungen. Hitlers Denken wurde zunehmend vom antisemitischen Klima Wiens geprägt. Doch noch blieb seine Judenfeindschaft latent.

Hitler las regelmäßig das (All)-*Deutsche Volksblatt,* häufig die *Brigittenauer Bezirksnachrichten.* Die Zeitungen gaben vor, die Deutschen in Österreich seien durch eine jüdische Verschwörung bedroht. Die größte Gefahr stellten die hebräischen Zuwanderer aus Russland dar. Von »Osten her [ballt sich] eine finster dräuende, schmutzstarrende Wolke von Kaftanträgern zusammen, die … unsere Freiheit … ganz zu unterdrücken und zu ersticken droht. Wer … kann es noch leugnen, dass wir schon unter dem Joche des Judentums schmachten?«

Hitler schätzte auch die rassistischen *Ostara*-Hefte. In ihnen wurden die Juden als Verderber der Welt stilisiert, die danach trachteten, die arischen Deutschen zu vernichten. Daher müssten die Deutschen den Juden zuvorkommen. Der geistige Ahnherr und politische »Führer« der Alldeutschen war Georg von Schönerer. Anders als die populistische Judenfeindschaft Luegers vertrat von Schönerer einen pseudowissenschaftlich begründeten Antisemitismus. Dessen Fundament war der Sozialdarwinismus, der den erbarmungslosen Daseinskampf der menschlichen Rassen lehrte. Von Schönerer und seine Anhänger wähnten die aufbauende arische Rasse von der zersetzenden semitischen Rasse existenziell bedroht. Dieses paranoide Verständnis ging über traditionelle religiöse Judenfeindschaft hinaus. Dort genügte es, wenn ein Jude seinem »Irrglauben« abschwor und sich zum Christentum bekannte. Hier aber gab es keinen Ausweg. Ein Kind jüdischer Eltern blieb unwiderruflich aufgrund seiner Rasse Jude, einerlei, welcher Religion es anhing. Der rassische Antisemitismus bedeutete eine neue Qualität der Judenfeindschaft: Unbedingtheit. Konsequent forderte Schönerer: »Jeder Deutsche hat die Pflicht, nach Kräften mitzuhelfen, das Judenthum auszumerzen.«

In dieser Zeit las Hitler zwangsläufig auch das Pamphlet *Das Judenthum in der Musik* des von ihm angehimmelten Richard Wagner. Der Komponist suggeriert seinen Lesern, die Juden trachteten lediglich danach, die Völker der Welt mithilfe des Geldes zu versklaven. Zur Kunst im Allgemeinen, insbesondere zur Musik, seien die Juden unfähig. Sie seien lediglich in der Lage, »nachzuäffen« oder »nachzukünsteln«.

Die Juden glichen Würmern. Am Ende seines Pamphlets verheißt Wagner den Juden »Erlösung … – den Untergang«.

Wagner war kein kollektiver Judenhasser. Zeitlebens pflegte er mit Juden Kontakt. Doch seine *Judenthum*-Broschüre verhetzte die Leser.

Adolf Hitler vertrug sich gut mit den jüdischen Bewohnern der Männerheime. Die Käufer seiner Gemälde, seine wenigen Gönner, sein Glasermeister und Bilderhändler Morgenstern, die Kunsthändler Landsberger und Altenberg waren Juden. Antisemitische Äußerungen Hitlers sind, von einem zweifelhaften Zeugnis abgesehen, aus der Wiener Zeit nicht bekannt. Hitler nutzte wie Wagner zu Beginn seiner Karriere die Protektion von Juden. Doch die Hassparolen, denen er allenthalben ausgesetzt war, blieben in seinem Bewusstsein haften.

Seine Mittellosigkeit zwang Hitler nun, sich zunehmend mit der Wirklichkeit auseinander zu setzen. Ab 1910 verdiente er seinen Lebensunterhalt mit dem Malen von Sehenswürdigkeiten nach Postkartenmotiven – eine Demütigung für jemanden, der sich als »Kunstmaler«, Architekt und Städteplaner, aber auch als Opernkomponist begreift. Im folgenden Jahr wurde ihm die Waisenrente gestrichen. Hitler hatte genug von Österreich. Ihn, der sich als Alldeutscher verstand, zog es nach Deutschland. Als es ihm 1913 endlich gelang, einen Teil des väterlichen Erbes ausgezahlt zu bekommen, wanderte er nach München aus. In der Retrospektive hat Hitler seine Wiener Zeit als Lehrjahre apostrophiert. Tatsächlich waren es leere Jahre. Hitler war beruflich und gesellschaftlich gescheitert.

München galt damals als Metropole der Kunst. »In keiner Stadt Deutschlands stießen Altes und Neues in so heftiger Form aufeinander wie in München«, sagte der Maler Lovis Corinth. Tatsächlich jedoch existierten hier zwei Auffassungen von Kunst und Kultur, die einander kaum berührten, ja sogar ausschlossen. Neben dem althergebrachten Kunstverständnis hatte sich in München ein Experimentallabor der Moderne etabliert. Dort entwickelten Schriftsteller, bildende Künstler, Musiker neue, revolutionäre Auffassungen von Literatur, Malerei, Theater, Tonkunst. In der Isarstadt wirkten zur Zeit von Hitlers Zuzug Stefan George, Frank Wedekind, Rainer Maria

Rilke, Thomas und Heinrich Mann, Wassily Kandinsky, Franz Marc, Paul Klee, Gabriele Münter, August Macke und viele andere mehr.

Hitler aber verstand oder wagte es nie, seine Sinne dieser neugierigen Kunst und den kulturellen und gesellschaftlichen Entwicklungen seiner Zeit zu öffnen. Hitlers Weltbild hatte sich bereits während seiner Realschulzeit in Linz verfestigt: Am Anfang war Wagner. In Hitlers Universum dominierten die Mythen des sächsischen Sagen- und Tondichters und eigene Wunschträume. Alles Neue, Dynamische wurde von ihm als Störung, ja als Bedrohung der Statik des eigenen Fantasiereiches angesehen. Hitler litt unter der Divergenz zwischen der eigenen Wunsch- und Mythenwelt und der Realität. Der Möchtegern-Künstler war jedoch unfähig, diesen Konflikt in seiner Malerei auszudrücken. Allein der Versuch hätte ihn die Geborgenheit seiner bürgerlichen Fassade gekostet, die er zeitlebens wie Schemen vergeblich zu greifen suchte.

Der Zwiespalt zwischen Empfindung und Wirklichkeit war keine Besonderheit des mittellosen österreichischen Postkartenmalers. Die Dichotomie war vielmehr ein nationales Phänomen. Die Deutschen fühlten sich zu kurz gekommen wie ihr großsprecherischer Monarch aufgrund seines verkrüppelten Armes. Sie kompensierten ihre psychologischen Defizite durch zackiges Auftreten und eine entsprechende Politik. So geriet das Reich zwangsläufig zu einem Unsicherheitsfaktor im ohnehin zunehmend instabiler werdenden europäischen Gleichgewichtssystem.

In *Mein Kampf* gab Hitler an, er habe in München als »Baumeister« wirken wollen. Doch er war unfähig, praktische Schritte zu ergreifen, um sein Begehren zu verwirklichen. Tatsächlich suchte er in München das Vertraute und Bewährte – an dessen harter Realität er bereits in Wien gescheitert war. Hitlers Musentempel in München waren die Alte Pinakothek, die Glyptothek, die klassizistische Architektur des Königsplatzes und der Ludwigstraße. Dumpfe Geborgenheit suchte er in der Schwemme des Hofbräuhauses. Diese Orte sollten ihn zeitlebens faszinieren. In bewährter Weise kopierte Hitler Münchner Kopien. Er ahmte Sehenswürdigkeiten nach, die ihrerseits klassischen Vorbildern nachempfunden waren. Hitler wohnte zur Untermiete und zeichnete gerade so viel, um seinen Lebensunterhalt zu verdienen. Die meiste Zeit las er, streifte durch die Stadt, hielt sich in der Pinakothek auf.

Die Übersiedlung nach München hatte auch ein praktisches Motiv. Hitler wollte unter keinen Umständen in der Armee des verhassten Vielvölkerstaates seinen Wehrdienst ableisten. In Bayern wähnte er sich vor den Behörden der verachteten Habsburger-Monarchie sicher. Doch bereits im Januar 1914 wurde er von der Münchner Kriminalpolizei festgenommen und nach Salzburg verbracht, wo er der Wehrkommission vorgeführt wurde. Seine gebrechliche Konstitution bewahrte Hitler vor der Anschuldigung der Fahnenflucht und dem Wehrdienst. Die Kommission urteilte: »Zum Waffen- und Hilfsdienst untauglich, zu schwach. Waffenunfähig.«

Zurück in München, nahm Hitler sein zielloses Leben wieder auf. Wie sehr der Möchtegern-Künstler und Heros unter der Unscheinbarkeit und Unsicherheit seines Daseins litt, erwies sich bei Ausbruch des Weltkriegs. Hitler war befreit: »Die damaligen Stunden [kamen mir] wie eine Erlösung vor.« Er dankte »dem Himmel aus übervollem Herzen«.

Ebenso wie Hitler war das deutsche Bürgertum in einem vormodernen Weltbild gefangen. Ihr gefühlsgesteuertes Denken hinderte die Menschen, das Zeitgeschehen nüchtern zu bewerten. Statt kühler Vernunft bestimmten Emotionen ihr Handeln.

Armee als Asyl

1914–1919

Millionen Deutsche und Europäer empfanden ähnlich wie Hitler. Nach mehr als vier Jahrzehnten Frieden kannte man die Schrecken des Krieges noch nicht oder hatte sie vergessen. Der Ausbruch aus dem beengenden bürgerlichen Alltag steigerte sich zum Rausch. Die Menschen gierten nach Gewalt und Ruhm. Der Friede wurde verachtet. Er erschien als Hindernis zwischen einer tristen Gegenwart und einer glorreichen, »sonnigen« Zukunft. Oder gar einem Heldendasein, wie es die in die Gegenwart gewendeten vergangenen Mythen vorgaukelten. Deutschland und seine Nachbarn taumelten, erlöst von einem Mindestmaß kontrollierender Vernunft, in den Wahn des Krieges. Die mythische Welt, die das Leben des Außenseiters Hitler bestimmt hatte und latent im Bewusstsein vieler verankert war, bahnte sich als Massenpsychose ihren Weg.

Am 3. August 1914 richtete Hitler ein Dringlichkeitsgesuch an den bayerischen König, in dem er darum bat, als Österreicher im bayerischen Heer freiwillig kämpfen zu dürfen. Der Bitte wurde sogleich stattgegeben. Adolf Hitler durfte für Deutschland in den Krieg ziehen. Im Alter von fünfundzwanzig Jahren hatte er endlich in die wehrwilligen Arme des deutschen Volkes gefunden. Er hielt sich kampf- und krampfhaft daran fest. Umgekehrt sollte später auch Germania zu dem Mann aus Braunau finden und ihn an ihre Brust drücken. Die Umarmung währte bis in den Tod.

Adolf Hitler absolvierte eine dreimonatige Grundausbildung. Dabei quälte ihn und Millionen andere europäische Männer die »einzige Sorge, ... ob wir nicht zu spät zur Front kommen würden.« Die Angst war unbegründet. Mitte Oktober zog Hitler mit dem Regiment List nach Flandern. Seine Einheit wurde sogleich ins Gefecht geschickt. Jahre später verklärte Hitler das Geschehen: »Da zischt plötzlich ein eiserner Gruß über unsere Köpfe … und schlägt in scharfem Knall die kleinen Kugeln zwischen unsere Reihen …, ehe aber die kleine Wolke sich noch verzogen, dröhnt aus zweihundert Kehlen dem ersten Boten des Todes das erste Hurra entgegen. Dann aber begann es zu knattern und zu dröhnen, zu singen und zu heulen, und mit fiebrigen Augen zog es nun jeden nach vorne, immer schneller, bis plötzlich … der Kampf einsetzte, der Kampf Mann gegen Mann. Aus der Ferne aber drangen die Klänge eines Liedes an unser Ohr und kamen immer näher und näher, sprangen über von Kompanie zu Kompanie, und da, als der Tod gerade geschäftig hineingriff in unsere Reihen, da erreichte das Lied auch uns, und wir gaben es nun wieder weiter: Deutschland, Deutschland über alles, über alles in der Welt!«

Als der Autor diese Zeilen 1924 in *Mein Kampf* niederschrieb, war er ein – vorläufig – gescheiterter Politiker. Seine Sätze zielen auf Zustimmung. Sie sind dennoch bemerkenswert. Euphorie und übergeordneter Patriotismus dominieren. Das Sterben ist omnipräsent. Die Angst findet keine Erwähnung. Sie darf nicht aufscheinen. Denn der Todestrieb regiert: »Die Freiwilligen des Regiments List hatten vielleicht nicht recht kämpfen gelernt, allein zu sterben wussten sie wie alte Soldaten.«

Die meisten dieser »alten Soldaten« besaßen in der Heimat eine Bleibe, hatten Beruf, Familie, Kinder und ein regelmäßiges Einkommen. Hitler dagegen entbehrte diese Refugien. Der Krieg war ihm alles. Auch als sein Preis, die Gefahr für das Leben, von einer abstrakten zur konkreten Bedrohung wurde, blieb die Armee Hitlers einziges Asyl. So verzichtete er meist auf Heimaturlaub. Er wusste nicht wohin.

Nach wenigen Wochen an der Front wurde Hitler zum Gefreiten befördert, bald darauf für Tapferkeit mit dem Eisernen Kreuz II. Klasse ausgezeichnet. Trotz seines Mutes und seiner untadeligen Pflichterfüllung brachte der österreichische Soldat es aber nie zum Unteroffizier. Denn Hitler war ein Sonderling. Die Aufgabe des Meldegängers war dem Einzelgänger auf den Leib geschrieben. Er trank keinen Alkohol, rauchte nicht und beteiligte sich nicht an den gemeinsamen Besuchen der Kameraden in den Bordellen hinter der Front. Stattdessen verbrachte er seine Zeit mit Lesen und brütete abseits der anderen Soldaten vor sich hin. Gelegentlich verfiel Hitler in erregte Monologe, um dann wieder in tagelanges Schweigen zu versinken – das aus Wien bekannte manisch-depressive Verhaltensmuster.

Nach zwei Jahren an der Front wurde Hitler verwundet. Man verlegte ihn ins Lazarett Beelitz unweit Berlins. Während der Genesung besuchte er die Reichshauptstadt und München. Dabei wurde der Soldat unwillkürlich mit der Wirklichkeit in der Heimat konfrontiert. Hitler konnte seine Augen nicht davor verschließen, dass die Zivilbevölkerung kriegsmüde war. Anstelle des erhofften schnellen und glorreichen Siegs waren Tod und Entbehrung getreten.

Anfang März 1917 war für Hitler die verstörende Begegnung mit dem zivilen Leben vorbei. Er diente wieder an der Front. Unverdrossen und mit großer Tapferkeit kämpfte er für den Sieg. Dafür wurde ihm am 4. August 1918 auf Empfehlung des jüdischen Regimentsadjutanten, Leutnant Hugo Guttmann, das Eiserne Kreuz I. Klasse verliehen. Drei Tage später, am 7. August, durchbrachen englische Tanks die deutschen Linien. Der Krieg war militärisch verloren, wurde aber dennoch fortgesetzt. Die Zahl der Opfer auf deutscher Seite nahm zu. Hitlers Glaube an den Sieg währte fort. Doch er bemerkte, dass auch unter den Soldaten die Zuversicht verloren ging und das Verlangen nach dem Ende des Krieges wuchs. Verhaftet in seiner Traumwelt germanischer Heldentaten glaubte Hitler an eine innere Verschwörung.

Mitte Oktober geriet Hitler in einen englischen Senfgasangriff. Kurz darauf erblindete er vorübergehend. Der Verwundete wurde in das Lazarett Pasewalk nach Pommern verlegt, wo er allmählich sein Augenlicht zurückgewann. Derweil kam es in Deutschlands Städten zum Umsturz. In *Mein Kampf* stilisierte Hitler das nationale zu seinem persönlichen Drama: »Ein Haufen elender Verbrecher [legte] die Hand an das Vaterland.« Seine Befürchtung wird zur »entsetzlichste[n] Gewissheit meines Lebens« – die Monarchie ist gestürzt, die Republik proklamiert und, am schlimmsten, der Krieg ist verloren, Deutschland seinen Feinden ausgeliefert. Hitler warf sich auf sein »Lager und grub den brennenden Kopf in Decke und Kissen. Seit dem Tage, da ich am Grabe der Mutter gestanden, hatte ich nicht mehr geweint … In diesen Nächten wuchs mir der Hass, der Hass gegen die Urheber dieser Tat. In den Tagen darauf wurde mir auch mein Schicksal bewusst.« Hitler will nun endgültig die tödliche Feindschaft des Judentums gegenüber Deutschland erkannt und die Konsequenz gezogen haben: »Ich aber beschloss, Politiker zu werden.«

Hitlers Zusammenbruch ist glaubwürdig. Das Ende des Krieges bedeutete für ihn den Entzug seiner Heimat in der Armee und den Raub seiner Identität als ausgezeichneter Soldat. Der Fall ins soziale Nichts stand unverrückbar bevor. Doch eine Aussicht auf eine politische Karriere besaß Hitler nicht: Hierzu fehlten ihm die notwendigen Mittel und Verbindungen. Auch unternahm er nichts, um sein vorgebliches Berufsziel zu realisieren – ein Verhalten, das wir aus seinem bisherigen Leben kennen.

Ob Hitler in diesem Moment der Niederlage sogleich die Juden als Urheber der nationalen und persönlichen Katastrophe identifiziert haben will, wie er später in seiner politischen Kampfschrift weismachen mochte, ist unerheblich. Unwahrscheinlich ist diese Gedankenkausalität nicht. Der Schock der Niederlage und die Bedrohung der eigenen sozialen Existenz mögen Hitler in die zuvor schlummernden antisemitischen Verschwörungsmodelle verfallen lassen haben. Die Unfähigkeit, sich mit den Konsequenzen des politischen Geschehens intellektuell auseinander zu setzen, enthüllt Hitler ebenso wie andere Judenhasser unwillkürlich, indem er antisemitische Beschuldigung mit sexuellen Motiven vermischt: »Ein paar Judenjungen … [aus einem] Tripperlazarett … zogen den roten Fetzen«, die Revolutionsfahne, auf, orakelte er in *Mein Kampf*.

Der Rekonvaleszent begab sich nach München. Dort wurde er dem 1. Ersatzbataillon des 2. Infanterieregiments zugeteilt. Hitler versah mit Kriegskameraden Wachdienst in Traunstein im Chiemgau und ab Februar 1919 in einer Ordnungseinheit am Münchner Hauptbahnhof. Kurz darauf wurde der bayerische Ministerpräsident Kurt Eisner ermordet. Filmaufnahmen zeigen Hitler beim Trauerzug des jüdischen Politikers Ende des Monats. Unmittelbar danach setzten in München Revolutionswirren ein. Anarchie, Räteherrschaft, schließlich ein kommunistisches Regime. Im April rief der Matrose Rudolf Eglhofer die »Diktatur der Roten Armee« aus. Mitglieder der alldeutschen Thule-Gesellschaft wurden als Geiseln genommen, gefoltert, schließlich ermordet. Der Soldat Adolf Hitler, den der Ausbruch der Revolution am 10. November 1918 zu heißen Tränen und kalter Verzweiflung getrieben hatte, zeigte nicht das geringste Zeichen des Widerstands. Im Gegenteil, er ließ sich sogar zum Ersatz-Soldatenrat wählen. Warum? Weshalb setzte er sich nicht von der Truppe ab und schlug sich zu den Freikorps durch, die bereits im Anmarsch auf München waren, um das rote Revolutionsregime mit Waffengewalt zu zerschlagen? Warum gesellte er sich nicht zu den Kräften, deren nationalistische Ausrichtung seinen Vorstellungen entsprach? Weil die Loyalität Adolf Hitlers und seiner Kameraden in erster Linie der Armee galt, auch wenn diese von einem kommunistischen Regime befehligt wurde.

Auch nach der Niederschlagung der kommunistischen Rätediktatur blieb Hitler wie gehabt bei der Truppe. Nun, da es opportun war, ließ Hitler seine antirevolutionäre Gesinnung deutlich werden. Man belohnte ihn. Er wurde Vertrauensmann des Bataillons, dann Mitglied eines Untersuchungsausschusses, der Gesinnungsschnüffelei unter den Soldaten betrieb. Wer hatte sich wie während der Zeit der Rätediktatur verhalten? Als Belohnung für seine Spitzeldienste durfte Hitler in der Armee bleiben und dort schließlich als Truppenpropagandist fungieren.

Infolge seines Indoktrinationserfolgs im Lager Lechfeld beauftragte Hauptmann Mayr Hitler, eine Versammlung der Deutschen Arbeiterpartei (DAP) zu beobachten. Das Militär suchte Kontakt zu nationalistischen politischen Gruppierungen. Am Abend des 12. September 1919 sprach in einem Hinterzimmer der Münchner Gastwirtschaft »Sterneckerbräu« Gottfried Feder, den Hitler bereits aus seinen »Rednerkursen« kannte, zur Frage »Wie und mit welchen Mitteln beseitigt man den Kapitalismus?« Als ein Zuhörer Feders These von der jüdischen Zinsknechtschaft widersprach, reagierte dieser hilflos. Da griff Hitler ein und machte wie gehabt den Gast mundtot. Der Parteigründer und Eisenbahnschlosser Anton Drexler war vom demagogischen Talent Hitlers begeistert: »Der hat a Goschn, den kunnt ma brauchn«, soll Drexler gesagt haben. Er bat Hitler, Mitglied seiner kleinen Partei zu werden.

Hitler empfand die DAP als »langweiligen Verein«, dennoch trat er ihr bei. Er blieb weiterhin im Sold der Reichswehr, konzentrierte aber seine ganze Tatkraft fortan auf die Partei. Er gestaltete seine aufkeimende parteipolitische Karriere nach dem gleichen Rezept, das er zuvor bei der Truppe angewandt hatte: Er redete. Statt Soldaten indoktrinierte er nun Zivilisten. Er brandmarkte die äußeren und inneren Feinde Deutschlands: Kriegsgegner, Revolutionäre, Zinshaie. Als Drahtzieher der Verschwörung entlarvte er die Juden. Der Redner trommelte dem Publikum sein Abhilfemittel in den Geist: ein unnachsichtiger Antisemitismus, gepaart mit der Auferstehung des deutschen Nationalismus.

Ein Teil der deutschen Gesellschaft, vor allem das Kleinbürgertum, dachte und reagierte ähnlich wie Hitler. Statt die traumatische Niederlage des Krieges als Anlass zum Umdenken zu nehmen und nüchtern nach den Ursachen des eigenen Scheiterns zu fragen, oder sich gar mit der Verantwortungsethik eines Max Weber auseinander zu setzen, tauchte man ab in die wiederaufbereitete germanische Mythenwelt mit oder ohne die aufwühlende Musik Wagners. Die Schuld an der eigenen Misere wurde bei Verschwörern gesucht. Daher ließ man sich willig gegen Sündenböcke aufhetzen. Diese Tendenzen potenzierten sich in den Wirren der Revolutionszeit. Hitlers antisemitische Verschwörungsideen und seine emotionalen Tiraden waren nahezu kongruent mit der deutschen Befindlichkeit nach dem verlorenen Krieg.

Adolf Hitler gab dem deutschen Verschwörungsglauben seine Stimme. Der unbekannte Weltkriegsveteran wurde zu einem – der vielen – Vorsänger der deutschen Paranoia. Der Hitler-Schlüssel passte in das deutsche Schloss. Hitlers »Charisma« konnte sich entfalten.

Marktschreier und Lichtgestalt

1919–1923

Hitler konzentrierte sich in der DAP zunächst ausschließlich auf Propaganda. Er sprach ständig auf öffentlichen Versammlungen seiner Partei, zumeist in Bierkellern. Hitlers erster Rede im Münchner Hofbräuhaus wohnten gut hundert Menschen bei. Sein demagogisches Talent sprach sich rasch herum – ebenso seine Botschaft. Hitler erläuterte seinen von der Niederlage im Ersten Weltkrieg entmutigten und von den politischen Kämpfen verwirrten Zuhörern mit einfachen Worten und Begriffen die Welt. Er stellte die Verursacher der Misere an den Pranger und beschimpfte sie maßlos.

Damit traf er die Bedürfnisse des Publikums. Denn die Menschen waren nicht gekommen, um sich mit umständlichen Theorien auseinander zu setzen. Man mochte hören, was gut und was schlecht war. Die Zuhörer wollten die Schuldigen ihres Elends beim Namen genannt bekommen. Hitler lieferte, wonach es die Menge verlangte – und ein Wechselbad der Gefühle obendrein. Bald besuchten Tausende seine Veranstaltungen. Dort wurde nicht sachlich argumentiert, sondern gebrüllt und gedroht. Gewalt war nicht länger abstraktes Geschwätz, sondern Wirklichkeit. Häufig kam es zu Schlägereien zwischen Anhängern und Gegnern. Hitler vermittelte seiner Gefolgschaft Hoffnung. Er redete sie stark und wies ihren Weg.

Deutschland litt nach Hitlers zornigen Worten am Versailler Schandvertrag und den Juden. Das am 28. Juni 1919 unterzeichnete Abkommen gab Deutschland die Alleinschuld am Weltkrieg. Es erlegte dem Reich Reparationen in Höhe von 269 Milliarden Goldmark auf, beraubte es eines Siebtels seines Territoriums, teilte Ostpreußen ab, kastrierte Deutschlands Heer und damit sein ohnehin schwächelndes Selbstbewusstsein.

Noch schärfer bewertete Hitler den inneren Feind, die Juden. Ihre minderwertige Rasse hatte Revolution und Kapitulation inszeniert und beutete nun das Land aus. Die Deutschen mussten die Juden und ihre Helfer beseitigen, erst dann waren sie erlöst. Diese Botschaft wurde verstanden und bejubelt.

Rasch stieg Adolf Hitler zum Lokalmatador der völkischen Szene Münchens auf. Entsprechend wuchs sein Selbstvertrauen. Ende März 1920 verließ er die Reichswehr. Ihr Asyl war ihm nun überflüssig geworden. Er hatte seine neue, endgültige Heimat gefunden, die Politik. Hitler war federführend am Entwurf eines neuen Parteiprogramms der DAP beteiligt. Es enthielt in fünfundzwanzig Punkten Altbekanntes: Da wurde eine »starke Zentralgewalt des Reiches« und des Nationalparlaments verlangt. »Großdeutschland« sollte entstehen, der populäre Zusammenschluss mit Österreich und die Heimführung der vom »Versailler Diktat« abgetrennten deutschen Länder Elsass-Lothringen, Oberschlesien usw. erfolgen. Eine Rückgabe der überseeischen deutschen Kolonien wurde gefordert. Kriegsgewinne waren einzuziehen, die »Zinsknechtschaft« sollte gebrochen werden. »Gemeinnutz [hatte] vor Eigennutz« zu stehen. Die Forderung klang sozial, wurde aber nicht näher erläutert. Scharf und eindeutig waren die Aussagen nur, wenn sie gegen die inneren Feinde gerichtet waren. So sollten die Juden nicht länger zur deutschen Volksgemeinschaft zählen dürfen, ihre staatsbürgerlichen Rechte verlieren, aus öffentlichen Ämtern entfernt werden. »Verbrecher, Wucherer, Schieber« waren scharf zu bestrafen. Die Presse sollte rigoros kontrolliert werden.

Bemerkenswert waren die beabsichtigten Auslassungen der Postulate: die Ignorierung des Marxismus sowie die für Rechtsextreme beachtliche Forderung nach Religionsfreiheit. Auf diese Weise sollte die Partei für möglichst breite Kreise der Bevölkerung offen sein. Das Programm lag im Rahmen der zahlreichen nationalistischen Gruppen und Grüppchen in Deutschland. Der Unterschied war Adolf Hitler. Seine rednerische Überzeugungskraft war die singuläre Attraktion der Partei. Hitlers Parteiprogramm wurde jubelnd akklamiert. Hitler entwarf eine Parteifahne in den alten Reichsfarben Schwarz-Weiß-Rot, deren Mittelpunkt das Hakenkreuz bildete, ein beliebtes Symbol in völkischen Kreisen. Auf seine Initiative wurde, bereits eine Woche nach der Verkündigung des Programms, der Parteiname in Nationalsozialistische Deutsche Arbeiterpartei (NSDAP) geändert, Teil der Strategie, auch Anhänger aus dem linken Lager anzuziehen. Hitler arbeitete besessen an seiner neuen Aufgabe als Politiker. Dabei fokussierte er seine Energie auf eine Tätigkeit, die er souverän beherrschte: reden.

Adolf Hitler besaß so gut wie kein Privatleben. Er rauchte und trank nicht. Frauen gegenüber war er zurückhaltend, ja gehemmt. Er suchte und fand seine Erfüllung in der öffentlichen Rede. In seinen ekstatischen Ansprachen und im frenetischen Beifall seiner alten und neuen Anhänger. Wo und wann immer Hitler konnte, hielt er politische Ansprachen, warb um die Gunst der »Volksgenossen«. Im Gegenzug wurden immer mehr Menschen von seinen orgiastischen Reden angezogen. Manche waren geradezu süchtig danach. Denn Hitler artikulierte ihre Ressentiments und ihren Hass.

Als Hitler der DAP im September 1919 beitrat, war sie ein politischer Zirkel völkischer Kleinbürger, der kaum mehr als hundert Mitglieder zählte. Vor allem dank Hitlers demagogischer Anziehungskraft vervielfachte sich die Zahl der Parteigenossen rasch: 1922 waren bereits knapp viertausend Menschen eingeschriebene Mitglieder der NSDAP. Hitler strebte ursprünglich nicht an, Parteivorsitzender zu werden. Ihm genügte es zunächst, Marktschreier seiner Überzeugung zu sein. Doch sein unsteter Charakter, wild zwischen Megalomanie und Minderwertigkeitsgefühlen oszillierend, ertrug keine Kritik. Dies zwang ihn, im Sommer 1921 die Parteiführung zu übernehmen.

Auch nach seinem formalen Abschied aus der Armee blieb Hitler dem Militär verbunden. Eine Hand wusch die andere. Die Reichswehr wollte ihren Einfluss ausbauen, indem sie zunächst die Truppe und dann die Gesellschaft indoktrinierte. Zu diesem Zweck bediente sie sich in München des politischen

Demagogen Adolf Hitler. Anstelle von Hauptmann Karl Mayr, der den Politiker Hitler erfunden hatte, trat nun als Patron der Streitkräfte Ernst Röhm.

Der Militär war ein ehemaliger Frontoffizier, der nach dem Ende des Ersten Weltkriegs im inoffiziellen Generalstab für Nachschubfragen zuständig zeichnete. Tatsächlich hielt Röhm Verbindung zu Freikorps und paramilitärischen Verbänden. Der Hauptmann verwaltete die illegalen Waffenbestände des Reichswehrgruppenkommandos in München. Er galt als »Maschinengewehrkönig« und politisierender Offizier. Doch Röhm blieb sein Lebtag Troupier, der vorwiegend in militärischen Kategorien dachte. Parteipolitiker, Funktionäre, Minister waren ihm suspekt. Röhm setzte stattdessen auf eine Militarisierung der Gesellschaft. Nur aus diesem Grund wurde der Hauptmann wenige Wochen nach Hitler Mitglied der DAP. Formal. Denn der Politik-»Kram« der Partei interessierte den Haudegen kaum. Hitler dagegen war nach Röhms Geschmack; der Schreier mobilisierte und nationalisierte sein Publikum.

Daher unterstützte der aktive Generalstabsoffizier den ehemaligen Gefreiten und wurde sein Duzfreund. Röhm knüpfte unter anderem die Verbindung zwischen der Hitler-Partei und den Angehörigen des ehemaligen Freikorps Erhardt, die an der Niederschlagung der Münchner Räterepublik beteiligt waren. Ein Jahr später aber hatte sich die Brigade am antirepublikanischen Kapp-Putsch beteiligt. Nach dessen Scheitern wurde der Verband daher offiziell aufgelöst. Nunmehr bildete die Truppe ab Ende 1921 den Kern der Sturmabteilung der NSDAP. Saalschutz bei politischen Veranstaltungen und paramilitärisches Training waren die Bestimmung der SA. Für die soldatische Ausbildung sowie die Bewaffnung der Truppe sorgte Ernst Röhm.

Adolf Hitler dachte nach seinem Wechsel in die Politik, anders als sein Mentor Röhm, bei aller Sympathie für Militär und Gewalt in erster Linie politisch. Hitler hatte Clausewitz gelesen und verstanden. So wusste der Autodidakt aus Braunau anders als Kaiser Wilhelm II., dass ein Politiker sich überflüssig macht, wenn er sich weitgehend auf die Forderungen des Militärs einlässt. Einstweilen aber benötigte Hitler die paramilitärische, finanzielle, politische und nicht zuletzt auch die gesellschaftliche Unterstützung Röhms und des Reichswehrgruppenkommandos.

Hitler begnügte sich nicht mit rhetorischem Trommelfeuer. Sehr früh erkannte er den Wert umfassender politischer Agitation. Bereits Ende 1920 wies er die Parteiführung der DAP an, die marode Zeitung *Völkischer Beobachter* zu erwerben. Der Kauf wurde mit Mitteln der Reichswehr und privater Gönner finanziert. Hitler besaß nun ein ständiges Propagandaorgan, das er nach Kräften nutzte. Über die Geldmittel mochten sich andere den Kopf zerbrechen.

Parallel zu seiner rastlosen Rednertätigkeit vor dem »gemeinen Volk« verstand es Hitler, sich einen Kreis von Getreuen aufzubauen, die ihm Zugang zur etablierten Münchner Gesellschaft verschafften. Neben Röhm waren die wichtigsten Förderer Hitlers in der Frühzeit der Partei der Ingenieur und selbst ernannte Wirtschaftswissenschaftler Gottfried Feder, der völkische Dichter Dietrich Eckart, der dubiose Finanzier Gottfried Grandel sowie der Verleger Julius Lehmann. Zu ihnen gesellten sich junge Bewunderer des NS-Demagogen, unter ihnen die Studenten Rudolf Heß und Hans Frank, der Baltendeutsche Alfred Rosenberg sowie der junge Kunstverleger Ernst Hanfstaengl, von Freund und Feind »Putzi« genannt.

Was hatten die kultivierten und vermögenden Männer und Frauen des Münchner Establishments mit dem ungeschlachten österreichischen Kleinbürger und politischen Marktschreier im Sinn, der ihre edlen Weine nachzuckerte? Weshalb unterstützen sie Hitler und seine Partei ideell und wirtschaftlich?

Das deutsche Bürgertum fühlte sich vom Kommunismus und vom Judentum bedroht. Es trauerte der Monarchie nach und verachtete die Sozialdemokratie, die liberalen Parteien, ja die demokratische Führung des Reichs insgesamt, das sie unter jüdischem Einfluss wähnte. Arrivierte Münchner Kreise befanden sich Anfang der zwanziger Jahre in einer Sinnkrise.

Schon vor dem Weltkrieg hatten sie Trost und Zuversicht in völkischer Mystik gesucht und eine alldeutsche Politik befürwortet. Die Fantasien und Bestrebungen waren an der politischen und militärischen Wirklichkeit des Völkerschlachtens zerschellt. Nunmehr gab sich das Großbürgertum unter dem wirtschaftlichen, politischen und vor allem psychologischen Druck von Versailles dem Leid hin. Eine Besserung schien nicht in Sicht.

Adolf Hitler eröffnete eine neue Perspektive. Die feinen Damen und Herren spürten ebenso wie die pöbelnden Besucher der Parteiversammlungen in den Bierkellern, dass Hitler den fanatischen Willen besaß, die verhasste sozialliberale und humanistische Demokratie von Weimar zu stürzen und an ihrer Stelle eine völkische Ordnung zu errichten. Manches, was dieser Hitler sagte, mochte roh sein, unausgegoren. Man würde ihm schon Manieren beibringen. Adolf Hitler wiederum hatte sich seit seiner Jugend von der Eleganz, Sorglosigkeit und Kultiviertheit des arrivierten Bürgertums angezogen gefühlt. Er ließ sich gerne von den Damen der Münchner Gesellschaft verwöhnen und von ihren Männern unterstützen. Besonders angetan von Hitler war Helene Bechstein. Die Frau des renommierten Münchner Klavierfabrikanten knüpfte die Verbindung zwischen dem rabiaten Wagner-Enthusiasten und der Familie des Meisters aus Bayreuth. Die Beziehung sollte sich für beide Seiten fruchtbar gestalten.

In seiner Partei etablierte Hitler ein diktatorisches Regiment, das allein auf seine Person zugeschnitten war. Der lokalpolitische Marktschreier, der vorgab, durch seine Reden lediglich die Menschen wieder »nationalisieren« zu wollen, mauserte sich allmählich zum politischen Führer Hitler. Was hatte den Wechsel bewirkt?

Bayern hatte sich seit der Ermordung Kurt Eisners im Februar 1919 zu einem Eldorado rechter Gewalt und Politik entwickelt. Freikorps, Schutzkorps, Bürgerwehren gaben den Ton an. Die vielfältigen militärischen, paramilitärischen und politischen Aktivitäten wurden vorwiegend vom Reichswehrgruppenkommando IV orchestriert. Die bayerischen Militärs wussten sich im augenzwinkernden Einverständnis mit der Heeresführung in Berlin.Während im übrigen Reich der Kapp-Lüttwitz Putsch vom März 1920 mithilfe eines Generalstreiks der demokratischen Kräfte niedergeschlagen werden konnte, stürzten in Bayern Freikorps, Heimwehren und Verbände die gewählte Landesregierung des Sozialdemokraten Johannes Hoffmann und setzten ein rechtes Kabinett unter Gustav von Kahr ein. Der neue Ministerpräsident und seine rechten Steigbügelhalter gingen unverzüglich daran, die »Ordnungszelle Bayern« auf- und auszubauen. Der Freistaat wurde zum Exerziergelände völkischer Kreise und Ideologen sowie ihrer bewaffneten Verbände. In diesem Rahmen wurde Hitler als populärer Propagandist eines völkischen Wiedererwachens und seine SA von der bayerischen Regierung und dem Münchner Reichswehrgruppenkommando nach Kräften gefördert.

Die finanzielle, politische und vor allem die militärische Hilfe der Reichswehr, die Verfügungsgewalt über eine eigene paramilitärische Truppe, die SA, die Bewunderung und die Unterstützung der Münchner Salons in Verbindung mit der fortwährenden Bestätigung bei seinen Politveranstaltungen vermittelten dem einstigen gesellschaftlichen Außenseiter Hitler ein stetig zunehmendes Selbstwertgefühl und Machtbewusstsein. 1922 gelang der NSDAP der Ausbruch aus ihrer Münchner Käseglocke. Zunächst nach Franken. Im Oktober wurde die Teilnahme zahlreicher Anhänger, der defilierenden SA sowie der Auftritt Hitlers beim »Deutschen Tag« in Coburg zur Demonstration der Stärke und Attraktion der Partei auf neuem Terrain. Dieser Erfolg Hitlers wurde nicht zuletzt durch die freiwillige Unterordnung Julius Streichers unter den NSDAP-Chef ermöglicht. Streicher führte seine »Deutsche Werkgemeinschaft« in die NSDAP.

Streicher war ein fanatischer Antisemit, ein politischer Raufbold und Desperado. Seine Einstellung zu Hitler ist ein Indiz für dessen persönliche Überzeugungskraft. Hitler gewann Macht über Persönlichkeiten, die identische oder ähnliche völkisch-antisemitische Werte vertraten. Diese Menschen ließen sich von Hitler überwältigen, weil er das Gleiche wollte wie sie – und sich dabei wortgewaltiger und überzeugender auszudrücken vermochte. Der NS-Chef sprach, brüllte heraus, was sein Klientel schon immer zu wissen vermeinte. Daher unterwarfen sie sich freiwillig seiner Führung.

Hitlers Partei zählte nach dem Zusammenschluss mit der Streicherschen Werkgemeinschaft mehr als 20 000 Mitglieder. Hinzu kam eine neue Zeitschrift, der *Deutsche Volkswille,* woraus Streicher in wenigen Jahren den *Stürmer* entwickelte, den publizistischen Flammenwerfer des vulgären Antisemitismus. Wichtiger als Mitgliederzahlen und Hetzblatt war die geglückte Ausdehnung der NSDAP nach Franken. Es erwies sich, dass die dortige Bevölkerungsstruktur aus protestantischen, national eingestellten Bauern, Kleingewerbetreibenden und Selbstständigen der ideale Nährboden für Hitlers Person, Partei und Politik waren. Vor allem das formale evangelische Glaubensbekenntnis war – bei abnehmender religiöser Bindung – eine günstige Voraussetzung für die wachsende Anhängerschaft der NSDAP. Die Protestanten waren, anders als viele Katholiken, politisch nicht organisiert. Sie konnten daher leichter indoktriniert werden.

Ereignisse, auf die Hitler keinen Einfluss besaß, stärkten weiter seine Position. Im Frühsommer 1922 ermordeten Angehörige der Organisation Consul in Berlin den jüdischen Reichsaußenminister Walther Rathenau. Die unmittelbaren Täter wurden gefasst, ihre Mitverschwörer und Hintermänner kamen ungeschoren davon. Viele fanden Unterschlupf in der »Ordnungszelle Bayern«, einige in Hitlers SA. Reichskanzler Wirth nannte auf Rathenaus Totenfeier den Gegner beim Namen: »Da steht der Feind, der sein Gift in die Wunde eines Volkes träufelt. Da steht der Feind – und darüber ist kein Zweifel: Dieser Feind steht rechts.« Doch Wirths Regierung war unfähig, diesem rechten Feind das Handwerk zu legen. Ein zunehmender Teil des Volkes stieß sich nicht an völkischer Agitation und politischer Gewalt bis hin zum Mord. Zudem bewiesen die Ereignisse in Italien, dass ein Triumph der Völkisch-Nationalen möglich war.

Am 22. Oktober 1922 marschierten Benito Mussolini und seine Anhänger gen Rom. Das desolate Unternehmen stagnierte weit vor der Stadt in heillosem Durcheinander. Doch König Viktor Emanuel III. ernannte Mussolini – für diesen wie die meisten seiner Landsleute überraschend – zum Ministerpräsidenten. Der Faschisten-Chef nutzte die Chance und schwang sich rasch zum Diktator Italiens auf. Die Mehrheit der Italiener ließ Mussolini mit einer gewissen Sympathie gewähren. So wurde er ihr »Duce«. Der Sturz der Demokratie durch den Faschismus geriet bei den völkischen Kräften, besonders bei Hitlers Anhängern in Bayern, zum Vorbild. Viele priesen Hitler fortan als den »bayerischen Mussolini«. Dies stärkte wiederum sein Ansehen, vor allem in der eigenen Partei.

Die treuesten Gefolgsleute und Karrieristen, etwa der neue SA-Chef Hermann Göring, begannen Hitler als »Führer« zu titulieren. Eine unvermeidliche Folge war, dass Hitler zum Gefangenen der zunehmenden Erwartung seiner Gefolgsleute, Verehrer, ja Vergötterer wurde. Hitler tat, was er konnte, diesem Anspruch gerecht zu werden. Er hielt eine Ansprache nach der anderen und gewann fortwährend neue Anhänger.

Hitlers Argumente blieben seit seiner ersten öffentlichen Rede unverändert. Zur jüdischen Zinsknechtschaft sowie dem Ausbeutungsfrieden von Versailles kam der Kampf gegen die »Novemberverbrecher«. Diese steuerten nun als Erfüllungsgehilfen des Versailler Schanddiktats die Reichsregierung. Andere agierten als Teil der Weltverschwörung von Bolschewiken und Marxisten, die ihm ebenfalls ein Teil der jüdischen Konspiration waren.

Kern der Ideologie und Propaganda Hitlers blieb das zersetzende Judentum und dessen satanischer Kampf gegen das deutsche Ariertum. Da mit dem Judentum kein Kompromiss möglich war – Paul de Lagardes Diktum, »mit Tuberkeln und Bazillen wird nicht diskutiert, sie werden vernichtet«, blieb Hitlers Dogma –, forderte der NS-Politiker unermüdlich die Entfernung der Juden aus der deutschen Gesellschaft. Mit diesem simplen Weltverständnis traf Hitler die Stimmung und die Gedanken seines Publikums. Die meisten Besucher seiner Veranstaltungen waren unpolitisch. Doch ebenso wie Hitler hatten sie Angst vor der Auflösung des alten Wertesystems, vor dem Aufbruch in die Moderne. Der technologische Fortschritt gewann während und in der Folge des Weltkriegs an Fahrt. Die Industrialisierung beschleunigte sich. Motorisierung, technische Kommunikation und Handelskonzentration wurden bestimmend. Die individuell unbeherrschbaren Veränderungen verschreckten viele Menschen. Zum Zwang der beruflichen Umstellung, zur Entwertung der überkommenen geistlichen und weltlichen Autoritäten kamen die nationale Demütigung des verlorenen Kriegs, die mit jeder Hetzrede der Völkischen tiefer schmerzte, sowie zunehmende wirtschaftliche Not.

Obgleich die meisten Deutschen ihre kirchlich begründete Judenfeindschaft abgelegt oder zumindest eingeschränkt hatten, vagabundierten die tradierten Vorurteile weiter. Viele glaubten Hitler, weil sie seine Ressentiments unterschwellig teilten. Der verkommenen, weil jüdisch beherrschten Wirklichkeit stellte Hitler das Ideal der reinen, vermeintlich traditionellen und vertrauten arischen Vision gegenüber. Hitler führte die Deutschen ins Reich ihrer Wünsche und Illusionen.

Die politische Situation entwickelte sich für Hitlers Agitation zunehmend günstig. Am 11. Januar 1923 besetzten französische und belgische Truppen unter dem Vorwand ausbleibender Reparationsleistungen das Ruhrgebiet. Paris wollte Deutschlands potenzielle wirtschaftliche Dominanz und politische Stellung zerschlagen. Selbst der neue Kleinstaat Litauen demütigte Deutschland, indem er das Memelland besetzte. Die französische Invasion ließ den deutschen Nationalismus aufflammen wie ein Jahrhundert zuvor die Befreiungskriege. Alle Parteien und Organisationen verdammten den französischen Einmarsch, die Reichsregierung proklamierte den passiven Widerstand. Doch die Zahlung der Gehälter der Streikenden überstieg rasch die Finanzkraft des Reichs, die langsam voran-schreitende Inflation stürzte in einen wilden Galopp.

Hitler begriff eher als andere, dass es lediglich eine Frage der Zeit war, bis Berlin unter dem unerträglichen wirtschaftlichen und außenpolitischen Druck zusammenbrechen und die Waffe des passiven Widerstands strecken würde. Daher wetterte er von Anbeginn gegen die »verlogene nationale Einheit«. Er ge-bärdete sich als einziger authentischer Vertreter des nationalen deutschen Interesses. Die aufgewühlte chauvinistische Stim-mung gab Hitler Rückenwind. Der Führer trieb seine Partei unermüdlich zu politischen Aktionen an. Putschgerüchte wur-den laut. Berlin reagierte mit der Verhängung des Ausnahme-zustands und der Untersagung des bevorstehenden Reichs-parteitages der NSDAP.

In das Jahr 1923 fällt eine Begegnung, die für Hitlers Selbst-bewusstsein und seinen Werdegang nicht hoch genug einge-schätzt werden kann: Richard Wagners Sohn Siegfried und dessen englische Frau Winifred luden den Nazi-Führer nach Bayreuth ein. Dort begegnete Hitler Houston Stewart Cham-berlain. Der englische Privatgelehrte galt seit seiner Heirat mit der Wagner-Tochter Eva und der Veröffentlichung seines Buches *Die Grundlagen des 19. Jahrhunderts* als weltanschau-licher Lordsiegelbewahrer des Wagnerschen Erbes. Der dahin-siechende Chamberlain hielt seit Jahren Ausschau nach einem erhabenen Führer der völkischen Bewegung, der Deutschlands Menschen aus den Fängen des raffgierigen Judentums befreien und es zu seiner genuinen Bestimmung leiten sollte: ein schöp-ferisches Volk, an der Spitze der Menschheit zu sein.

Hitler galt dem Möchtegern-Germanen Chamberlain als Inkarnation deutscher Vitalität. »Dass Deutschland in der Stunde seiner höchsten Not sich einen Hitler gebiert, bezeugt sein Le-bendigsein.« Chamberlain hatte auf dem Totenbett seinen Siegfried gefunden: »Eine Gewalt, deren Wesen es ist, den Kos-mos zu gestalten.« Die Inauguration durch den Gralshüter des Grünen Hügels gab Hitler die Gewissheit, vom germanischen Orakel als die Reinkarnation eines Wagner-Helden anerkannt zu sein. Das trieb ihn an. Denn ein Recke handelt, statt Reden zu halten. Hitlers Aktivismus, seine verbale Radikalität und die Militanz der SA wirkten angesichts der nationalen Depression auf viele, die vergangener Größe nachtrauerten und von Rache schwadronierten, aber nicht die Tat zu ergreifen wagten, wie ein Aphrodisiakum.

Hitler verhieß die nationale Wiedergeburt und versprach, die »Schuldigen« zu bestrafen. Die Menschen, vor allem in Bayern, strömten in die Versammlungen der NSDAP, viele wurden Parteimitglieder. Auch im Westen Deutschlands begannen sich Hitler-Anhänger zu organisieren. Die NS-Bewegung wuchs schneller als jede andere Partei. Im November 1923 hatte die Nazi-Partei die Zahl ihrer Mitglieder seit Jahresanfang auf 60 000 verdreifacht. Die Berufs- und Sozialstruktur war bemerkenswert. Die Hälfte waren Handwerker, Handlungsgehilfen, Bauern, Beamte, unterer Mittelstand, ein Drittel Arbeiter, nur jeder Zehnte gehörte dem oberen Mittelstand an, war Freiberufler. Die neuen Parteigenossen und andere Sympathisanten erwarteten von Hitler die Verwirklichung seiner Versprechen. Das machte den Führer zum Getriebenen der eigenen Radikalität. So rief der Schriftsteller Ernst Jünger am 23. September im *Völkischen Beobachter* zur Revolution auf: »Die echte Revolution hat noch gar nicht stattgefunden, sie marschiert unaufhaltsam heran … ihr Banner ist das Hakenkreuz … sie wird ersetzen das Wort durch die Tat, die Tinte durch das Blut, die Phrase durch das Opfer, die Feder durch das Schwert.« Hitler verschärfte ständig seine propagandistischen Attacken. Auf Dauer musste er sich und seinem fanatischen Anhang die eigene Tatkraft unter Beweis stellen.

Zumal sich auf dem völkischen Spektrum auch andere Heilsbringer tummelten. Einer der populärsten Heroen in diesem Lager war Erich Ludendorff. Der weit über Bayerns Grenzen bekannte Weltkriegsgeneral mobilisierte im Freistaat zeitweilig mehr Anhänger als Hitler. Ende September ernannte Ministerpräsident von Knilling Gustav von Kahr zum »Generalstaatskommissar« mit diktatorischen Vollmachten. Dieser verbot umgehend vierzehn größere Nazi-Veranstaltungen. Von Kahr scharte konservative Gesinnungsgenossen wie von Lossow und den Chef der bayerischen Landespolizei von Seißer um sich. Die Herren waren sich einig in der Ablehnung der sozialklerikal-liberalen Reichsregierung. Sie bemühten sich zunächst, die »Ordnungszelle Bayern« zu stabilisieren.

Im Übrigen wollten die starken Männer Bayerns zuwarten, bis die Zeit reif für einen Umsturz in Berlin wäre. Unmittelbar danach beabsichtigten sie, in der Reichshauptstadt ein Direktorium einzusetzen, das mit der Reichswehr kooperieren sollte. Der generalstabsmäßig geplante Umsturz lief Hitlers Interessen zuwider. Er wollte kein Schachspiel um die Macht. Die NSDAP strebte eine völkische Revolution an. Doch ihr fehlten die Machtmittel: Waffen, Geld, Infrastruktur, Staatsapparat. Darüber verfügten wiederum von Kahr und seine Gruppe. Die Zeit lief den Nazis davon. Da Hitler die Reaktionäre militärisch nicht schlagen konnte, versuchte er, sie für sich zu gewinnen. Ein Wettlauf um Umsturz und Herrschaft setzte ein.

Hochverrat als Gaudi

9. November 1923

Von Kahr und seine Anhänger planten, am 8. November 1923 eine Volksveranstaltung gegen die Profiteure der Revolution vom 9. November 1918 abzuhalten. Hitler beschloss, die Gelegenheit für einen Putsch zu nutzen. Er alarmierte die SA unter Hermann Göring, seinen Reichswehrverbündeten Ernst Röhm und den »Kampfbund«, einen Zusammenschluss gewaltbereiter rechter Organisationen.

Wie angekündigt versammelte sich die Führung des Freistaates am 8. November im Münchner Bürgerbräukeller zu ihrer politischen Heerschau. Während von Kahr eine Rede gegen die Reichsregierung in Berlin hielt, stürmten SA-Männer den Saal. Ein Maschinengewehr wurde aufgebaut, Hitler stieg auf einen Stuhl, schoss mit seiner Pistole in die Decke und verkündete: »Die nationale Revolution ist ausgebrochen. Der Saal ist von sechshundert Schwerbewaffneten besetzt … die bayerische Regierung und die Reichsregierung sind abgesetzt.« Wieder auf dem Boden, befahl Hitler mit vorgehaltener Waffe von Kahr, von Lossow und von Seißer in einen Nebenraum. Die dreitausend Besucher hatten ihre Gaudi.

Im Chambre séparée versuchte Hitler derweil, die von ihm festgesetzten Herren in seine »nationale Revolution« einzubinden. Er diktierte den Gefangenen ihre zukünftigen Funktionen. Kahr werde Landesverweser, Ludendorff sollte den Befehl über das Heer erhalten, um den Marsch auf Berlin zu kommandieren. Hitler ernannte sich zum Chef der Reichsregierung und drohte unverhohlen: »Jeder hat den Platz einzunehmen, auf den er gestellt wird, tut er das nicht, so hat er keine Daseinsberechtigung. Sie müssen mit mir kämpfen, mit mir siegen oder mit mir sterben.« Der Hitler-Vertraute von

Scheubner-Richter machte sich auf die Suche nach Ludendorff, der noch nichts von seiner Beförderung durch Hitler wusste. Indessen verspürten die Festgehaltenen kein Bedürfnis, sich vom Weltkriegsgefreiten kommandieren zu lassen. Von Kahr schreckten selbst Todesdrohungen nicht. Das machte Hitler ratlos. Also tat er das, was er konnte. Der Nazi-Chef trat wieder in den Saal und brachte mit einem flammenden, patriotischen Appell zum Marsch auf das jüdische Sündenbabel Berlin und zur Errettung des deutschen Volkes sowie der Behauptung, die Festgesetzten hätten seinen Putsch goutiert, das Publikum zu frenetischem Beifall.

Unterdessen war Ludendorff eingetroffen. Die Akteure zogen sich erneut zum Politklüngel ins Hinterzimmer zurück. Ludendorff war indigniert, dass Hitler ihn lediglich an die Spitze des Heeres setzen wollte. Immerhin war der Generalquartiermeister a. D. während der letzten zwei Weltkriegsjahre Deutschlands unheimlicher Herrscher gewesen. Doch der bornierte General reagierte wie ein Schlachtross, das springt, sobald die Fanfaren ertönen. Ludendorff fühlte sich vom Gefreiten Hitler ans vaterländische Portepee gefasst. Schließlich ist ein selbst ungewisses Feldherrnamt allemal aufregender als ein Pensionärsdasein im Voralpenland. General Ludendorff akzeptierte daher Hitlers Ämterverteilung und ermahnte dessen drei Gefangene, es ihm gleich zu tun. Die Herren brachten es nicht fertig, sich dem Kriegshelden zu verweigern, und fanden sich nun zum Umsturz bereit. Zumindest gaben sie dies vor. Gemeinsam traten die Putschisten in den Saal. Hitler ergriff das Wort und schwor: »Ich will jetzt erfüllen, was ich mir heute vor fünf Jahren als blinder Krüppel im Lazarett gelobte, nicht zu ruhen und zu rasten, bis die Novemberverbrecher zu Boden geworfen sind, bis auf den Trümmern des heutigen jammervollen Deutschland wieder auferstanden sein wird ein Deutschland der Macht und der Größe, der Freiheit und der Herrlichkeit. Amen!« Das Publikum jubelte. Pseudoreligiöse Verheißung nationaler Glorie war nach dem Geschmack der Menschen im jammervollen Alltag der Inflation.

Hitler schien am Ziel. Die Spitzen des Freistaates und der Feldherr, unter dessen Befehl er als anonymer Soldat für Deutschland gekämpft hatte, waren ihm zu Willen. Der Umsturz in Bayern war geglückt. Nun konnte der Sturm gegen die Berliner Judenrepublik beginnen, aus dem er als Reichskanzler hervorgehen würde.

Wie eine Seifenblase zerplatzte jedoch das Unterfangen innerhalb weniger Stunden am Dilettantismus Hitlers und seiner Mitverschwörer. Ludendorff ließ von Kahr, von Lossow und von Seißer auf deren Offiziersehrenwort frei. Die Herren scherten sich nicht um ihre abgepressten Zusagen, sondern setzten sogleich die Mechanismen des Staatsapparates in Gang. Dabei kam ihnen zupass, dass die Putschisten nicht daran gedacht hatten, die meisten Ministerien, Kasernen und Telegrafenämter zu besetzen. Hitler musste bald erkennen, dass der Umsturz vor dem Scheitern stand. Er stieß wirre Mord- und Selbstmorddrohungen aus und setzte erneut auf seinen letzten und in Wahrheit einzigen Trumpf, seine genuine Fähigkeit, die Massen zu mobilisieren.

Am nächsten Morgen starteten die Nazis einen Solidarisierungsmarsch durch die Münchner Innenstadt. Julius Streicher hielt am Marienplatz eine aufpeitschende Rede, ehe die Menge weiterzog. An der Feldherrnhalle setzte berittene bayerische Landpolizei dem Spuk ein blutiges Ende. Vierzehn Aufständische und vier Polizisten starben, die meisten Überlebenden stoben in Panik auseinander. Hitler machte sich, sobald er dazu in der Lage war, davon. Einzig Erich Ludendorff marschierte äußerlich unbewegt durch die Reihen der berittenen Polizei und stellte sich anschließend. Derweil flohen Hitler und seine Mitkämpfer. Doch innerhalb weniger Tage wurden alle Drahtzieher des Umsturzes verhaftet. Hitler wurde im Haus der Familie Hanfstaengl am Staffelsee aufgegriffen und in die Festung Landsberg am Lech verbracht.

Die Niederschlagung des Putsches hätte eine Demonstration der Stärke für die Weimarer Republik sein können, ja, sein müssen. Der Umsturz in Deutschland und die Beseitigung der legitimen Regierung war das öffentlich proklamierte Ziel der Aufständischen. Das bedeutete Hochverrat. Dafür sah das Gesetz drastische Strafen bis hin zu lebenslanger Haft vor. Selbst die Todesstrafe war möglich, da bei der Niederschlagung Polizisten ums Leben gekommen waren. Die Putschisten wären auf lange Jahre aus Gesellschaft und Politik entfernt gewesen. Hitler rechnete offenbar mit einer harten Reaktion des Staates. Nach dem Scharmützel an der Feldherrnhalle verfiel er in Depressionen. Mehrmals kündigte er an, seinem Leben ein Ende setzen zu wollen.

Ein Prozess gegen die Aufständischen hätte zudem deren kläglichen Putsch, ihre Wirklichkeitsferne, Hitlers Hysterie und Feigheit bloßstellen können. Die Gelegenheit wurde nicht genutzt, konnte nicht genutzt werden, da die Spitzen des bayerischen Staates in den Umsturz verwickelt waren. Die Herren verachteten den hektischen Aktionismus Hitlers, teilten jedoch dessen Hass gegen die »Berliner Judenrepublik«. Da die Putschisten die deutsche Regierung beseitigen wollten, hätte der Prozess nach Recht und Gesetz vor dem Reichsgericht in Leipzig stattfinden müssen. Doch die bayerischen Behörden sorgten dafür, dass das Verfahren vor dem Volksgericht in München abgehalten wurde. Die Reichsregierung tolerierte den Übergriff.

Richter Neithardt charakterisierte Hitler als Mann von »reinem vaterländischen Geist und edlem Willen«. Der Staatsanwalt adelte den Angeklagten gar als Menschen, der sich »bis zur Selbstaufopferung für seine Ideen hingibt«. Diese mentale und politische Basis bot Hitler die Gelegenheit, den Prozess zu einem Tribunal gegen die Demokratie umzugestalten. Hinzu kam, dass Ludendorff zu beschränkt war, die politischen und propagandistischen Möglichkeiten, die dieses Verfahren ihm hätte bieten können, auszunutzen. Sein Mitangeklagter sprang geistesgegenwärtig in die Bresche.

Adolf Hitler übernahm bereitwillig die Verantwortung für den Umsturzversuch, wertete diesen jedoch nicht als Hochverrat: »Ich fühle mich nicht als Hochverräter, sondern als

Deutscher, der das Beste wollte für sein Volk.« Der Angeklagte rechtfertigte sein Handeln als Versuch, das Vaterland vor »dem Landesverrat von 1918« zu retten. Geschickt verstand es der Nazi-Chef, von Kahr, von Lossow und von Seißer, die als Zeugen vor Gericht auftraten, als Mitverantwortliche zu diskreditieren: »Wenn wir schon Hochverrat betrieben haben sollen, dann wundere ich mich, dass diejenigen, die damals das gleiche Bestreben hatten, nicht an meiner Seite [als Angeklagte] sitzen … jene Herren, die mit uns die gleiche Tat gewollt, sie besprochen und bis ins Kleinste vorbereitet haben.« Hitler gebärdete sich als »großer Mann« und »Weckrufer« und berief sich »voller Stolz« auf Richard Wagner.

Die Laienrichter wollten Hitler freisprechen. Auch dem Vorsitzenden Neithardt fiel es schwer, die national gesinnten Angeklagten zu verurteilen. Schließlich wurde Ludendorff freigesprochen, Hitler erhielt die Mindeststrafe von fünf Jahren Festungshaft. Die nach Starfverbüßung gesetzlich vorgeschriebene Ausweisung als »lästiger Ausländer« wurde aufgehoben. Die Milde der Kammer ist verständlich, denn die Laien- und der Berufsrichter des »Volksgerichts« fühlten sich nicht der Weimarer Republik und ihren Gesetzen verpflichtet. Dagegen wurden Hitlers mythische Werte und sein Hass von ihnen geteilt. Das Urteil war lediglich ein kosmetischer Tribut an den verachteten demokratischen Staat.

Der misslungene Putsch ist von Hitler später als Glücksfall bezeichnet worden. Tatsächlich bedeuteten die Konsequenzen des Umsturzversuchs eine Niederlage der Demokratie von Weimar. Die Republik hatte zwar zunächst formal über den Putschisten gesiegt. Die mangelnde Loyalität der bayerischen Judikative und Exekutive vermieden jedoch eine mögliche endgültige Ausschaltung Hitlers.

Die Reichsregierung in Berlin konzentrierte sich in den folgenden Jahren darauf, die außenpolitische und wirtschaftliche Lage Deutschlands zu konsolidieren. Die ruinöse passive Widerstandsstrategie für das Ruhrgebiet wurde aufgegeben, das Verhältnis zu Frankreich soweit als möglich normalisiert. Durch die Einführung der Rentenmark gelang die Überwindung der Inflation. Daraufhin erholte sich die Wirtschaft, und die soziale Lage wurde verbessert. Die Goldenen Zwanziger begannen. Für die Deutschen ging es aufwärts, die politische Situation der Weimarer Republik stabilisierte sich.

Ein klares »Kampf«-Programm

1924–1926

1924 waren NSDAP und SA zerschlagen. Führende Parteigenossen tot, verwundet, auf der Flucht oder in Haft. Hitler war gezwungen, aus dem Desaster zu lernen. Er hatte erkannt, dass ein gewaltsamer Umsturz gegen eine funktionsfähige Staatsmacht, die über Polizei, Behörden und das Militär verfügte, keine Erfolgsaussichten besaß. Es genügte nicht, Zehntausende Parteimitglieder und Anhänger zu begeistern sowie einige Dutzend wohlhabende und einflussreiche Mitglieder der Münchner Salongesellschaft zu faszinieren. Die bayerischen Regierungsvertreter, Polizisten und Reichswehroffiziere waren ihrer Gesinnung nach Feinde der Republik. Doch darüber hinaus waren sie Maulhelden und Karrieristen. Sie wollten sich Hitlers bedienen; sich ihm zu unterstellen oder ihn gar mit der Herrschaft zu betrauen, kam den Reaktionären aber nicht in den Sinn.

Um an die Macht zu gelangen, musste Hitler also einen erheblichen Teil der Deutschen für seine Person, seine Weltanschauung und seine Bewegung gewinnen. Er musste Flexibilität in taktischen Dingen lernen. Seinen grundsätzlichen Überzeugungen blieb er indessen treu. Hitler war nicht willens, wahrscheinlich auch charakterlich unfähig, diese infrage zu stellen. Hitler wollte die Demokratie vernichten, musste sich aber zumindest zeitweise ihren Regeln unterwerfen und um die Gunst der von ihm verachteten Massen werben. Dies bedeutete für ihn, seine Agitation und Propaganda weiter zu verbessern.

Die Festungshaft in Landsberg am Lech diente Hitler als Denkpause. Der Gefangene analysierte die eigene politische Biografie und die Geschichte Deutschlands. Das Ergebnis war eine programmatische Schrift. Bei der Abfassung des Buches halfen ihm seine inhaftierten Kampfgenossen Rudolf Heß und Emil Maurice.

Selten ist eine politische Schrift so unterschätzt, verkannt und verhöhnt worden wie *Mein Kampf*. Noch im Urteil heutiger Zeitgenossen ist das Naserümpfen über Hitlers zweibändiges Buch spürbar. So beanstandet Joachim C. Fest den schmuddeligen Jargon, den »Armeleutegeruch«, die neurotischen Ausdünstungen der Schrift ebenso wie die »Dauerpubertät« des Autors, dem »die Welt in Bildern von Paarung, Unzucht, Perversion, Schändung, Blutverpestung erscheint«. Fazit: »Unzureichend und literarisch missglückt.« Doch ästhetische und literaturwissenschaftliche Wertungen der Gegenwart taugen wenig, um die damalige dramatische Wirkung zu begreifen. Eine Brücke in die Vergangenheit baut die dünkelhafte Wertung Hitlers und seines Buches durch damalige Intellektuelle. So sollte Karl Kraus, als die Macht des NS-Chefs unübersehbar wurde, urteilen: »Zu Hitler fällt mir nichts ein.« Arroganz mündete in Ratlosigkeit. Die gebildeten Kritiker und Gegner verkannten während Hitlers Karriere, dass die Mehrheit der Deutschen einen ähnlichen Bildungsstand wie der Buchautor besaß. Doch selbst unter jenen, die belesen, kultiviert und gut informiert waren, gab es viele, die Hitlers Vorurteile und Ideen teilten.

Die Beurteilung des Hitler-Buches ist bis heute enthüllend. So behauptet der angesehene Hitler-Biograf Ian Kershaw: »Grundzüge eines politischen Programms sucht man in *Mein Kampf* vergeblich.« Falsch. Die Prinzipien werden eingehend erläutert. Der Leser wird ihrem Trommelfeuer ausgesetzt – allein die systematische Ordnung fehlt, die ein britischer Historiker von einem Kollegen erwarten würde. Hitler hatte andere Ansprüche an sich. »Innerhalb langer Perioden der Menschheit kann es … einmal vorkommen, dass sich der Politiker mit dem Programmatiker vermählt«, schrieb er in *Mein Kampf*. Der Autor verstand sich als Politiker, Theoretiker und Organisator obendrein. »Führen heißt: Massen bewegen können … Die Vereinigung … von Theoretiker, Organisator und Führer in einer Person ist das Seltenste«, orakelte er, »was man auf dieser Erde finden kann; diese Vereinigung schafft den großen Mann!« Hitler ließ keinen Zweifel daran, dass er dieser Führer war.

In seinen Reden und Artikeln vor dem Münchner Novemberputsch hatte Hitler permanent gegen ein Spektrum von Feinden gewettert. Er hatte Hass geschürt und Häme ausgegossen gegen die Novemberverbrecher, gegen die Zinsknechtschaft, hatte gegen Marxisten, Bolschewisten und Franzosen geschimpft. Seine bevorzugten Feinde waren die Juden. Doch von Ausnahmen abgesehen, wie der Rede »Warum sind wir Antisemiten?« vom 13. August 1920, bevorzugte es Hitler, seine rhetorische Kanonade ungeordnet gegen alle Feinde der Völkischen zu richten. Dabei nahm die Agitation gegen das »verbrecherische Diktat« von Versailles eine zentrale Rolle ein.

In der Abgeschiedenheit der Festung, umsorgt von bewundernden Anhängern und devotem Gefängnispersonal, konnte Hitler sich auf seine programmatische Abhandlung konzentrieren. Dabei sind zwei Phänomene auffällig: Hitler verschmolz die eigene Biografie mit Deutschlands Geschichte. Diese projizierte Identität der Interessen gab ihm die Gewissheit, Deutschlands natürlicher Führer zu sein und in Zukunft alles zu tun, diese Position zu erkämpfen, um die Belange seines Landes durchzusetzen. Zum zweiten war Hitler weder fähig noch bereit, sein prinzipielles Wertesystem, das weitgehend durch Wagner und später durch den alldeutschen Chauvinismus sowie den vulgären Judenhass in Wien geprägt und durch das Trauma des verlorenen Ersten Weltkriegs verhärtet worden war, infrage zu stellen. Das Weltgeschehen ist nach seinem Verständnis ein ewiger Kampf zwischen Gut und Böse, edel und habgierig, schaffend und raffend. Die Germanen sind die Guten und Schöpferischen, sie müssen sich ihrer nimmermüden Feinde erwehren. Die Starrheit Hitlers in seinen fundamentalen Prinzipien wurde ergänzt durch seine Lernfähigkeit, ja geradezu Lernbesessenheit, in taktischen Fragen. Auf diese Weise konnte er Symptome und Versäumnisse einer falschen Politik erkennen und scharfsichtig kritisieren. Dagegen fehlten ihm die intellektuelle Souveränität und psychische Stabilität, die eigenen Grundsätze oder die Prinzipien der deutschen Vorkriegspolitik, die zur Niederlage geführt hatten, zu hinterfragen und eine tatsächliche Neuorientierung zu erwägen. Hitler erkannte die unglückliche Bündnispolitik Berlins, die Deutschland zu einem Zweifrontenkrieg zwang, sowie die ungenügende deutsche Propaganda. Dies waren indessen lediglich nachgeordnete Versäumnisse. Die strategischen Fehler und ihre intellektuellen Ursachen lagen tiefer. Das begriff auch Hitler. Doch seine Diagnose bewegte sich auf einer anderen Ebene.

Hitler wollte sich nicht mit einer bloßen Revision des Abkommens von Versailles begnügen. »Die Forderung nach Wiederherstellung der Grenzen des Jahres 1914 ist ein politischer Unsinn von Ausmaßen und Folgen, die ihn als Verbrechen erscheinen lassen«, schrieb er nun. Ein Angriff auf Frankreich sei nur sinnvoll »unter der Voraussetzung, dass Deutschland in der Vernichtung Frankreichs wirklich nur ein Mittel sieht, um danach unserem Volke endlich an anderer Stelle die mögliche Ausdehnung geben zu können.« Der Sieg über Frankreich war vom eigenständigen Zweck zum bloßen Mittel der Außenpolitik Hitlers degradiert worden. Das neue außenpolitische Ziel war Lebensraum im Osten: »Wollte man in Europa Grund und Boden, dann konnte dies im großen und ganzen nur auf Kosten Russlands geschehen.«

Was veranlasste Hitler zum Umdenken, zum Wechsel seiner Prioritäten? Er hatte sich gründlich mit allen in seinen Augen Deutschland beschäftigenden Fragen auseinander gesetzt und war zu dem Schluss gekommen, den er emotional ohnehin vertrat, dass die Juden die Drahtzieher allen Unglücks waren. Nicht bloß Deutschlands, sondern auch der Welt. Die Juden hatten den Marxismus und den Bolschewismus entwickelt; mit dessen Hilfe und jener des Kapitalismus waren sie dabei, die Völker der Erde zu unterjochen und zu zerstören.

Schon in seinen früheren Reden hatte Hitler die Juden maßlos beschimpft und dazu aufgerufen, sie mit »Stumpf und Stiel auszurotten«. Das waren damals keine ungewöhnlichen Töne im völkischen Lager. In Landsberg aber legte Hitler sich auf einen systematischen, mörderischen Antisemitismus fest: Diesem hing er bis an sein Lebensende an. Lediglich taktische Notwendigkeiten ließen ihn mitunter seine radikale Position verschweigen. Seine Einstellung zu den Juden war dem Schreiber so wichtig, dass er ihnen unversöhnliche Feindschaft ansagte: »Mit dem Juden gibt es kein Paktieren, sondern nur das harte Entweder – Oder.«

Der antisemitische Rassismus, der Hitler allenthalben in Wien begegnet war, dominierte nun sein Weltverständnis. Die Rassefrage galt ihm als »Schlüssel zur Weltgeschichte«. Die Historie wiederum »ist die Darstellung des Verlaufs des Lebenskampfes eines Volkes.«

Hitler kategorisierte die Menschheit in drei Gruppen: »Kulturbegründer, Kulturträger und Kulturzerstörer«. Als Kulturbegründer ließ Hitler nur den »Arier« gelten: »Von ihm stammen die Fundamente und Mauern aller menschlichen Schöpfungen … [Der Arier] liefert die gewaltigen Bausteine und Pläne zu allem menschlichen Fortschritt.« Die Kulturträger dagegen bauen ihre Zivilisation auf die Schöpfungen der Kulturgründer. Diese unkreativen Rassen und Völker blieben von einem ständigen Zustrom der Kulturträger abhängig. Als Beispiel nannte Hitler die Japaner: »Würde ab heute jede weitere arische Einwirkung auf Japan unterbleiben, … so … würde … die japanische Eigenart gewinnen, aber die heutige Kultur erstarren und wieder in den Schlaf zurücksinken, aus dem sie vor sieben Jahrzehnten durch die arische Kulturwelle aufgescheucht wurde.«

Die ärgsten Kulturzerstörer waren nach Ansicht Hitlers die Juden. Er bescheinigte ihnen einen außergewöhnlichen Selbsterhaltungstrieb. Doch fehle ihnen, was bereits Wagner erkannt hatte, jedwede »idealistische Gesinnung«: »[Der Jude] ist und bleibt der ewige Parasit, ein Schmarotzer, der wie ein schädlicher Bazillus sich immer mehr ausbreitet, sowie nur ein günstiger Nährboden dazu einlädt … wo er auftritt, stirbt das Wirtsvolk nach kürzerer oder längerer Zeit ab.« Die Hebräer waren in

Hitlers Augen der natürliche Feind der idealistischen Arier. Die gesamte Menschheit wurde von ihnen bedroht:»Siegt der Jude mit Hilfe seines marxistischen Glaubensbekenntnisses über die Völker dieser Welt, dann wird seine Krone der Totentanz der Menschheit sein, dann wird dieser Planet wieder ... menschenleer durch den Äther ziehen.« Hitlers konsequente Gegenwehr:»So glaube ich heute im Sinne des allmächtigen Schöpfers zu handeln: Indem ich mich des Judentums erwehre, kämpfe ich für das Werk des Herrn.«

Hitler entwickelte keine neuen Gedanken. Sein Antisemitismus ist eine Mixtur aus Ideen und Vorstellungen früherer Judenfeinde wie Wagner, Lagarde, Lanz von Liebenfels, Chamberlain, Marr, von Schönerer und anderen. Diese Theoretiker der Judenfeindschaft waren jedoch unfähig gewesen, eine nennenswerte aktive Gefolgschaft zu mobilisieren. Dagegen gelang es einem Praktiker wie Karl Lueger, zahlreiche Anhänger um sich zu scharen. Anders als der zynische Bürgermeister aber entwickelte sich Hitler zum Überzeugungstäter. Hitlers Judenfeindschaft war die Lokomotive seiner politischen Karriere, seine Brücke zur ersehnten bürgerlichen Existenz, zur Anerkennung und Macht. Hitler war überzeugt, dass die Juden mithilfe ihrer marxistischen und bolschewistischen Ideologie Russland nahezu zerstört hatten:»Das Riesenreich im Osten ist reif zum Zusammenbruch. Und das Ende der Judenherrschaft in Russland wird auch das Ende Russlands als Staat sein«, schrieb Hitler im 1926 veröffentlichten zweiten Band von *Mein Kampf.* Davon wollte er profitieren.

Bereits in seinem ersten Band hatte der Autor nach einer Lösung des zunehmenden Bevölkerungsdrucks in Deutschland gesucht. Der Ausweg war für Hitler eine konsequente Umorientierung der deutschen Politik:»Wir schließen endlich ab die Kolonial- und Handelspolitik der Vorkriegszeit und gehen über zur Bodenpolitik der Zukunft. Wenn wir aber heute in Europa von neuem Grund und Boden reden, können wir in erster Linie nur an Russland und die ihm untertanen Randstaaten denken.« Hitlers Paradigmenwechsel bedeutet einen historischen Rückschritt. Er wollte sein Volk wieder in den Krieg und die Agrarwirtschaft zwingen.

Der jüdische Joker passte allenthalben in Hitlers weltanschauliches und politisches Kartenspiel. Die Juden hatten Russland zerstört. Nun konnte das Land als deutsch-arischer Lebensraum erobert werden. Waren die Arier die Nutznießer der jüdisch-bolschewistischen Parasiten? Hitler kümmerte sich nicht um Logik, sondern entwickelte eine alt-neue Strategie seiner zukünftigen Politik. Innenpolitisch musste er zunächst mithilfe seiner Partei die Macht in Deutschland erringen. Erst danach konnte sich Deutschland der Außenpolitik zuwenden. Hier galt die Reihenfolge: Gewinnung der natürlichen Alliierten des britischen Empire und des faschistischen Italiens von Benito Mussolini. Danach die Niederwerfung des Erzfeindes Frankreich. Dieser Sieg war wiederum Voraussetzung der wahren Mission Deutschlands: durch die Zerstörung des jüdisch-bolschewistischen Regimes Lebensraum im Osten zu gewinnen.

Man mag einwenden, dass das Weltbild Hitlers undifferenziert und seine Ziele inhuman waren. Es handelte sich dabei nicht um Macht-, sondern um Gewaltpolitik. Hitler gebot über kein planmäßig aufgebautes philosophisches oder ideologisches System. Dennoch fügten sich seine Überlegungen zu einem schlüssigen Konzept zusammen. In Landsberg und später bei der Arbeit am Folgeband seiner programmatischen Schrift erdachte und erarbeitete Hitler einen Fahrplan zur Macht, für seinen persönlichen Kampf und jenen Deutschlands, an den er sich fortan halten sollte.

Hitlers Weltverständnis war antimodern. Er nahm durchaus wahr, dass rationale Lösungen für vermeintliche oder reale Herausforderungen bestanden. So erwähnte er den möglichen Ausbau der deutschen Exportindustrie und einen gesteuerten Geburtenrückgang, um den Bevölkerungsdruck zu reduzieren. Wege, die nach dem Untergang seines Regimes von Deutschland mit Erfolg beschritten wurden. Doch Hitler verwarf diese Strategie. Er musste sie aufgrund seines Weltverständnisses geradezu ausschließen. Denn sein Denken war in einer Mythenwelt gefangen. Dort galt nicht die Dialektik von rational und irrational, sondern jene von gut und böse, edel und verdorben, arisch und jüdisch.

Eine bezeichnende Stelle aus *Mein Kampf* lautet: »Der schwarzhaarige Judenjunge lauert stundenlang, satanische Freude in seinem Gesicht, auf das ahnungslose Mädchen, das er mit seinem Blute schändet und damit seinem, des Mädchens, Volke raubt. Mit allen Mitteln versucht er, die rassischen Grundlagen des zu unterjochenden Volkes zu verderben.« Damit enthüllte der Schreiber unfreiwillig seinen psychopathologischen Antrieb. Hitler war nicht der erste und nicht der letzte Politiker, der sexuelle Nöte mit martialischem Auftreten zu sublimieren suchte. Erschreckend sind indessen nicht allein die Zwangsvorstellungen Hitlers, sondern der Umstand, dass dessen Antriebe, Rechtfertigungen und Werte von weiten Teilen der deutschen Bevölkerung ignoriert oder geteilt und gutgeheißen wurden.

Vor Hitlers Kanzlerschaft wurden lediglich knapp 100 000 Exemplare von *Mein Kampf* verkauft. Danach explodierten die Auflagezahlen. Bis 1945 kamen etwa zehn Millionen des Hitler-Buches unter das Volk. Wie lässt sich das zunächst geringe Echo erklären? Hitler wurde verehrt oder abgelehnt aufgrund seiner Reden, seines Auftretens, seiner nationalistischen, antisemitischen, antikommunistischen Aussagen und Standpunkte. Der Führer war ein Gesamtkunstwerk, das man je nach Persönlichkeit und Einstellung liebte oder hasste. Man kannte Hitler, glaubte, ihn zu kennen – auch ohne sein Buch. Diese Einstellung galt bei Hitlers Anhängern ebenso wie bei seinen Feinden.

Die Niederlage ist die Schule des Siegers – wenn er bereit ist, aus seinen Fehlern zu lernen. Hitler musste sich und seine Partei zumindest formal an die Regeln des Systems von Weimar halten. Das bedeutete die Notwendigkeit von Wahlerfolgen. Zu diesem Zweck wiederum war es unumgänglich, seine Partei als politisches Vehikel wieder aufzubauen und effektiver zu gestalten. Eine Neuausrichtung der NSDAP, gar eine Demokratisierung, lehnte Hitler vehement ab. Auch eine Abschaffung der SA kam für ihn nicht infrage. Hitler ging es lediglich darum, die formal-legalen, politischen Kriterien zu erfüllen, um wieder am Kampf, nicht am Spiel, um die Macht partizipieren zu können – mit ihm als Führer. Bis dahin, bis zu seiner Freilassung, mochte, ja sollte die Partei vor die Hunde gehen. Auf diese Weise würde sie rasch die Notwendigkeit seines alleinigen Lenkungsanspruchs begreifen und bestätigen.

Gemäß dieser Logik ernannte Hitler Alfred Rosenberg zu seinem Nachfolger als Parteichef. Es war absehbar, dass der rechthaberische Ideologe nicht imstande sein würde, die widerstrebenden Persönlichkeiten und Gruppierungen der NSDAP zusammenzuhalten und zu führen. Der Theoretiker Rosenberg erwies sich zudem als unfähig, die praktische Organisation der Partei effektiv zu gestalten – auch damit konnte Hitler rechnen. Um das Parteiverbot der NSDAP zu umgehen, gründete Rosenberg Anfang 1924 die Großdeutsche Volksgemeinschaft (GVG). Die Partei wurde rasch von Streitigkeiten zerrüttet. Den Ton gaben die vehementen Demagogen und Antisemiten Julius Streicher und Hermann Esser an. Viele Deutsche, selbst Nationalsozialisten, fühlten sich vom Krawall- und Klamaukstil ihrer Politik abgestoßen. Hitler, der in Landsberg am Lech auf dem Laufenden gehalten wurde, beobachtete ungerührt die Implosion seines politischen Instruments.

Im Sommer 1924 gab Hitler seinen Rückzug aus der Politik bekannt und ersuchte seine Gefolgsleute, ihn nicht länger mit politischen Fragen und Besuchen zu behelligen. Die taktische Zurückhaltung hatte einen pragmatischen Grund. Mitte September 1924 beurteilte Gefängnisdirektor Otto Leybold in einem Bericht an die Staatsanwaltschaft München seinen Häftling: »Hitler wird die nationale Bewegung neu zu entfachen suchen, aber nicht mehr wie früher mit gewalttätigen, im Notfalle gegen die Regierung gerichteten Mitteln, sondern in Fühlung mit den berufenen Regierungsstellen.«

Dies war ein wichtiger Erfolg des Häftlings. Ein bayerischer Bürokrat nahm ihm seinen neuen legalistischen Kurs ab. Der Festungsdirektor erkannte, dass Hitler lediglich ein taktisches

Manöver unter Beibehaltung des strategischen Endziels einer Beseitigung der demokratischen Ordnung vollführte. Dies störte den Gefängnischef nicht. Wie die meisten deutschen und bayerischen höheren Beamten liebte Otto Leybold die Weimarer Demokratie nicht. Gegen eine nationalistische Diktatur aber hatte er nichts einzuwenden – solange dabei seine königlich bayerische »Ruah«, die sogar die Monarchie überdauert hatte, nicht gestört wurde. Mochte Hitler einen Umsturz planen – aber bitte in geregelten Bahnen. Die zwiespältige Stimmung in Deutschland wurde 1923 im satirischen Magazin *Simplicissimus* treffend glossiert:

Mei Ruah möcht' i ham und a Revolution,
A Ordnung muss sei' und a Judenpogrom,
A Diktator g'hört hera und gleich davong'haut
Mir zoagn's Enk scho, wia ma Deutschland aufbaut.

Des Gefängnisleiters Leybold Sehnsucht nach »Ruah und Revolution« sollte bald in Erfüllung gehen. Nicht zuletzt dank seines Gutachtens wurde Hitler vier Tage vor Weihnachten 1924 nach einem Jahr Haft in die Freiheit entlassen.

Adolf Hitler stand vor den Scherben seiner politischen Arbeit und damit seines Lebens – denn ein Sein außerhalb von Militär und Politik war ihm seit einem Jahrzehnt fremd. Der Häftling hatte die Festung Landsberg als »Hochschule auf Staatskosten« genutzt. Sein Weltbild war gefestigt. Hitler wusste nun, was er wollte. Und er war nicht mehr allein. Ein schwerer Mercedes stand bereit, den Führer heimzuholen.

Eine Reservearmee gläubiger Jünger wartete auf das Wiedererscheinen ihres Heilands. Anders als zu Beginn seiner Politkarriere stürzte sich Hitler nicht in hektische Redeaktivitäten. Der Führer ließ seine Gefolgschaft warten. Er setzte Prioritäten. Zunächst suchte er, wie Otto Leybold vorausgesehen hatte, die staatlichen Stellen zur Legalisierung seiner verbotenen Partei zu bewegen. Bald gewährte der bayerische Ministerpräsident Heinrich Held Hitler eine Audienz. Dabei versprach ihm der Petent, in Zukunft nicht zu putschen. Der katholische BVP (Bayerische Volkspartei)-Politiker glaubte Hitler. Sechs Wochen später wurden die NSDAP und ihre Parteizeitung wieder zugelassen. Hitler konnte offiziell seinen politischen Kampf erneut aufnehmen.

Am 26. Februar 1925 erschien erstmals wieder der *Völkische Beobachter,* am nächsten Tag ließ Hitler im Bürgerbräukeller die NSDAP neu gründen. Der Biersaal war mit dreitausend Besuchern bis auf den letzten Platz besetzt. Fast noch einmal so viele Menschen verfolgten draußen das Geschehen über Lautsprecher. Sie wurden nicht enttäuscht. Hitler wiederholte seine bekannten politisch-rassischen Allgemeinplätze. Er geißelte das Judentum als größte Gefahr für Deutschland. Aus taktischen Gründen vermied er direkte Angriffe auf politische Gegner. Er machte jedoch deutlich, dass man den einen nennen, aber den anderen Kontrahenten damit meinen könne. Entscheidend für die Hitler-Getreuen war jedoch sein diktatorischer Anspruch auf die Führung der Partei: »Ich führe die Bewegung allein und Bedingungen stellt mir niemand … und ich trage die Verantwortung wieder restlos für alles, was in der Bewegung vorfällt.«

Hitler gebot das Ende jeglicher Parteifeindschaft und eine vollständige Unterwerfung aller Funktionäre unter seinen Willen und Befehl. Die Männer gehorchten augenblicklich. Auf der Bühne kam es zu Freundschaftsbekundungen und Händedrücken. Das Publikum lag sich jubelnd in den Armen. Der Führer hatte wieder das Kommando übernommen.

Am darauf folgenden Tag starb Friedrich Ebert. Der Reichspräsident war ein Mann von begrenztem politischem Horizont gewesen. Doch seine loyale demokratische Einstellung und sein Eintreten für die Republik waren über jeden Zweifel erhaben.

Vorboten des Umbruchs

1925–1929

Zu Eberts Nachfolger wählten die Deutschen Ende März 1925, im zweiten Wahlgang, Paul von Hindenburg. Dieses Votum war ein nachhaltiges Signal, eine Entscheidung, die mittelfristig zum Scheitern der Republik beitragen sollte. Hindenburg legte seinen Eid auf die Verfassung ab. Ohne Zweifel war der gläubige Protestant entschlossen, seinen Schwur zu halten. In guten Tagen, in denen die Regierungen über stabile Mehrheiten im Reichstag verfügten, war dies einfach. Da war der Einfluss des Staatsoberhaupts gering, weitgehend auf Repräsentationspflichten beschränkt. In Zeiten politischer Instabilität aber kam dem Reichspräsidenten dank der Verfassung eine Schlüsselstellung in der Statik der Republik zu. Fehlte der Regierung im Parlament eine Mehrheit, war sie auf Gedeih und Verderb dem Willen des Präsidenten ausgeliefert.

1925 war ein Jahr wachsender Zuversicht. Die Inflation war besiegt. Die Wirtschaft gewann an Fahrt. Bei den Reichstagswahlen vom Dezember 1924 hatten die demokratischen Parteien eine bequeme Mehrheit errungen. Der parteilose Hans Luther bildete eine Minderheitenregierung. Sie wurde vom Zentrum, der BVP, der Deutschen Volkspartei DVP sowie der Deutsch-Nationalen Volkspartei DNVP getragen. Außenminister und politischer Kopf des Kabinetts war der konservativ-liberale Gustav Stresemann. Die parlamentarische Unterstützung der Regierung Luther durch die SPD bedeutete de facto eine Große Koalition. Allein die Kommunisten und die Völkischen feindeten das »System« an. Extremistische Parteien waren nur von einem Zehntel der Bevölkerung gewählt worden. Die Deutschen hatten sich vermeintlich mit der demokratischen Republik abgefunden.

Doch die Wahl Hindenburgs zu Eberts Nachfolger bewies, dass eine breite antirepublikanische Stimmung zumindest latent bestehen geblieben war. Denn der Feldmarschall machte aus seiner monarchistischen Gesinnung kein Geheimnis. Gravierender war, dass der nach wie vor als Kriegsheld verehrte Sieger der Schlacht von Tannenberg der Begründer der Dolchstoßlegende war. Vor dem Untersuchungsausschuss des Reichstags zur Aufklärung der Ursachen für die Niederlage im Ersten Weltkrieg hatte von Hindenburg 1919 wider besseres Wissen den Umsturz in der Heimat für die militärische Niederlage verantwortlich gemacht. Sie sei dem tapferen Heer in den Rücken gefallen wie einst Hagen von Tronje dem Recken Siegfried.

Daraus entstand die nachhaltigste Rufmordkampagne der Weimarer Republik. Die auf germanischem Mythos basierende Dolchstoßlegende lieferte vielen das Alibi für ihr Verharren in revanchistischer Unvernunft. Das Votum von vierzehn Millionen Deutschen für Paul von Hindenburg erhellt die nach wie vor zwiespältige Haltung der Bevölkerung zur Republik. Die Deutschen wählten den Feldmarschall nicht, um die Demokratie zu beseitigen, doch sie scheuten sich nicht, der Republik einen Denkzettel zu verpassen. Das Bedürfnis nach einer starken Identifikationsfigur und die Sehnsucht nach der Sicherheit der vermeintlich guten alten Zeit waren stärker als die Loyalität der Demokratie gegenüber.

Die NSDAP unterstützte in der ersten Wahlrunde Ludendorff. Doch lediglich ein Prozent der Wähler votierte für den General. Daraufhin ließ Hitler umgehend seinen Mitputschisten und Kandidaten fallen und rief die Nationalsozialisten dazu auf, im zweiten Wahlgang Hindenburg ihre Stimme zu geben. Hitler schlug sich unsentimental und ohne Einladung auf die Seite des Siegers. Er besaß keine Wahl. Am 9. März 1925 hatte ihm die bayerische Regierung öffentliches Redeverbot erteilt, das bald auch auf Preußen und das ganze Reich ausgedehnt wurde. Damit beraubte man Hitler seiner effektivsten politischen Waffe, denn die Rednergabe hatte Hitler zum Politiker gemacht. Sie war sein überragendes Mobilisierungs-

instrument. Fortan musste er alles daran setzen, seine agita-
torische Maulsperre aufheben zu lassen, sonst verlor er seine
politische Wirkung. Pseudogemäßigtes Handeln wie eine Wahl-
empfehlung für Hindenburg waren Teil der Hitlerschen Be-
währungstaktik.

Not macht klug. Die erzwungene Auftrittspause nötigte Hitler, sich intensiv mit der Lage der NSDAP auseinander zu setzen. Der Nazi-Chef begriff, dass er auf Dauer die NSDAP über
Bayern hinaus ausdehnen musste. Allein als überregionale Kraft
konnte die Partei eine nationale Legitimation und Durchschlagskraft gewinnen. Hitler ernannte Gregor Strasser zum
Reichsorganisationsleiter der NSDAP. Sein Auftrag: eine schlagkräftige Parteigliederung in Norddeutschland aufzubauen. Der
Apotheker aus Straubing erwies sich als hervorragender Mo-
tivator und Organisator – mit eigenen Ambitionen.

Eine Tagebucheintragung des Rheinländers Joseph Goebbels, der zu diesem Zeitpunkt dem NSDAP-Vorstand des Gaus
Rheinland-Nord angehörte, vom 21. August 1925 wirft ein
Licht auf die zwiespältige Wirkung Strassers sowie die allgemeine Situation der Partei nach Hitlers Auftrittsverbot: »Strasser … erzählte viel Trauriges von München. Von dieser Sau- und
Luderwirtschaft in der Zentrale. … Wir fassen nun mit Strasser
den gesamten Westen organisatorisch zusammen … Damit werden wir ein Kampfmittel gegen die verkalkten Bonzen in München haben. Wir werden uns schon bei Hitler durchsetzen.
Strasser hat Initiative. Mit ihm kann man arbeiten.«

Aus einer Eintragung vom folgenden Monat (11. September) wird die Zerrissenheit der NSDAP deutlich: »National
und sozialistisch! Was geht vor und was kommt nach? Bei uns
im Westen kann die Frage gar nicht zweifelhaft sein. Zuerst die
sozialistische Erlösung, dann kommt die nationale Befreiung wie
ein Sturmwind … Hitler steht zwischen beiden Meinungen.«

Wiederum einen Monat später notierte Goebbels: »Brief von
Strasser. Hitler traut mir nicht. Er hat über mich geschimpft.
Wie weh mir das tut.« Der empfindliche Goebbels sucht die
Persönlichkeit seines Parteichefs zu ergründen (14. Oktober):

»Ich lese Hitlers Buch zu Ende … Wer ist dieser Mann? Halb Plebejer, halb Gott! Tatsächlich der Christus, oder nur der Johannes?« Als Goebbels Hitler im November in Braunschweig und Plauen begegnet, schwinden seine Zweifel. »[Hitler] drückt mir die Hand. Wie ein alter Freund. Und diese großen, blauen Augen. Wie Sterne … Wie lieb ich ihn!« Goebbels war gebildet. Promoviert. Doch er blieb, möglicherweise aufgrund körperlicher Gebrechen und Mittellosigkeit, unsicher. Der labile Akademiker suchte und fand Halt bei dem scheinbar gefestigten Realschul-Sitzenbleiber Hitler. Vielen Deutschen sollte es bald ähnlich ergehen.

Unter Strassers Federführung bildete sich eine Arbeitsgemeinschaft der nord- und westdeutschen Parteigaue. Ihr Presseorgan waren die von Joseph Goebbels betreuten *Nationalsozialistischen Briefe*. Die politische Ausrichtung entsprach dem sozialistischen Selbstverständnis Goebbels und Strassers. Gefordert wurden unter anderem eine Vergesellschaftung der Produktionsmittel und entsprechende Änderungen im ansonsten verschwommenen Parteiprogramm.

Auch am ganzheitlichen Antisemitismus, der von einer allumfassenden jüdischen Weltverschwörung ausging, wurden Zweifel angemeldet. Selbst im *Völkischen Beobachter* kritisierte Goebbels, es wäre zu simpel, die Interessen eines jüdischen Bankdirektors in New York mit jenen eines bolschewistischen Kommissars in Moskau gleichzusetzen. Das konnte Hitler nicht gefallen, in dessen Weltanschauung und Propaganda die Judenfeindschaft eine Schlüsselrolle spielte.

Auf dem Parteitag in Bamberg im Februar 1926 setzte Hitler seinen Führungsanspruch und seine Strategie ohne Abstriche durch. Hinweise auf Ungereimtheiten im Parteiprogramm wies Hitler brüsk zurück: »Das bleibt, wie es ist. Auch das Neue Testament ist voller Widersprüche, was jedoch der Ausbreitung des Christentums keineswegs hinderlich ist.« Goebbels war über die krausen Gedanken Hitlers entsetzt: »Ich bin wie geschlagen. Welch ein Hitler? Ein Reaktionär? … Russische Frage: vollkommen daneben. Italien und England naturgegebene

Bundesgenossen. Grauenhaft! ... Bolschewismus ist jüdische Mache! Wir müssen Russland beerben!«

Die intellektuellen Einsichten des Akademikers waren vergeblich. Der glaubenswillige Goebbels war der brachialen Willenskraft seines Führers nicht gewachsen. Selbst der robuste Strasser leistete Hitler keinen ernsthaften Widerstand. Er konnte es nicht, da ihm eine eigenständige geistige Orientierung fehlte. In Bamberg unterwarf sich die NSDAP bedingungslos Hitlers Willen und Politik. In der Nachfolge des Parteitags stellte Goebbels seine kritischen *Nationalsozialistischen Briefe* ein und bekannte kurz darauf: »Ich beuge mich dem Größeren, dem politischen Genie.«

Teil der Hitlerschen Strategie, den Wirkungsbereich der NSDAP über Bayern hinaus auszudehnen, waren Ort und Verlauf des Parteitags von Weimar im Juli 1926. In der Goethestadt durfte Hitler öffentlich reden. Er ließ eine bunte Heeresschau veranstalten. Mehr als dreitausend SA-Männer und eine gute Hundertschaft SS-ler paradierten. Die Uniformierten waren nur in zweiter Linie Parteisoldaten der NSDAP. Primär waren sie die persönliche Prätorianergarde Hitlers. Ihm, nicht der Partei, leisteten sie ihren Treueid. Auch die Parteifunktionäre jubelten Hitler zu. Joseph Goebbels war nun einer von ihnen. Der einstige Katholik projizierte fortan seine Gebete auf Hitler. Dessen Hassreden gegen Juden und die Sowjetunion bewegten Goebbels »fast wie ein Evangelium«. Auch die minimale Einschränkung fiel bald fort. Die Nazis beteten ihren Führer an.

Diese abgöttische Position Hitlers bei seinen Mitläufern kontrastierte mit seiner objektiven Bedeutungslosigkeit in der Gesellschaft. Die meisten Gefolgsleute konzentrierten sich noch immer um München und in Franken. Allein hier hatte er Zugang zu den Salons der Society, besonders zur Familie Wagner-Chamberlain in Bayreuth. Im übrigen Deutschland blieb Hitler vorläufig ein Exot. Die Arbeit von Joseph Goebbels und Gregor Strasser steckte noch in den Kinderschuhen. Das Ergebnis der Reichstagswahlen vom Mai 1928 bestätigte die geringfügige Bedeutung der Hitlerpartei. Lediglich 810 000 Wähler, also ganze 2,6 Prozent, stimmten für die NSDAP. Nur ein Dutzend Nazis wurden Reichstagsabgeordnete.

Gut zwei Jahre später, am 14. September 1930, votierten sechseinhalb Millionen Deutsche (18,3 Prozent) für Hitler, hundertsieben Parteigenossen vertraten seine NSDAP im Parlament. Das Erfolgsgeheimnis des gewaltigsten Aufschwungs einer Partei in der deutschen Geschichte waren schrankenlose Hingabe und die Gunst der Zeit. Niccolò Machiavelli hatte bereits 1513 in *Der Fürst* formuliert: »Virtute et fortuna« – Tugend und Glück.

Hitlers Tugend war seine Unbedingtheit. Die NSDAP war Hitlers Werk. Kein deutscher Politiker wurde so sehr mit seiner Partei gleichgesetzt wie er. Adolf Hitler gab sich seinerseits restlos seiner Partei hin. Was für Hitler galt, traf mehr oder minder auch für die meisten seiner engsten Mitstreiter zu. Durch ihre Begegnung mit Hitler und der Partei, vor allem aber durch die Verstrickung in den Putsch vom 9. November 1923, wurden sie kriminalisiert. Auch wenn die Justiz die Nazis milde behandelte, waren die Brücken zur bürgerlichen Gesellschaft abgebrochen. Männer wie Frick, Röhm, Göring, Streicher, Esser, Himmler hatten ähnlich wie Hitler keine Alternative oder waren zumindest davon überzeugt. Sie konnten ihren Lebensweg fortan nur noch als Gefolgsleute ihres Führers marschieren. Das trieb die Nazi-Politiker zu einer bedingungslosen Gefolgschaft für die Mission ihres Führers und verlieh ihnen so Glaubwürdigkeit. Hitler und seine Mitstreiter betrieben keine Parteipolitik, sie führten einen Kreuzzug.

Allmählich zeitigte der unermüdliche Nazi-Kampf Erfolge. In ganz Deutschland wurden Partei- und SA-Verbände aufgebaut. Die Zahl der Parteimitglieder stieg bis Ende 1928 auf knapp 170 000 an – fast dreimal so viel wie vor dem Putsch. Hitler als »Paket«- der Redner, seine Inszenierung und seine Botschaft – war das entscheidende Mobilisierungsmittel. 1927 hatten die Länder das öffentliche Redeverbot gegen Hitler aufgehoben: Anfang des Jahres Sachsen, Bayern im Frühling und schließlich Ende September Preußen. Die Wirkung war prompt spürbar. Unmittelbar nach Beendigung seiner politischen Kundgebungssperre zog Hitler im und vor dem Zirkus-Krone-Bau, dem größten Münchner Versammlungssaal, mehr als siebentausend Zuhörer an. Im roten Berlin füllte der Nazi-Führer bald mühelos den Sportpalast – sechzehntausend Menschen wollten hier Hitler erleben. Ohne Not gab die etablierte Politik Hitler seine schärfste Waffe wieder in die Hand. Er zögerte nicht, sie gegen das ihm verhasste System zu gebrauchen.

Neben seinen Leistungen und jenen seiner Partei bescherten die Zeitumstände Hitler Glück – das er zu nutzen verstand. Ende der zwanziger Jahre brachen die Weltmarktpreise für Lebensmittel zusammen. Die deutsche Landwirtschaft geriet in eine Krise. Kleine Höfe waren davon ebenso bedroht wie die großen Güter östlich der Elbe.

Auch die Industrieproduktion stagnierte. Anfang 1929 überstieg die Arbeitslosenzahl erstmals seit Jahren wieder die Vier-Millionen-Marke. Versuche der Arbeitgeber, daraufhin die Löhne zu drücken, beantworteten die Gewerkschaften mit Streik, auf den die Unternehmerverbände wiederum mit Aussperrungen reagierten.

Der entscheidende politische Umbruch, der damals in seinen langfristigen Auswirkungen freilich noch kaum erkennbar war, begann mit einer Personalentscheidung bei der Deutsch-Nationalen Volkspartei. Die DNVP hatte Mitte der zwanziger Jahre mit der Republik ihren Frieden gemacht. 1925 beteiligte sich die Partei sogar am Kabinett Hans Luthers. Doch drei Jahre später übernahm Alfred Hugenberg die Parteiführung. Der Geheimrat verband eine republikfeindliche Gesinnung mit Geschäftssinn und Gespür für die Bedeutung alter und neuer Massenmedien. Hugenberg hatte ein weit verzweigtes Medienimperium aufgebaut. Zu ihm gehörte neben Zeitungen, Annoncenblättern und Nachrichtenagenturen auch die Filmgesellschaft Ufa. Hugenberg brachte die DNVP sogleich in Frontstellung gegen die Republik. Anlass dafür gab der so genannte Youngplan. Das am 9. Juni 1929 unterzeichnete Abkommen sah eine Reduzierung der deutschen Reparationsleistungen von über 160 auf 34 Milliarden Goldmark in 59 Jahresraten vor. Zunächst sollte ein zweijähriges Rückzahlungsmoratorium gewährt werden. De facto war dies der Anfang vom Ende der Kriegsreparationen. Damit stand die pragmatische Revisionspolitik zum Versailler Frieden von Reichsaußenminister Gustav Stresemann vor dem erfolgreichen Durchbruch.

Diesen Erfolg wollten und durften die Nationalisten, an ihrer Spitze Hitler und Hugenberg, nicht anerkennen. Die Herren verachteten einander. Der Nazi-Führer, der sich als Revolutionär verstand, sah in Hugenberg einen Reaktionär, dieser wiederum tat Hitler als Trommler ab. Der gemeinsame Hass auf die Republik war indessen stärker als wechselseitige Ressentiments. So kam es im Sommer 1929 zum Zweckbündnis der Nationalisten im Reichsausschuss für ein Volksbegehren gegen den Youngplan. Hugenberg verstand, dass ihm und seiner nationalistisch-elitären Partei der Zugang zu den Massen fehlte. Er selbst war ein steifer, unnahbarer Mann ohne Ausstrahlung und populäre Visionen. Um eine Massenbewegung gegen die Republik anzustacheln, war Hugenberg auf einen charismatischen Volksredner angewiesen, der die Menschen zu mobilisieren vermochte. Der Geheimrat wollte die demagogischen Fähigkeiten des Nazi-Führers benutzen, um die Wählermassen ins rechte Lager zu treiben, dass er dank seiner Kapitalkraft, seiner Pressemacht und seiner vermeintlichen politischen Intelligenz beherrschen würde.

Hitler ging auf Hugenbergs Bündnisangebot ein. Denn der NSDAP-Chef wollte im Bürgertum Reputation gewinnen. Dort aber empfanden viele die Nazis, besonders die SA, als Desperados, mit denen »man« nichts zu tun haben wollte. Die rabiaten Schlägertrupps sorgten dafür, dass es so blieb. Zudem fehlten den Nazis ein flächendeckendes Presseimperium und Geld. Diese Defizite konnten durch eine Zusammenarbeit mit Hugenberg abgemildert werden. Die Eigenständigkeit der NSDAP wiederum garantierte, dass die mit Hilfe der Hugenberg-Presse erzielten Stimmengewinne vorwiegend der Hitler-Partei zukamen. Dennoch suchte der Pressetycoon das Bündnis mit Hitler. Machtgier überwog Vorsicht. Zudem ließ sein Hochmut Hugenberg glauben, den emporgekommenen Demagogen jederzeit überspielen zu können.

Unmittelbar nach der Unterzeichnung des Youngplans ging die »nationale Einheitsfront« Hugenbergs und Hitlers in die Offensive. Hugenbergs Zeitungen polemisierten massiv gegen das Abkommen. Der Vertrag wurde aufgrund seiner langen Laufzeit als Todesstrafe gegen Ungeborene sowie als »Golgatha des deutschen Volkes« diffamiert. Gleichzeitig agitierten Hitler, die NS-Parteiorganisation und die SA gegen die »Versklavung des deutschen Volkes« durch die eigene Regierung. Die Hugenberg-Postillen berichteten wohlwollend über die Aktivitäten der Nazis und ihres Führers. Hinter der propagandistischen Feuerwand startete der politische Angriff, das Volksbegehren gegen den Youngplan, ein »Gesetz gegen die Versklavung des Deutschen Volkes«. Darin wurden die ersatzlose Streichung des Kriegsschuldartikels 231 im Versailler Vertrag sowie die Einstellung aller Reparationszahlungen und die Räumung aller besetzten deutschen Gebiete verlangt. Zudem wurden Zuchthausstrafen für alle Minister und Regierungsvertreter gefordert, die Beihilfe zur Unterwerfung des deutschen Volkes leisteten, indem sie den Youngplan billigten.

Neben den nationalen Parteien NSDAP und DNVP, völkischen Gruppen und Verbänden wurde das Begehren auch von der KPD unterstützt. Am Ende befürwortete gerade ein Zehntel der Wähler die Petition. Beim späteren Volksentscheid am 22. Dezember fiel der Gesetzesentwurf mit Pauken und Trompeten durch. Dennoch blieben die Auswirkungen auf die politische Stimmung der Republik nachhaltig. Der beginnende politische Konsens, ein Sichabfinden weiter Teile der deutschen Gesellschaft mit der demokratischen Republik von Weimar nahm irreparablen Schaden. Der größte Nutznießer war Adolf Hitler. Dank der Hilfe Hugenbergs waren Führer und Partei von gemiedenen Außenseitern zu weithin be-, wenn nicht geachteten politischen Akteuren aufgestiegen. Zu allem starb am 3. Oktober 1929 Gustav Stresemann.

Der Berliner Politiker, ein einstiger Alldeutscher und Monarchist, hatte sich mit der Republik arrangiert. Stresemann gründete 1918 die Deutsche Volkspartei DVP. Als Reichskanzler des Jahres 1923 ordnete er die Beendigung des Ruhrstreiks an, der Deutschlands Wirtschaft ruinierte und die Geldentwertung hatte explodieren lassen. Der studierte Nationalökonom setzte die Einführung der Rentenmark durch. Auf diese Weise bewirkte er ein Ende der Inflation. Gleichzeitig drängte er die Reichswehr und die bayerischen Behörden zur Bekämpfung der »Ordnungszelle Bayern« und trug so zur Niederschlagung des Hitlerputsches vom 9. November bei.

Als Reichsaußenminister ab 1924 sorgte Stresemann durch vertrauensbildende Maßnahmen für eine Stabilisierung des Verhältnisses zu Frankreich. Der Vertrag von Locarno von 1925 bedeutete einen wichtigen Schritt auf dem Weg europäischer Friedenssicherung und war geeignet, eine politische Verständigung zwischen Frankreich und Deutschland einzuleiten. Deutschland gewann wieder internationales Ansehen und wurde in den Völkerbund aufgenommen. Im Folgejahr wurden Stresemann und sein französischer Amtskollege Aristide Briand mit dem Friedensnobelpreis ausgezeichnet. Der ehemalige deutsche Expansionist war zum überzeugten Europäer gereift.

Gustav Stresemanns persönliche Glaubwürdigkeit war sein politisches Kapital. Mit seinem Tod verlor die deutsche Demokratie ihre prägende Identifikationsfigur.

Am 24. Oktober 1929, drei Wochen nach Stresemanns Tod, erlebte die New Yorker Börse ihren Schwarzen Freitag. Die Kurse fielen auf breiter Front. Millionen Menschen verloren ihre Ersparnisse. Viele Unternehmen, darunter Banken, brachen zusammen. Die Auswirkungen der amerikanischen Wirtschaftsdepression wurden rasch in Europa spürbar. Die Exporte in die USA gingen drastisch zurück. Noch dramatischer wirkte sich der Kreditabfluss nach Amerika aus. Viele deutsche Kommunen und auch Unternehmen hatten ihre Zahlungsverpflichtungen mit kurzfristigen US-Krediten finanziert. Diese öffentlichen und privatwirtschaftlichen Schulden wurden nun fällig. Die europäische Wirtschaft geriet in eine lange anhaltende Rezession. Die Zahl der Arbeitslosen in Deutschland stieg sprunghaft an. Die Krise verlieh den Kassandrarufen der Republikfeinde Glaubwürdigkeit, an ihrer Spitze stand Adolf Hitler.

Unsicherheiten und falsche Entscheidungen der demokratischen Parteien und der Regierungen vertieften die wirtschaftliche Misere. So entwickelte sich die Krise zur Katastrophe. Nach den Wahlen vom Mai 1928 war der Sozialdemokrat Hermann Müller Reichskanzler geworden. Seine Koalitionsregierung stützte sich im Reichstag auf eine breite Mehrheit. Doch die sich verschärfende ökonomische Situation führte zu Spannungen in der Regierungskoalition. Man zerstritt sich über die Verteilung der Lasten zur Arbeitslosenversicherung. Hermann Müller fehlte die Autorität, die Gegensätze zu entschärfen. Nach zermürbenden Auseinandersetzungen trat der Kanzler zurück.

Solange das parlamentarische Spiel reibungslos funktionierte, hatte sich Paul von Hindenburg verfassungsgemäß in seine repräsentative Rolle als Staatsoberhaupt gefügt. Doch sobald das demokratische System außer Tritt geriet, sah der alte Krieger seine Stunde gekommen. Hindenburg hielt sich nicht lange mit Gesprächen über die Bildung einer neuen Koalitionsregierung auf. Stattdessen ernannte der Präsident nur drei Tage nach dem Rücktritt des Kabinetts Müller am 30. März 1930 Heinrich Brüning zum Reichskanzler und betraute ihn mit der Bildung der Regierung.

Brüning, der Fraktionsvorsitzende des Zentrums, war ein blasser Apparatschik ohne parlamentarische Mehrheit. Wie Millionen Deutsche verehrte der ehemalige Reserveleutnant den Kriegshelden Hindenburg. Von Brüning hatte der Reichspräsident weder Widerworte noch eine eigenständige Politik zu befürchten.

Der neue Kanzler nahm die Treue zum Staatsoberhaupt

wichtiger als die Loyalität gegenüber der demokratischen Verfassung. Der spröde Regierungschef war, wie von Hindenburg und seiner Kamarilla nicht anders zu erwarten, nicht in der Lage, eine breite Koalitionsregierung zu bilden. Die demokratischen Parteien scheuten die Verantwortung für unpopuläre Entscheidungen, die während einer Wirtschaftskrise unumgänglich waren. Brüning seinerseits versuchte nicht ernsthaft, sie für seine Politik und sein Kabinett zu gewinnen. Zu bequem und verführerisch erschien es ihm, mit dem Reichspräsidenten im Rücken zu regieren, der über das Recht zu Notverordnungen nach Artikel 48 der Verfassung verfügte. In dieser Konstellation wurde Hindenburg zum de facto-Regenten.

Brüning verordnete Deutschland rigorose Sparsamkeit. Er fuhr einen Kurs, der zur Deflation führte. Die Ausgaben der öffentlichen Hand wurden drastisch zurückgeschraubt, Zahlungen an Arbeitslose ebenfalls. Die Arbeitgeber nutzten die Situation, Löhne und Gehälter zu senken. Millionen Deutsche gerieten an den Rand ihrer Existenz. Da die einstigen Koalitionsparteien, vor allem die SPD, nicht bereit waren, Brüning eine Blankovollmacht für seine rigorose Austerity-Politik zu gewähren, löste der Kanzler Mitte Juni 1930 den Reichstag auf. Er rechnete nicht damit, dass die Wähler ihn als Kanzler für die Härte seiner Regierungsmaßnahmen verantwortlich machen würden. Brüning verließ sich auf den Reichspräsidenten und auf Gott – oder war er von Gott verlassen?

Hitler und seine Partei verwandelten den dreimonatigen Wahlkampf in eine bis dahin in Europa noch nicht da gewesene propagandistische Materialschlacht. Die Voraussetzungen waren für die Nazis günstig wie nie. Arbeitslosigkeit, wirtschaftliche Depression und politische Unzufriedenheit hatten die kurze Ära der Zuversicht in der zweiten Hälfte der zwanziger Jahre abgelöst. Die Propaganda der Rechtsextremen versuchte mit allen Mitteln, das bestehende Missbehagen zu vertiefen. Die Taktik und die entsprechenden Parolen blieben unverändert: Schuld an Deutschlands Misere waren nicht die

Deutschen – zumindest nicht die »Volksgemeinschaft« –, sondern die anderen: Frankreich, die Bolschewisten und ihre Erfüllungsgehilfen. Im Hintergrund agierten die ausbeuterischen jüdischen Weltverschwörer. Abhilfe konnten nur Hitler und die Nazis schaffen.

Hitler und die Seinen konzentrierten im Gegensatz zu früher ihre Agitation nicht mehr ausschließlich auf Weltkriegsteilnehmer. Auch jüngere Frauen, Studenten und die evangelische Bevölkerung Norddeutschlands wurden von der Nazi-Propagandamaschine gezielt angesprochen. Hugenbergs Presseimperium transportierte die Nazi-Werbung in Millionen Haushalte. Der überhebliche DNVP-Vorsitzende ließ willentlich den braunen Geist Hitlers aus der Flasche.

Am Tag nach der Wahl des 14. September 1930 hatten sich die politische Konstellation und das Klima Deutschlands gewandelt. Die NSDAP war von einer marginalen, in Bayern beheimateten Politsekte zur zweitgrößten Partei explodiert. Millionen deutsche Urnengänger hatten für Hitler gestimmt.

Die Konfiguration der Nazi-Wähler und Parteimitglieder verdeutlicht den radikalen politischen Umbruch. Das Durchschnittsalter der Parteimitglieder lag unter dreißig Jahren – lediglich die KPD hatte eine jüngere Gefolgschaft. Weniger als ein Zehntel der NS-Parteigenossen waren Frauen. Die breite Mehrheit der Nazi-Wähler waren Männer. Drei Viertel der Hitler-Stimmen wurden von Protestanten abgegeben. Unter den Nazi-Wählern waren unverhältnismäßig viele Bürgerliche, Selbstständige und Besserverdienende. Die Hochburgen der Partei lagen auf dem Land.

Ältere Menschen waren in ihrer politischen Ausrichtung weitgehend gefestigt. Ihre politische Sozialisation erwies sich als stabilisierend. Langjährige Mitgliedschaft in SPD und Gewerkschaften führte ebenfalls zur Wählertreue. Die Sozialdemokraten büßten nur wenige Stimmen, meist an die Kommunisten, ein. Am nachhaltigsten band der katholische Glaube die Wähler an die Zentrumspartei. Sie hatte nur minimale Stimmenverluste zu verbuchen. In Zeiten der Krise suchten die

Menschen offenbar auch geistigen Beistand für ihre politische Orientierung.

In den traditionell evangelisch geprägten Landschaften Nord- und Ostdeutschlands dagegen lockerten sich seit Ende des 19. Jahrhunderts die religiösen Bindungen zunehmend. Je jünger die Menschen waren, desto weniger beeinflusste der Glaube ihr Leben. Anstelle der humanistischen Ideale des Christentums waren gerade bei der jüngeren Bevölkerung, vor allem bei Kriegsteilnehmern und Nachgeborenen, Desillusion, Nihilismus oder die Verherrlichung von Gefahr und Mut getreten. Der hochdekorierte Ernst Jünger wurde zum Hohepriester dieser Haltung. In seinem Kriegsroman *In Stahlgewittern* (1920) zelebrierte er einen »heroischen Nihilismus«, der für einen Teil seiner Generation und jüngere Menschen typisch werden sollte. Gewalt, Gefahr und Heroismus um ihrer selbst willen lösten die christliche Nächstenliebe ab.

Ein Jahrhundert zuvor hatte Heinrich Heine die katastrophalen Folgen dieses Wertewandels vorausgeahnt. In seiner Abhandlung *Zur Geschichte der Religion und Philosophie in Deutschland* verkündete der atheistische Dichter:

> *Und wenn einst der zähmende Talisman, das Kreuz, zerbricht, dann rasselt wieder empor die Wildheit der alten Kämpfer, die unsinnige Berserkerwut, wovon die nordischen Dichter so viel singen und sagen ... Es wird ein Stück aufgeführt werden in Deutschland, wogegen die französische Revolution nur wie eine harmlose Idylle erscheinen möchte.*

Heinrich Heines Prophezeiung begann sich auf fatale Weise zu erfüllen. Die Deutschen wandten sich von der Demokratie ab, deren rationale, humane, egalitäre, solidarische und freiheitliche Werte, kurz, die Ideale der Aufklärung, weiten Teilen der deutschen Gesellschaft aufgepfropft worden waren. Mancher deutsche Kopf mochte nach dem verlorenen Krieg und dem Sturz der Monarchie die Demokratie goutiert haben – ins Herz war sie indessen nur wenigen gedrungen. Schlimmer noch, wer in der Weimarer Republik offensiv für die Demokratie eintrat, machte sich der Kollaboration mit den Siegern und Unterdrückern verdächtig. So gaben die Menschen lieber der Demokratie die Schuld an der politischen Krise und der Wirtschaftsmisere Deutschlands, statt nach gangbaren Wegen zu ihrer Abhilfe Ausschau zu halten und im Rahmen ihrer Möglichkeiten die Not bewältigen zu suchen. Dieses Solidaritätsdefizit wurde von den Feinden der Republik gnadenlos ausgenutzt.

Die Nazi-Partei hatte ein mächtiges propagandistisches Dauerfeuer entfacht. Mehr als 50 000 Wahlveranstaltungen wurden abgehalten. Hitler und seine Paladine, von Goebbels bis Streicher, aber auch Tausende SA-Männer hämmerten den Menschen die frohe braune Botschaft von der deutschen Volksgemeinschaft, die sich um ihren Führer Adolf Hitler scharen müsse, damit sie ihre inneren und äußeren Feinde besiegen könnte, in die Gehirne. Dann erst würde das geläuterte Deutschland erneut seine Würde erlangen und zur verdienten Größe aufsteigen. Die Älteren erinnerten sich an die Parole von Deutschlands »Platz an der Sonne«. Auch viele Jüngere wollten sich nun an ihren braunen Strahlen wärmen.

Die DNVP dagegen verlor die Hälfte ihrer Wähler und Reichstagsmandate an die Nazis. Hugenberg hatte Hitler und seine Partei salonfähig gemacht, der NSDAP Mittel zur Verfügung gestellt und mitgeholfen, ihre Botschaft durch Druck, Bild und Ton unter die Menschen zu bringen. Die alten und neuen Anhänger der völkischen Idee begnügten sich nicht länger damit, eine farblose Kopie hinzunehmen, sie wählten nunmehr das Original zu ihrem Führer: Adolf Hitler.

Anders als die vormaligen reaktionären Förderer Hitlers 1923 in Bayern weigerte sich Hugenberg – selbst nach dem phänomenalen Stimmenzuwachs der NSDAP – zuzugeben, dass sein Versuch, die Nazis und ihren Führer als Vehikel zur Macht zu benutzen, misslungen war und dass umgekehrt er und das völkische Lager von der NS-Bewegung instrumentalisiert worden waren. Diese bornierte Haltung ließ Hugenberg am taktischen Bündnis mit den Nazis festhalten. Der DNVP-Vorsitzende und seine Parteiführung hofften weiterhin, auf Dauer Hitler mittels Geld, Macht und Erfahrung zähmen zu können.

Hugenberg war kein Narr. Doch die Verwandtschaft seines Denkens mit jenem Hitlers verengte seinen Blick derart, dass er dessen Gefährlichkeit auch für sich selbst nicht erkennen wollte. Hugenberg war ein rational kalkulierender Geschäftsmann. Sein politisches Verständnis und die Ziele seiner Politik aber waren wirklichkeitsfremd. Hugenberg, seine Parteifreunde und Gesinnungsgenossen wollten sich nicht damit begnügen, die Friedensordnung von Versailles zu revidieren. Die DNVP strebte latent eine Rückkehr zur Monarchie an – doch dies war lediglich ein taktisches Detail. Die strategischen Ziele der DNVP glichen im Wesentlichen den expansionistischen Bestrebungen der Alldeutschen vor 1914. Mit der Konsequenz, dass dies erneut Krieg bedeuten würde, setzte sich Hugenberg nicht auseinander.

Hitler dagegen zielte offen auf eine gewaltsame Revision der bestehenden Ordnung. Den neuen Krieg wollte er größer angelegt, schlauer und rücksichtsloser führen als den vormaligen.

Mobilisierung

1930–1931

18,3 Prozent NSDAP-Wähler waren ein schrilles Warnsignal. Dabei hätte es bleiben können. Der Marsch in den Nazi-Staat war nicht zwingend. Nicht einmal jeder fünfte deutsche Wähler hatte Hitler seine Stimme gegeben. Selbst wenn man die 13,1 Prozent KPD- und die 7 Prozent der DNVP-Stimmen zu den NS-Wählern addierte, blieben die demokratiefeindlichen Parteien deutlich unter 40 Prozent der Wähler und einem Drittel der Wahlberechtigten. Eine vitale Demokratie hätte diese Herausforderung bewältigen können. Doch die Republik von Weimar war zu keinem Zeitpunkt vital. Dies erwies sich zunehmend in jeder ihrer Krisen.

Durch den Wahlerfolg vom 14. September 1930 etablierte sich die NSDAP als glaubwürdige Gegenkraft zur Weimarer Republik. Sie stand in fundamentaler Opposition, bekämpfte alle entscheidenden Werte des Systems. Die Nazis waren antidemokratisch, antihumanistisch, antitolerant und innen- wie außenpolitisch konfliktwillig.

Die breite Mehrheit der Reichstagsparteien hätte die 18-Prozent-Hitler-Bewegung leicht in die Schranken weisen können – wenn sie sich einig gewesen wäre und Kraft, Mut und Entschlossenheit besessen hätte. Doch daran mangelte es.

Die Sozialdemokraten identifizierten sich von allen politischen Gruppierungen am nachdrücklichsten mit der Demokratie von Weimar. Doch in der Wirtschaftskrise seit Ende der zwanziger Jahre wurde die SPD durch den Zwiespalt zwischen vermeintlicher Staatsräson und den sozialen Bedürfnissen ihrer angestammten Wähler zerrieben. Statt die Verantwortung zu übernehmen und zu versuchen, die Politik zu gestalten, ging die SPD nach dem Auseinanderbrechen der Regierung

Müller nicht ungern in die Opposition. So ersparte sie sich zunächst eine Konfrontation mit ihrer potenziellen Wählerklientel. Die kurzsichtige Taktik war ein fataler Fehler – für die Partei, bald auch für Deutschland.

Die Wähler durchschauten das verantwortungsscheue Manöver und straften die Arbeiterpartei konsequent ab. Ihr Stimmenanteil verringerte sich um mehr als 5 Prozent auf 24,5 Prozent. Jeder sechste Wähler kehrte der Partei den Rücken. Die meisten wanderten zu den Kommunisten oder Nazis ab. Die Sozialdemokraten besaßen jedoch nicht die Kraft, ihre offensichtlich falsche Politik zu revidieren. Stattdessen unterstützte die SPD weiterhin die Regierung Brüning – lauwarm. Auf diese Weise wurden die Sozialdemokraten für dessen unsoziale Politik in die Pflicht genommen, ohne im Kabinett gegensteuern zu können oder zumindest Prestige als Regierungspartei zu ernten.

Was für die SPD zutraf, galt in noch höherem Maße für die bürgerlichen demokratischen Parteien. Diese politischen Gruppierungen verloren allesamt Wähler an die NSDAP. Durch einen Schwenk nach rechts versuchten sie, die abgewanderten Anhänger zurückzugewinnen. Um eine regierungsfähige Mehrheit zu erlangen, hätte das katholische Zentrum mit der SPD und den bürgerlichen Parteien koalieren müssen. Doch alle scheuten die politische Verpflichtung. Allein der Parteisoldat Heinrich Brüning war bereit, als Reichskanzler seine Pflicht zu tun – für Deutschland und Reichspräsident Hindenburg, doch nicht für eine abstrakte Demokratie.

Der opportunistische Verzicht der demokratischen Parteien auf die Bildung einer Koalitionsregierung mit parlamentarischer Mehrheit lieferte sie der Gnade des Reichspräsidenten aus. Durch diese Politik liquidierte sich die Demokratie von Weimar bereits im Herbst des Jahres 1930 weitgehend. Hitlers größte Stärke war die Resignation der demokratischen Parteien. Dies blieb den Deutschen nicht verborgen. Immer mehr Menschen begannen, in Adolf Hitler den Mann der Zukunft zu sehen.

Der Nazi-Chef repräsentierte das Bedürfnis der unsicheren Deutschen nach Stärke und Orientierung. So wurde Hitler zunehmend vom Partei- zum nationalen Führer, im Gegensatz zu den demokratischen »System-Politikern«, die ihre Energien in für den Normalbürger undurchschaubaren taktischen Zügen und Gegenzügen verbrauchten. Bereits im Sommer »proklamierte« Hitler: »Für mich und meine Nachfolger in der Führung der Partei ... den Anspruch auf politische Unfehlbarkeit. Ich hoffe, dass sich die Welt daran so schnell und widerspruchslos gewöhnt wie an den Anspruch des Heiligen Vaters.« Diesen unmissverständlichen Führungsanspruch wollten immer mehr Deutsche hören und ihm folgen.

Kaum war die Wahl vorbei, ging Hitler daran, seinen Nimbus als legaler Zerstörer der Weimarer Demokratie und zukünftiger Führer der Deutschen zu untermauern. Noch im September 1930 trat der NS-Chef vor dem Reichsgericht in Leipzig als Zeuge auf. Angeklagt waren drei junge Reichswehroffiziere aus Ulm, die entgegen einer Verfügung des Reichswehrministeriums in der Truppe für die NSDAP geworben hatten. Ohne Not bekannte Hitler unter Eid vor Gericht, dass sein Legalitätskurs lediglich einer temporären Taktik entsprang, um an die Macht zu gelangen und dann die Demokratie zu zerschlagen und ihre Vertreter zu vernichten: »Wenn ich legal zur Macht gekommen sein werde, dann will ich in legaler Regierung Staatsgerichte einsetzen, die die Verantwortlichen an dem Unglück unseres Volkes gesetzmäßig aburteilen sollen. Dann werden möglicherweise legal einige Köpfe rollen.«

Die Regierung ließ sich die unverschleierte Drohung gefallen. Der Reichskanzler hatte vermeintlich Besseres zu tun, als sich um das rabulistische Gerede des Nazi-Häuptlings zu kümmern. Heinrich Brüning konzentrierte sich auf die Führung der Staatsgeschäfte. Brüning glich dem Kabinettssekretär eines absolutistischen Herrschers. Der Kanzler beschränkte sich darauf, die Vorgaben des Reichspräsidenten in Verordnungen umzusetzen und auszuführen, ohne sich um die Zustimmung von Parteien und Bevölkerung zu kümmern. Als Scharnier zwischen Brüning und Hindenburg diente dessen Staatssekretär Otto Meißner. Dieser war der Prototyp des mustergültigen, vollziehenden Beamten. Der Inhalt der Politik interessierte den Staatsdiener wenig. Entscheidend war, dass sie effektiv vollstreckt wurde.

Otto Meißner war 1920 von Friedrich Ebert zum Leiter des Reichspräsidialbüros ernannt worden. Das sozialdemokratische Staatsoberhaupt war von der Arbeit des Juristen Meißner so angetan, dass er ihn 1923 zum Staatssekretär beförderte. Der nationalkonservative Hindenburg zeigte sich von der administrativen Tätigkeit und von der persönlichen Loyalität Meißners ebenfalls beeindruckt. So bat er den Staatssekretär, im Amt zu bleiben. Bald wurde Meißner zum Alter Ego des zunehmend durch das Alter beeinträchtigten Reichspräsidenten. Damit gewann der Staatssekretär eine kaum kontrollierbare Machtfülle, die der Beamte loyal und zur Zufriedenheit des Staatsoberhauptes gebrauchte.

Nach Hindenburgs Tod im August 1934 übernahm Adolf Hitler den zuverlässigen Staatsdiener. Er ernannte Meißner zum Chef der Präsidialkanzlei des Führers und beförderte ihn 1937 zum Staatsminister. In diesem – dekorativen – Amt diente Meißner seinem neuen Meister wiederum treu bis zu dessen Ende.

Die Legitimität der Tätigkeit Meißners bestätigte das Gericht von Nürnberg 1949 im so genannten Wilhelmstraßenprozess. Otto Meißner, der bedenkenlos seinen Herren, von Ebert über Hindenburg bis Hitler, loyal gefolgt war, wurde zum Prototyp des Kadavergehorsams des deutschen Beamtentums. Amtseid und Pflicht dienten als Alibi eines gewissensfreien Opportunismus.

Heinrich Brüning war kein Opportunist. Ihm fehlte jedoch das Gespür für politische Strömungen, ja, selbst das Verlangen, Politik zu gestalten. Er regierte nicht, er verwaltete, fantasielos wie ein Subalternbeamter. Seine Lizenz dazu waren die Notverordnungen des Reichspräsidenten. Doch der Vertrauenswechsel Hindenburgs galt nicht unbeschränkt. Die Nützlichkeit für den Reichspräsidenten bestimmte das Fälligkeitsdatum des amtierenden Kanzlers.

Brüning besaß kein wirksames Rezept für die drängendsten Fragen Deutschlands: Wirtschaftskrise, Arbeitslosigkeit, fehlende Orientierung, Angst und die daraus entspringende innenpolitische Radikalisierung. Die fortwährenden Kürzungen der Staatsausgaben und Gehälter verhinderten eine erneute Geldentwertung. Darüber hinaus zielte Brüning auf eine Revision der Reparationsleistungen, die nach dem Modus des Youngplans zumindest prinzipiell noch ein halbes Jahrhundert weitergehen sollten.

In diesem Bestreben befand sich Brüning in Übereinstimmung mit den Deutschen. Doch der Preis der demonstrierten Armut war eine rapide steigende Erwerbslosigkeit. Im Sommer 1930, als Brüning zum Kanzler ernannt wurde, waren 2,75 Millionen Menschen ohne Arbeit, im Winter 1931 waren es fast fünf Millionen. Ein Jahr später überstieg die Zahl der Erwerbslosen die Sechsmillionenmarke. Parallel dazu nahmen die Firmenzusammenbrüche zu. In Deutschland herrschte Verzweiflung. Am stärksten betroffen waren Arbeiterschaft und Kleinbürgertum. Doch auch Bauern und Beamte hatten unter der gravierenden Rezession zu leiden.

Andere Industrienationen mussten ebenfalls mit der globalen Wirtschaftskrise kämpfen. Die relative Arbeitslosigkeit in den Vereinigten Staaten, Großbritannien und selbst in Frankreich entsprach jener in Deutschland. Doch in diesen Ländern wurde das freiheitliche Regierungssystem nicht nachdrücklich gefährdet. Die Demokratie erwies sich vielmehr als variables Krisenlösungsmodell.

In den USA kurbelte der 1932 gewählte Demokrat Franklin Delano Roosevelt mit der Politik des New Deal die Wirtschaft durch Staatsausgaben an. Im Vereinigten Königreich führte Labour-Premier James Ramsay MacDonald einen Teil seiner Fraktion in eine All-Parteien-Regierung mit Konservativen und Liberalen, um notwendige Wirtschaftsreformen durchzusetzen. Auch Frankreich wurde durch die Wirtschaftskrise nachhaltig erschüttert. Es kam zu häufigen Kabinettswechseln. Doch die demokratischen Institutionen blieben intakt und halfen dem Land aus der Krise.

In Deutschland aber versagte die Demokratie. Die Mehrheit der Bevölkerung war nicht antidemokratisch, doch aktiv für die Demokratie traten immer weniger Menschen ein. Die Sozialdemokraten und das schrumpfende Lager der bürgerlichen Liberalen ließen das ademokratische Duo an der Staatsspitze gewähren – aus vorauseilender Angst vor der Alternative, vor den systemfeindlichen Extremparteien. Die Parteien der Mitte ihrerseits jagten dem autoritären Trend hinterher, statt sich auf ihre rationalen und humanen Werte zu besinnen.

Im deutschen Bürgertum wurde Bildung hochgehalten. Man lernte Griechisch, Latein, las Homer und Cicero. Ingenieure, Wissenschaftler und Kaufleute rechneten nüchtern. Doch gleichzeitig verharrten allzu viele deutsche Gemüter in der Welt der Romantik und neogermanischen Mythen. Das moderne, an der Wirklichkeit orientierte politische Denken dagegen wurde vielfach als Verschwörung gegen das Deutschtum angesehen, verdächtigt und verworfen.

Hier trafen sich Hitler und immer mehr Deutsche. Hitler war ein Bewunderer und Nutzer neuer Techniken, etwa im Bereich der Propaganda, der Luftfahrt usw. Doch diese modernen Medien dienten ihm lediglich als Instrumente, um unabänderliche Ziele zu erreichen. Hitler und die Deutschen wollten in Zukunft zurück ins fiktive Germanien Wagners.

Hitlers Botschaft blieb stets die gleiche: Wir Deutschen sind das Opfer von Franzosen, Kommunisten, Kapitalisten. Das Panikorchester der Verschwörung wird aus dem Dunkeln von Juden dirigiert. Hitlers Führung wird uns von unseren Unterdrückern befreien.

Der Erfolg der Nazi-Partei und ihres Führers hat nichts Geheimnisvolles, Dämonisches. Während die Demokraten ihre Politik ständig zu rechtfertigen suchten, untereinander zerstritten waren und überdies vielfach resigniert hatten, verbreiteten Hitler und seine Partei revolutionären Optimismus. Sie posaunten die Ursache der deutschen Krankheit hinaus und gaben zugleich vor, allein im Besitz des Heilmittels zu sein. Es handelte sich dabei jedoch nicht um eine scharfe Brille, die einen ernüchternden Blick auf die Wirklichkeit erlaubt hätte, sondern um ein Rauschgift, das die Deutschen in der Welt der eigenen Angstbilder und Wunschträume beließ.

Während Brüning das Land mit Notverordnungen von Gnaden des Reichspräsidenten verwaltete, sprachen der politische Elan der NSDAP und ihre simplen Antworten auf die deutsche Misere immer mehr Menschen an. Im Mai 1931 gewann die Nazi-Partei in Schaumburg-Lippe knapp 27 Prozent, zwei Wochen danach in Oldenburg mehr als 37 Prozent. Die Nationalsozialisten wurden damit stärkste Partei im Landtag. Bei den Wahlen in Hessen im November wiederholten die Nazis dieses Kunststück: Auf Anhieb, ohne zuvor ein Mandat im Parlament zu haben, wurden die Nationalsozialisten zur größten Fraktion. Hitlers rasante Erfolge, seine Willenskraft und die Eindeutigkeit seiner Politik beeindruckten vor allem junge Leute. Die NS-Studentenschaft entwickelte sich deutschlandweit zur größten akademischen Vereinigung. Deutschlands Zukunft schien unwiederbringlich den Nazis zu gehören.

Die nationalistischen Kräfte spürten diesen Stimmungsumschwung. Sie versuchten wie ehedem in München, den Trommler und Menschenfischer in das bürgerliche Staats- und Machtkartell einzubinden. Niemand von ihnen bemühte sich, aus der verhängnisvollen Zusammenarbeit mit den Nazis bis zum Jahr 1923 Konsequenzen zu ziehen. Der taktisch geschickte Nazi-Führer dagegen hatte aus seinem Scheitern gelernt. Er wollte sich nicht länger als Marktschreier der Rechten missbrauchen lassen. Doch Adolf Hitler war klug genug zu wissen, dass er nicht im politischen Vakuum agieren konnte. Er musste mit seinen potenziellen Verbündeten im Gespräch bleiben, um sie sich als Steigbügelhalter zur Macht zu erhalten.

Hitler traf mit den Spitzen des Staates zusammen. Mit Kanzler Brüning, dessen Reichswehr- und Reichsinnenminister Wilhelm Groener sowie dem Reichspräsidenten. Die Einschätzung Hitlers durch die arrivierten Politiker ist bemerkenswert. So urteilte Groener: »Absichten Hitler sind gut, aber Schwarmgeist, … sympathischer Eindruck, bescheidener ordentlicher Mensch … im Auftreten Typ des strebsamen Autodidakten.« Diese Wertung Groeners ist eine unbeabsichtigte Selbstdiagnose des Denkens und Nicht-Handelns der etablierten Kräfte. Man gestand Hitler »gute Absichten« zu, qualifizierte ihn aber im gleichen Atemzug als »Schwarmgeist« und »strebsamen Autodidakten« ab. Die ignoranten Ingenieure der Macht gaben sich nicht einmal die Mühe, die tatsächlichen Ziele Hitlers zur Kenntnis zu nehmen, die dieser in Wort und Schrift allenthalben propagierte. Ihre Arroganz hinderte die bornierten Politiker zu verstehen, dass die Bevölkerung gerade von der Schlichtheit des Hitlerschen Weltbilds angesprochen wurde. Die Menschen erkannten, anders als die abgehobenen Regierenden, dass Hitlers »Schwärmerei« nicht Mittel, sondern Ziel seiner Politik war, die sie vielfach teilten.

Allein der greise Reichspräsident begriff bei der Begegnung mit dem Nazi-Führer am 10. Oktober 1931, dass dieser sich nicht in die konservativen Machtstrukturen würde integrieren lassen. Hitler war nicht einmal zu einer verbindlichen Absage an die Gewalt bereit. Hindenburg erkannte, dass Hitlers Absichten sich nicht mit denen der von ihm protegierten Konservativen deckten. Der NS-Führer wollte die Macht für sich allein. Hindenburg war nicht bereit, sie ihm zu geben. Vorläufig.

Von seiner entmutigenden Zusammenkunft mit Hindenburg eilte Hitler nach Bad Harzburg, wo sich am folgenden Tag das nationale Lager zur aufwändig arrangierten Machtdemonstration traf: Hugenberg versammelte die Führung seiner Partei sowie jene der Deutschen Volkspartei, der Alldeutschen, des Stahlhelms, zwei Hohenzollernprinzen, eine Vielzahl bekannter Wirtschaftsführer, Banker, den ehemaligen Heereschef von Seeckt und den Putschgeneral von Lüttwitz sowie den 1930 zurückgetretenen Reichsbankpräsidenten Hjalmar Schacht, und zahlreiche Wichtigtuer. Eine Reihe paramilitärischer Verbände, Stahlhelm, Kyffhäuserbund und SA zogen mit klingen-

dem Spiel an der Prominenz vorbei, Karikatur einstiger kaiserlicher Paraden.

Hitler ließ sich von dem Brimborium nicht beeindrucken.
Der Nazi-Führer brüskierte Hugenberg und dessen Entourage
nach Kräften. Hitler blieb einem gemeinsamen Essen der Nationalisten fern und wohnte am folgenden Tag lediglich dem
Vorbeimarsch seiner SA-Truppen bei. Auf diese Weise demonstrierte Hitler seine herausragende Rolle im rechten Lager. Der
Harzburger Front gelang es, wie beabsichtigt, die Demokraten
einzuschüchtern. Hitlers Ziel war weitsichtiger. Er präsentierte
sich als selbstbewussten Führer der rechten Republikfeinde.
Hugenberg und seine Verbündeten dagegen wurden zu Lakaien
des NS-Führers degradiert. Hitler verfuhr mit Hugenberg
ebenso wie jener mit den demokratischen »System-Parteien«.

Nicht nur die Zeit, auch seine Gegner arbeiteten für Hitler.
Die Regierung war unfähig und unwillig, die galoppierende
Zunahme der Arbeitslosigkeit zu verlangsamen. Der Reichs-
verwalter Brüning schilderte die wirtschaftliche Situation noch
düsterer, als sie es ohnehin war, um die Versailler Mächte von
der Zahlungsunfähigkeit Deutschlands zu überzeugen. Wie ein
schlechter Schachspieler übersah Brüning über die langfristige
Gewinnplanung die unmittelbaren Auswirkungen seiner Züge.
Sie waren verheerend. Der Regierungschef stürzte die Deutschen in Hoffnungslosigkeit und entzog sich damit zunehmend
die Tolerierungsbasis der Bevölkerung.

Keine demokratische oder nationalistische Partei war fähig,
den Menschen die Angst vor wirtschaftlichem Elend und so-
zialer Deklassierung zu nehmen. Auch nicht die traditionelle
Rechte unter Hugenberg. Die Deutschen begriffen rascher, als
es den Nationalisten lieb war, dass Kaisernostalgie und die Beschwörung der guten alten Zeit keinen Ausweg aus der gegenwärtigen Misere darstellten. Zuversicht und Elan verbreiteten
nur die sich revolutionär gebenden Kommunisten und Nazis.
Die KPD aber kam lediglich für Arbeiter, Arbeitslose und idealistische Intellektuelle, kurz: für wirtschaftliche Habenichtse,
infrage. Das Dilemma der Kommunisten: Je erfolgreicher die

KPD die linken Massen mobilisierte, desto mehr fürchtete sich das traditionelle Bürgertum vor einer kommunistischen Revolution. Diese Ängste wurden von der Rechten systematisch geschürt.

Als Alternative zu den verbrauchten Parteien und der KPD erschienen immer mehr Deutschen die Nazis. Sie vertraten – für manche im Ton zu schrill, doch in der Sache durchaus zutreffend – ähnliche oder gar identische Werte wie das Bürgertum. Hitler begnügte sich nicht mit der Revision von Versailles. Er forderte vielmehr eine Neuordnung Europas unter deutscher Vorherrschaft. Hitler versprach, Arbeitslosigkeit und wirtschaftliche Depression zu beseitigen, ohne das Eigentum anzutasten. Und schließlich gaben die Nationalsozialisten nicht dem Bürgertum, sondern den Linken und vor allem den Juden die Schuld am Niedergang Deutschlands.

Mit Gott und Hitler vorwärts

1932–1933

Mithilfe der SA verschärfte Hitler zunehmend das innenpolitische Klima. Die Sturmabteilung wurde ermutigt, ideologische Gegner zu terrorisieren; unliebsame Journalisten, Intellektuelle, Künstler wurden bedroht und misshandelt. Die unentbehrlichen Feinde der SA aber waren die Kommunisten und ihr Rotfrontkämpferbund. Die nationalkonservativen Stahlhelmverbände trugen zur allgemeinen Verwirrung, permanenten Militanz und Einschüchterung bei – in Deutschland entstand ein Klima der Unsicherheit und Angst, das die Ohnmacht des Staates doppelt unterstrich. Die Regierung Brüning war unfähig, den inneren Rechtsfrieden zu gewährleisten. Der Rücktritt des Reichsbankpräsidenten wirkte als Bestätigung der volkswirtschaftlichen Impotenz der Regierung. Hjalmar Schacht galt seit Einführung der Rentenmark im Jahre 1923 als Retter der deutschen Währungsstabilität. Er genoss hohes Ansehen in der Bevölkerung, vor allem im Bürgertum. Die Resignation des prominenten Bankiers und seine Teilnahme am Treffen der Harzburger Front entzogen der Regierung die Vertrauensbasis bei vielen Bürgern, insbesondere Selbstständigen. Intern erteilte Schacht Brüning den Rat, Hitler an der Regierung zu beteiligen – in der nahe liegenden Überlegung, dann als Fachmann ins Kabinett berufen zu werden.

Durch eine Mischung von Gewalt und politischem Intrigenspiel versuchten die Nazis, das verhasste System zu zermürben. Sie hatten Erfolg, weil die Regierung unfähig war, Auswege aus der Krise zu weisen, und sich darauf beschränkte, Staat, Wirtschaft und Gesellschaft kaputtzusanieren, weil die demokratischen Parteien resignierten oder Brüning als das »kleinere Übel« aus taktischen Erwägungen gewähren ließen. Die kämpferische Zuversicht der Nazis und ihre eingängigen Parolen – Goebbels entwickelte seine Agitation nach dem Gleitzug- prinzip: Wie ein Konvoi sich nach dem langsamsten Schiff zu richten hatte, so musste die Propaganda vom Dümmsten ver- standen werden – gewannen bei der deprimierten Bevölke- rung stetig steigenden Zuspruch. Dies wurde 1932 unüber- sehbar.

Hindenburgs erste Amtszeit endete am 5. Mai. Der Reichs- präsident war mittlerweile knapp fünfundachtzig Jahre alt. Dennoch ließ er sich von Kanzler Brüning und seinem Staats- sekretär Meißner zu einer zweiten Amtszeit überreden. Dazu hätte es eines Zweidrittelvotums des Reichstags bedurft. Da eine Unterstützung der Kommunisten undenkbar und uner- wünscht war, fiel der NSDAP die Schlüsselrolle zu. Hitler er- klärte sich grundsätzlich bereit, Hindenburg von den NS-Ab- geordneten wählen zu lassen, forderte im Gegenzug jedoch den Rücktritt Brünings und Neuwahlen. Die Eintrittswelle in die Partei nach dem Reichstagsvotum vom September 1930 – bei den Nazis wurden die wetterwendischen neuen Parteigenossen als »Septemberlinge« verspottet – sowie regionale Wahlerfolge überzeugten Hitler, dass die NSDAP bei einem erneuten Ur- nengang die meisten Stimmen einfahren würde. Dann fiele ihm die Macht wie ein reifer Apfel in den Schoß. Doch noch war es nicht so weit.

Der pflichteifrige Kanzler hatte ebenfalls Gefallen an Amt und Verwaltungsmacht gefunden. Brüning dachte nicht daran, zu kapitulieren und zurückzutreten. Hindenburg wiederum war bei der Organisation seines Wahlkampfs auf den uner- müdlichen Brüning angewiesen. Doch der alte Recke, der sich als Ersatzkaiser einzurichten begonnen hatte, verwand die Zu- mutung nicht, sich erneut dem Volk zur Wahl stellen zu müs- sen. Noch ärger schmerzte den betagten Feldmarschall, dass er unter Mithilfe des Kanzlers von Sozialdemokraten und bür- gerlichen Liberalen auf den Schild der Demokraten gehoben wurde, um gegen seine alten Kameraden des Stahlhelms und der Deutschnationalen anzutreten.

Der Wahlkampf der frühen Monate des Jahres 1932 überbot alles, was Deutschland bislang in dieser Hinsicht erlebt hatte. Im ersten Urnengang am 13. März verfehlte Hindenburg um weniger als ein Prozent die absolute Mehrheit. Die Sympathie der Bevölkerung für den greisen Feldherrn bröckelte. Unterdessen stieg der Meldegänger des Weltkriegs zum neuen Heros der Deutschen auf. Immer mehr Menschen identifizierten sich mit dem Chef der NS-Bewegung. Adolf Hitler war erst kurz zuvor vom NS-Innenminister in Braunschweig zum Deutschen naturalisiert worden. An dieser Formalie störten sich seine Bewunderer nicht. Mehr als elf Millionen Deutsche (30 Prozent) votierten für Hitler.

Die Hingabe der Nazi-Partei und der SA an ihren Führer war fulminant. Die Mobilisierungsfähigkeit der Bevölkerung beispiellos. Adolf Hitler war ihr Sprachrohr und Hoffnungsträger. Allein 25 000 Berliner jubelten Hitler begeistert zu, als er verkündete, was ohnehin jeder spürte: »Alter Mann … du musst zur Seite treten.« Bemerkenswert auch, dass fast fünf Millionen Wähler dem Kommunisten Ernst Thälmann ihre Stimme gaben.

Eine Stichwahl musste die Entscheidung bringen. Noch einmal mobilisierten alle ihre Kräfte. Am effektivsten agierte wieder die NSDAP. Sie startete die Kampagne »Hitler über Deutschland«. Der absolvierte mehr als zwanzig Reden in einer Woche. Dabei sprach Hitler zu über einer Million Menschen – für damalige Wahlkämpfe eine gewaltige Zahl.

Dennoch gewann am Ende Hindenburg die Wahl. Aber es war ein Pyrrhus-Sieg. Obgleich der Stahlhelm-Führer Theodor Duesterberg nicht mehr antrat, Brüning den Staatsapparat einsetzte und die demokratischen Parteien verzweifelt für den ungeliebten und sie verachtenden Hindenburg als letzten Damm vor der Nazi-Flut warben, gewann der Amtsinhaber nur ganze vier Prozent hinzu.

Die gravierendste Maßnahme der Regierung während der Wahlschlacht war ein Verbot von SA und SS. Am 14. April wurden die braunen Milizen in einer landesweiten Aktion aufgelöst. Das System von Weimar demonstrierte ein letztes Mal seinen Widerstandswillen. Obgleich Hitler seiner schlagkräftigsten Propaganda- und Einschüchterungstruppe beraubt war, gelang ihm noch einmal, mehr als zwei Millionen neue Wähler für sich zu mobilisieren. Annähernd 13,5 Millionen Deutsche wollten Hitler ihre Zukunft anvertrauen. Sie kamen aus dem Lager der Enttäuschten: Arbeitslose, die erkennen mussten, dass die Kommunisten in Deutschland ein Protestpotenzial, aber keine entscheidende politische Kraft waren. Auch viele nationalistische Bürgerliche setzten nun ihre Hoffnungen auf Hitler. Die einzige Persönlichkeit, die zwischen Hitler und der Macht stand, war ein Greis.

Als Hindenburg erneut die Bürde des Amtes auf sich nahm, wollte er zumindest von Parteihader ungestört den Kurs bestimmen. Der Reichspräsident hatte trotz seines hohen Alters seine Urteils- und Entscheidungsfähigkeit weitgehend bewahrt. Einen Monat nach seiner Wiederwahl entließ Hindenburg seinen politischen Quartiermeister. Brüning wurde als lästige Hypothek abgestoßen.

Die zunehmende wirtschaftliche Notlage hatte von der Regierung Maßnahmen erzwungen, durch die sie sich im gesamten nationalistischen Lager verhasst machte. Als gewissenhafter Sparkommissar hatte Brüning staatliche Zuschüsse fortan nur mehr an rentable landwirtschaftliche Betriebe zahlen wollen. Überschuldete Güter sollten als Siedlungsgrund für Arbeitslose dienen. Diese Pläne waren eine Existenzbedrohung für viele Junker. Sie verleumdeten Brüning als Agrarmarxisten und intervenierten beim Reichspräsidenten. Die Grundbesitzer fanden offene Ohren. Als Eigentümer des Guts Neudeck war Hindenburg selbst betroffen.

Selbst die Auswirkungen des SA- und SS-Verbots gerieten für Brüning zur Hypothek. Kronprinz Wilhelm nannte in einem Schreiben an Reichswehr- und Reichsinnenminister Groener die »Zerschlagung« der Verbände, dieses »wunderbaren Menschenmaterials« unverständlich. Der Protest wies die Richtung.

Seit Hindenburg Staatsoberhaupt war, hatte die Reichswehr ihre Planungen für ein Kriegsheer von hundertzwei Divisionen intensiviert. Diese Vorhaben gingen auf Konzepte Generals Hans von Seeckt Anfang der zwanziger Jahre zurück. Reichswehrminister Wilhelm Groener, am Ende des Ersten Weltkriegs Quartiermeister Hindenburgs, förderte als verantwortlicher Ressortchef die Aufrüstung.

Die Reichswehr arbeitete seit Kriegsende mit den nationalistischen Wehrverbänden zusammen. Auch mit der SA. In den Planungen der Armee nahmen die paramilitärischen Einheiten, besonders die mittlerweile 400 000 Sturmabteilungsmänner, die Rolle einer strategischen Reserve ein.

Seit Ende der zwanziger Jahre war Kurt von Schleicher der einflussreichste Offizier der Reichswehr. Der Oberst war ein geschickter Strippenzieher, intelligent, gewinnend, unstet, intrigant. Wie viele Intellektuelle spann er unentwegt Pläne, verwechselte jedoch gelegentlich den Gedanken mit der Tat. Schleicher unterstützte anfangs das SA-Verbot seines Protektors Groener. Doch bald überkamen den Oberst Bedenken. Denn er scheute den offenen Konflikt mit Hitler. Schleicher wollte der Nazi-Partei lieber mit dem intellektuellen Florett als mit dem konfrontativen Verbot begegnen. Der schlaue Generalstäbler plante die Nazi-Bewegung auseinander zu dividieren und auf diese Weise der Armee und damit sich selber auf Dauer steigenden Einfluss zu sichern. Das unzweideutige SA- und SS-Verbot schränkte Schleichers Manövrierraum ein.

Nachdem Hindenburg wieder gewählt worden war, hatten die Mohren Brüning und Groener ihre Schuldigkeit für Schleicher getan. Der machtvolle Offizier intervenierte beim Reichspräsidenten für die Ablösung des Reichskanzlers. Hindenburg ging darauf ein. Denn seine Interessen deckten sich – zumindest im Moment – mit denen Schleichers. Der Reichspräsident war auf der Suche nach einer passenden Figur, die ihm effektiver als der verbrauchte Brüning den lästigen Alltag des politischen Tagesgeschäfts vom Leibe halten sollte. Der vorausplanende Schleicher präsentierte Hindenburg einen geeigneten

Kandidaten. Am 1. Juni 1932 ernannte der Reichspräsident Franz von Papen zum Kanzler.

Der neue Regierungschef war ein Mann ganz nach dem Geschmack des Reichspräsidenten und seines neuen Reichswehrministers Kurt von Schleicher. Franz von Papen hatte seine Karriere als Berufsoffizier begonnen. Im Weltkrieg hatte er zunächst als Militärattaché in Washington gedient, später war er Stabschef der türkischen Armee in Palästina gewesen. Nach dem Krieg pflegte der Herrenreiter von Papen das Vermögen seiner Frau und eigene Kontakte zur Wirtschaft, Militär und Politik. Hier engagierte »Fränzchen« sich anfangs ohne Erfolg als nationalistischer Flügelmann des Zentrums. Dabei kamen sich Schleicher und Papen näher.

Schleichers Idee war, durch ein Expertenkabinett unter Papen die Unabhängigkeit der Exekutive vom Parlament zu unterstreichen. Zwei Konzerndirektoren und General Kurt von Schleicher persönlich sollten die fachliche Kompetenz der Regierung unterstreichen. Sieben Aristokraten gaben der illustren Runde ihren Namen: »Kabinett der Barone«. Das war durchaus gewollt: Dem Reichspräsidenten und dem gemeinen Volk sollte demonstriert werden, dass Deutschland am besten von Fachleuten regiert wurde, die sich nicht um das kleinliche Gehader im Parlament scherten. Auf diese Weise sollten alle Parteien geschwächt werden.

Die Etablierung der Regierung Papen war ein geschickter Zug des Taktikers Schleicher – aber eine fatale strategische Fehlentscheidung, denn sie basierte auf falschen Prämissen und entbehrte einer langfristigen Perspektive. Schleicher ging von einer allgemeinen Politik- und Parteienmüdigkeit der Deutschen aus. Doch jene mehr als dreizehn Millionen Wähler, die Hitler bei der Wahl zum Staatsoberhaupt ihre Stimme gegeben hatten, setzten darauf, dass ihr Führer Deutschland aus der Misere befreien würde. Vier Millionen kommunistische Wähler dachten ebenfalls nicht daran, ihr Schicksal einem exklusiven aristokratischen Kabinettsklub anzuvertrauen. Auch die übrigen Parteien schenkten der Regierung kein Vertrauen. Das

Zentrum nahm dem Kanzler die Illoyalität gegenüber Brüning übel. Und selbst die DNVP hielt sich bedeckt. Hugenberg war gekränkt, dass er selbst nicht zum Zuge gekommen war. Die SPD und die bürgerlich-demokratischen Parteien lehnten eine Tolerierung des Kabinetts der Barone ab. Papen blieb nichts anderes übrig, als den Reichstag aufzulösen und Neuwahlen auszuschreiben.

Rasch erwies sich damit die mangelnde Weitsicht der Planungen Schleichers. Er hatte sich für einen schwachen Kanzler entschieden, um selbst die Fäden in der Hand zu behalten. Auf Vorhaltungen, Papen sei »kein Kopf«, gab Schleicher zurück, Papen tauge zum Hut, der Kopf sei er selbst. Doch der Hut Papen erwies sich für Schleicher bald als unbequem. Dem Kopf Schleicher wiederum fehlten ein schlüssiges Konzept und die Kraft, die Macht in Händen zu halten.

Eine der ersten Maßnahmen der Regierung war eine Aufhebung des SA- und SS-Verbots. Die Armee war's zufrieden. Sie konnte ihre illegalen Aufrüstungsplanungen fortsetzen. Hitler hatte indessen seinen Säbel für die kommenden Wahlkämpfe zurückerhalten. Entsprechend gewalttätig gestaltete die NSDAP die Wahlschlachten im Reich und in den Ländern. Der Führer wollte, dass die von wirtschaftlicher Not und nationalen Depressionen geplagten Menschen im Alltag und vor allem bei Wahlversammlungen die Macht der Nazis spüren und sich mit ihr identifizieren sollten. Hitler und seine braunen Bataillone bewiesen Entschlossenheit und Tatkraft, zumindest die inneren Feinde zu vernichten.

Mehr als siebzehn Millionen Deutsche gaben am 31. Juli 1932 der NSDAP ihre Stimme. Mit zweihundertdreißig Abgeordneten stellten die Nazis die bei weitem stärkste Reichstagsfraktion. Der Partei war es gelungen, die Zahl ihrer Anhänger in weniger als zwei Jahren zu verdoppeln. Die Wählerstruktur der Nationalsozialisten hatte sich gegenüber dem Votum von 1930 kaum verändert, lediglich verbreitert. Das Phänomen Beschäftigung gab für viele den Ausschlag. Bei Arbeitern, die in den Gewerkschaften oder der SPD organisiert waren, blieben die

Werbeversuche der Nazis meist vergeblich. Ging die Anstellung aber verloren, dann wandten sich gerade Jüngere den Nazis und der SA zu, die sich besonders um Arbeitslose kümmerte. Absolut gesehen stellten Erwerbslose und Arbeiter die größte Zahl der neuen NS-Parteimitglieder und Wähler.

Hinweise auf den Erfolg der Nazis hatten bereits die Landtags- und Bürgerschaftswahlen in Preußen, Bayern, Anhalt und Hamburg im Frühjahr sowie in Mecklenburg-Schwerin, Thüringen und Oldenburg im Frühsommer 1932 gegeben: Die NSDAP wurde allenthalben zur stärksten Partei. Der Hitler-Bewegung gehörte scheinbar unvermeidlich die Zukunft. Kein Weg schien an ihr vorbeizuführen. Das Selbstbewusstsein Hitlers und seiner Kampfgefährten nahm euphorische Züge an. Parallel dazu schmolz die Zuversicht der Regierung. Tatsächlich aber stimmten weniger als 40 Prozent der Wähler für die Nazis. Ein breites Bündnis gegen Hitler wäre durchaus möglich gewesen. Doch die anderen Parteien und Politiker wollten nicht oder hatten bereits resigniert.

Die Kommunisten hassten die von ihnen als »Sozialfaschisten« verleumdeten Sozialdemokraten mehr als die Nazis. Auf Geheiß Stalins steuerte die KPD einen verblendeten Katastrophenkurs. Die Kommunisten wollten die Unregierbarkeit des Staates beschleunigen, um den Zusammenbruch des kapitalistischen Systems herbeizuführen und die Bedingungen für die Revolution zu schaffen. Diese als »leninistisch« deklarierte Strategie nahm taktische Bündnisse im Parlament oder bei Streiks mit den Nazis in Kauf, mit deren SA der Rotfrontkämpferbund sich ansonsten tödliche Saal- und Straßenschlachten lieferte.

Der Regierung von Papen war bewusst, dass sie nur Bestand haben konnte, wenn es ihr gelang, die wirtschaftliche Misere zu beheben und die Zahl der Arbeitslosen zu senken. Die Voraussetzungen waren nicht schlecht. Hindenburg war bereit, die Arbeitsfähigkeit des Kabinetts durch Notverordnungen sicherzustellen. Überdies erntete die Regierung die Früchte der geduldigen, beharrlichen Revisionspolitik Stresemanns und

Brünings – die Alliierten setzten die Reparationszahlungen aus. Es war nur eine Frage der Zeit, wann die anderen Bestimmungen des Versailler Abkommens fallen würden. Das verhieß der deutschen Regierung Prestige. Und eine günstigere volkswirtschaftliche Perspektive. Doch Papen und Schleicher waren zu borniert, den Zuwachs an internationalem Ansehen zu nutzen.

Statt Hitler entschlossen zu bekämpfen, ihm zumindest offensiv zu begegnen, suchten sie ein Arrangement mit den Nazis und eine Konfrontation mit den Demokraten. Dies war der Hintergrund des »Preußenschlages«. Am 20. Juli 1932 beorderte Papen den preußischen Innenminister Carl Severing ins Kanzleramt. Dort enthob der Kanzler die sozialdemokratischen Politiker kraft Notverordnung ihrer Regierungsämter. Daraufhin erklärte Severing, er werde nur der Gewalt weichen. Papen befürchtete Widerstand, doch Severing beruhigte den Kanzler. Er war bereit, sein Büro zu räumen, doch nur »unter Druck«.

Auf diese Weise ermutigt, war der Kanzler zu einer symbolischen Druckausübung bereit. Franz von Papen ernannte sich selbst zum amtierenden Reichskommissar für Preußen. Innenminister Severing hatte über 90 000 hervorragend ausgebildete Polizisten verfügt, dazu kamen nicht weniger organisierte Männer im sozialdemokratischen Reichsbanner, Millionen Gewerkschafter und SPD-Parteimitglieder. Der Widerstand auch nur eines Teils dieser Menschen wäre eine politische Machtdemonstration gewesen, über die sich die Reichsregierung nicht hätte hinwegsetzen können. In der SPD gab es Stimmen, die eine Kraftprobe forderten. Doch die Parteiführung entschied sich, den Kürzeren zu ziehen. Man hatte das Vertrauen in die eigene Kraft vollständig eingebüßt und wollte nicht für einen Bürgerkrieg verantwortlich sein, in den Nazis und Kommunisten Deutschland längst gestürzt hatten. Lieber wich die einst mächtigste Landesregierung sang- und klanglos einem Putsch des Operettenkanzlers. Die SPD hatte einmal mehr resigniert.

Die Machtdemonstration gegenüber der SPD konnte das Kabinett Papens nicht dauerhaft stabilisieren. Denn der ängstliche Reichswehrminister bekam kalte Füße. Anfang August traf sich Schleicher mit Hitler. Dabei forderte der NS-Führer unverblümt die Kanzlerschaft. Im Gegenzug bot Hitler Schleicher die Beibehaltung seines Amtes und die Autonomie der Reichswehr an. Der General war nicht abgeneigt. Auf diese Weise hoffte er, in einer gefestigten Regierung weiterhin das Geschehen aus dem Hintergrund kontrollieren zu können.

Schleicher verstand Politik als Machtspiel. Für Hitler und seine Bewegung dagegen war sie eine Existenzfrage. Hier trafen sich die Nazis mit den Bedürfnissen der Bevölkerung. Die Menschen hatten genug von Parteigezänk und leeren Versprechungen. Sie sehnten sich nach einer Regierung der Tat, die Arbeit und Sicherheit gewährte. Hitler machte den entschlossensten und damit glaubwürdigsten Eindruck.

Als Schleicher hinter dem Rücken seines Kanzlers Reichspräsident von Hindenburg die Forderungen Hitlers präsentierte, lehnte dieser strikt ab. Hindenburg ahnte, was die Nazis wollten. »Wenn wir die Macht haben, dann werden wir sie nie wieder aufgeben«, schrieb Joseph Goebbels in sein Tagebuch und ahnte: »Es sei denn, man trägt uns als Leichen aus unseren Ämtern heraus.«

Anders als der eitle Papen und der zynische Strippenzieher Schleicher begriff Hindenburg, dass Hitler, einmal im Besitz der Macht, nicht zögern würde, sie für seine lauthals verkündeten Vorhaben einzusetzen. Hitler als Regierungschef bedeutete die Rückverlagerung des Politikzentrums vom Präsidentenpalais ins Kanzleramt. Das mag ein zusätzliches Argument für seine Ablehnung des »böhmischen Gefreiten« Hitler gewesen sein. Doch Hindenburgs Veto hatte auch ethische Gründe. Der alte Soldat wollte sich nicht vor »Gott und [seinem] Gewissen« schuldig machen, Deutschland einem Politkriminellen auszuliefern. Noch überwogen Skrupel und eigenes Machtbedürfnis Widerwillen und Müdigkeit des 85-jährigen Reichspräsidenten.

Derweil versuchte die Regierung, ihre wirtschaftliche Kompetenz und Handlungsfähigkeit unter Beweis zu stellen. Der so genannte Papen-Plan zielte auf eine Ankurbelung der Wirtschaft durch staatliche Investitionen, aber auch auf Einschränkungen der Löhne, Gehälter und der Rechte der Beschäftigten ab. Auf diese Weise sollte die Arbeitslosigkeit auf Dauer reduziert werden. Eine Notverordnung der Regierung zur Stabilisierung der inneren Sicherheit sah die Todesstrafe für politische Gewaltakte mit Todesfolge vor. Kaum hatte die Bestimmung Gültigkeit erlangt, ermordeten SA-Männer im schlesischen Potempa einen Kommunisten. Hitler stellte sich sogleich hinter die Täter. Damit forderte er die Reichsregierung offen heraus.

Unterdessen begnügte sich das Kabinett mit taktischen Winkelzügen. Reichsinnenminister Gayl wollte den Reichstag auflösen, die innerhalb von sechzig Tagen vorgeschriebenen Neuwahlen aber bis zum Sankt-Nimmerleins-Tag verschieben. Auf diese Weise hoffte die Regierung, die Parteien zu diskreditieren und um ihren Einfluss zu bringen.

Doch eine große Koalition aus Kommunisten und Nationalsozialisten sprach der Regierung das Misstrauen aus und erzwang Neuwahlen. Parlamentspräsident Hermann Göring verweigerte dem Kanzler im Reichstag das Rederecht und stempelte so Franz von Papen zur nationalen Witzfigur.

Die Annahme der Nationalsozialisten, bei den anstehenden Wahlen erneut spektakuläre Stimmengewinne einzufahren und damit die Übernahme der Macht zu erzwingen, erwies sich als Fehlspekulation. Obgleich die Partei und ihr Führer einmal mehr die letzten Kräfte und Kredite in einen Wahlkampf mit unzähligen Veranstaltungen investierten, ließ sich das Potenzial der Nazi-Anhänger nicht weiter ausbauen. Einstweilen. Bei dem Votum vom 6. November 1932 büßte die NSDAP mehr als zwei Millionen Wähler ein. Bei den Landtagswahlen in Thüringen einen Monat später verlor die Hitler-Partei gar 40 Prozent ihrer Stimmen. Viele Arbeitslose kehrten den Nazis den Rücken. Sie verbanden ihre Hoffnungen nun mit den Kommunisten oder der nationalen Rechten: KPD und DNVP konnten als einzige leicht zulegen. Diese Entwicklung beunruhigte die Nationalsozialisten zutiefst. Die Partei stand vor dem Bankrott. Es gab Streit zwischen Parteiorganisation und SA. Hitler, seit seiner Abfuhr durch den Reichspräsidenten im August ohnehin zunehmend niedergeschlagen, wusste keinen Ausweg und zog sich wieder einmal von Partei und Öffentlichkeit zurück. Selbst Goebbels versank in Depressionen.

Die herben Verluste der NSDAP eröffneten der amtierenden Regierung von Papen unverhofft eine neue Chance. Sie hätte die politische Pattsituation nutzen können, um ihre Handlungsfähigkeit unter Beweis zu stellen. Die seit Herbst wieder stark steigende Erwerbslosigkeit bot Gelegenheit, durch entschlossene Maßnahmen Tatkraft zu beweisen.

Doch statt konkrete wirtschaftliche und politische Schritte einzuleiten, begann Papen – nach dem Muster seines Umsturzes in Preußen –, nun einen Staatsstreich im Reich zu planen. Der Kanzler wollte Nazis, Kommunisten und ihre paramilitärischen Verbände verbieten lassen. Das Parlament sollte aufgelöst werden. Anstelle des demokratischen Systems würde ein autoritäres Regime unter dem Patronat Hindenburgs und dem Regiment Papens stehen.

Die Putscherwägungen kosteten Papen das Kanzleramt. Denn sein eigener Wehrminister fiel dem Regierungschef in den Rücken. Kurt von Schleicher intervenierte beim Reichspräsidenten, Papen zu entlassen. Auslöser war ein Planspiel. Auf Veranlassung des Wehrministers hatte der als Truppenamt getarnte Generalstab eine Übung veranstaltet. Szenario waren mögliche Folgen der Staatsstreichpläne des Kanzlers. Was würde geschehen, wenn SA oder Rotkämpferbund sich ihrem Verbot gewaltsam widersetzten? Das Ergebnis der militärischen Denksportaufgabe lag auf der Hand. Das Hunderttausend-Mann-Heer der Reichswehr wäre nicht in der Lage, bei bürgerkriegsähnlichen Zuständen die Ordnung aufrechtzuerhalten.

Schleicher war Opfer seiner eigenen Absicherungssucht geworden. Denn der Minister hatte seinen Generalstäblern unrealistische Prämissen vorgegeben. Die Befolgung des SA-Ver-

bots bewies, dass die Nazis trotz lokaler revolutionärer Auf-
wallungen nicht bereit und in der Lage waren, einen Umsturz
anzuzetteln, dessen Risiko für sie unabsehbar war. Das Gleiche
galt für Kommunisten, für Demokraten erst recht, wie bei der
verfassungswidrigen Absetzung der preußischen Regierung
deutlich geworden war.

Doch Schleicher saß die Angst im Nacken, die Situation nicht
mehr kontrollieren zu können. Er begriff, anders als Papen,
dass Deutschland auf Dauer nicht von einem Herrenreiterklub
gegen den Willen der Bevölkerung regiert werden konnte.
Als wackerer Generalstäbler und politischer Intrigant versuchte
er, sich neue Optionen zu schaffen. Der General nutzte seinen
regen Kontakt zu Persönlichkeiten aus Politik und Verbänden.
Unter anderem zu Röhm, zu Sozialdemokraten, Gewerkschaftern, Reichsbanner- und Stahlhelmführern, zu Hugenberg und nicht zuletzt zu Hitler sowie zu den NS-Parteifunk-
tionären Goebbels, Göring und Strasser. Statt dumpf auf die
extremen Parteien einzuschlagen und damit den Ausbruch
unbeherrschbarer Gewalt zu riskieren, wollte der schlaue Militär getreu der Devise »divide et impera« diese politischen Kräfte
zersplittern und deren relevante Teile an sich binden.

Kurt von Schleicher steuerte ein konkretes taktisches Ziel an.
Gregor Strasser sollte in der durch die letzten Wahlschlappen
entmutigten NSDAP den Aufstand gegen Hitler inszenieren.
Zumindest sollte der Reichsorganisationsleiter das linke NS-
Spektrum und möglichst auch die SA um sich scharen und zur
Unterstützung einer national-völkisch-sozialen Regierung un-
ter Schleichers Führung bewegen. Gleichzeitig rechnete der
General mit der Kooperation der Gewerkschaften und der
SPD. Der Strippenzieher verwechselte seinen feinmaschigen
Plan mit der groben Wirklichkeit. Schleicher gelang es zunächst,
den Reichspräsidenten vom Erfolg seines Plans zu überzeugen
und ihn für sich zu gewinnen. Paul von Hindenburg schätzte
seinen schneidigen Noch-Kanzler von Papen sehr, doch der alte
Feldmarschall hatte in seinem Leben gelernt, die politische
Notwendigkeit über die persönliche Neigung zu stellen.

Hindenburg nötigte von Papen zur Demission und kürte danach unverzüglich dessen Wehrminister zum Kanzler. Kurt von Schleicher hatte nun freie Bahn. Umgehend forderte der neue Regierungschef den Organisationsleiter der NSDAP insgeheim zur Zusammenarbeit auf.

Gregor Strasser war gewillt, mit dem General-Kanzler ins Geschäft zu kommen. Denn die Nazi-Partei stand vor dem Kollaps. Nach den Stimmverlusten im November und Dezember hatten wichtige Spender aus der Wirtschaft ihre Zusagen zurückgezogen. Gregor Strasser zeigte sich entschlossen, so viel wie möglich aus der Konkursmasse der NSDAP zu retten. Dieses Unterfangen hatte nur Aussicht auf Erfolg, solange Hitler paralysiert blieb. Doch als der NS-Führer durch Strassers parteiinterne Rivalen Goebbels und Göring von den Plänen des Organisationsleiters erfuhr, riss sich Hitler aus seiner Lethargie. Mit einem Mal bewies er wieder rabiate Entschlusskraft. Hitler ordnete umgehend eine Parteiführertagung im Berliner Hotel Kaiserhof an. Dabei warf Hitler Strasser Treuebruch und Verrat vor. Strasser wurde von den Parteimitgliedern und den meisten Funktionären respektiert – Hitler dagegen als Heilsbringer vergöttert.

Als Parteirivale hatte Strasser gegen »den Chef« keine Chance. Die NS-Unterführer standen bei ihrem Treffen im Hotel Kaiserhof einmütig zu ihrem Führer. Der Organisationsleiter resignierte. In seinem Rücktrittsbrief sagte Strasser Hitler voraus, er werde die Partei und Deutschland in einen »Trümmerhaufen« verwandeln. Obwohl Strasser die Konsequenzen des Hitlerschen Wirkens erkannte, war er unfähig, sich ihm entgegenzustellen. Diese Lähmung beschränkte sich nicht auf Nazi-Funktionäre. Sie umfasste fast die gesamte politische Klasse und den größten Teil des Bürgertums. Die resignative Haltung gegenüber den Nazis und ihrem Führer hatte ihre Ursache im Denken der Menschen.

Adolf Hitlers Weltbild wurde von der Mehrheit der Deutschen geteilt. Er verstand es, seine Demagogie dafür einzusetzen und sich als dessen Verkörperung zu inszenieren. Selbst po-

tenzielle Rivalen wie Strasser, ja sogar die politischen Kontrahenten Hitlers und der NSDAP auf der Rechten und in den
demokratischen Parteien besaßen keine glaubhafte Gegenvi-
sion. Daher fehlten ihnen der Antrieb und die Kraft, Hitler
wirksam Widerstand zu leisten. Diese politische Gesetzmäßig-
keit sollte Reichskanzler Kurt von Schleicher bald zu spüren
bekommen. Das Spinnengewebe der Schleicherschen Plan-
spiele wurde von der Wirklichkeit zerfetzt. Bei informativen
Gesprächen mit Sozialdemokraten und Gewerkschaftern mag
Schleicher manches zugesagt worden sein. Die vagen Koope-
rationsabsprachen nahm er für bare Münze und ging bereits in
seiner Regierungserklärung darauf ein, in der er sich selbst als
»sozialen« General charakterisierte. Die Sozialdemokraten
lehnten eine unverbindliche Zusammenarbeit mit dem neuen
Kanzler ab und bewogen die Gewerkschaft, die gleiche Haltung einzunehmen. Die SPD fürchtete, eine Kooperation mit
der reaktionären Regierung würde sie endgültig der Glaubwürdigkeit bei der eigenen Anhängerschaft berauben. Dies beweist einmal mehr, welche Scheuklappen die traditionsreichste
demokratische deutsche Partei hatte.

Gewiss hätte eine Zusammenarbeit der SPD mit Schleicher
die Genossen Ansehen gekostet. Doch die Alternative – ein
Scheitern des Generals – bedeutete zwangläufig eine Stärkung
der Nazis. So verlor man über kleinliche taktische Erwägungen
die strategische Gefahr aus den Augen. Auch die bürgerlichen
Parteien befürchteten, durch eine Unterstützung Schleichers
den letzten Rest an Reputation zu verlieren. Das Zentrum
wiederum war handlungsunfähig. Hin- und hergerissen zwischen dem Schock über die Entlassung Brünings und die anhaltenden Ranküne ihres Flügelmanns Franz von Papen.

Die Paralyse der demokratischen Parteien und der Druck der
extremen Kräfte beraubten den Kanzler seines ohnehin geringen Manövrierraums. Wollte der General Herr des Geschehens bleiben, so musste Schleicher die Strippen der politischen
Intrige und des pseudodemokratischen Legalismus gegen das
Schwert der brutalen Machtpolitik tauschen. Schleicher gab

sich aus Mangel an Alternativen dazu entschlossen. Er bat den Reichspräsidenten, per Notverordnung den Reichstag aufzulösen, den Staatsnotstand zu proklamieren und die Extremparteien NSDAP und KPD verbieten zu lassen. Doch Hindenburg lehnte ab. So war Kurt von Schleicher bereits nach wenigen Wochen im Amt mit seinem politischen Latein am Ende.

Die Feinde des Generals arbeiteten unterdessen am Sturz des Regierungschefs. Der taktisch Gefährlichste war Franz von Papen. Rachsucht, exzellente Beziehungen zur Wirtschaft und zu den Deutschnationalen, unbedenkliche Machtgier, vor allem aber ein nach wie vor intaktes Verhältnis zu Hindenburg und dessen Staatssekretär sowie dem in der Verfassung nicht vorgesehenen Präsidentensohn Oskar machten Papen in einer politischen Ausnahmesituation zu einem tückischen Rivalen für den Kanzler, dessen Machtbasis entscheidend von der Unterstützung durch das Staatsoberhaupt abhing.

Während Schleicher vergeblich versuchte, den Reichspräsidenten zu überzeugen, ihn als Kanzler mittels seiner exekutiven Macht den Kampf gegen die politischen Extreme aufnehmen zu lassen, schmiedete Franz von Papen längst eine Koalition mit eben jenen Kräften. Am Ende gewann Papen Hitler für sein Bündnis, weil er ihm offerierte, wonach der NS-Führer Zeit seines politischen Lebens gestrebt hatte: die Macht. Das tut jeder Politiker. Hitler aber hatte seinen Kontrahenten etwas voraus, das ihn auf Dauer die Gunst eines durch Niederlage und Krise niedergedrückten Volkes gewinnen ließ: die Vision einer glorreichen, aber gleichwohl vertrauten Zukunft. Um den vermeintlich wenig beweglichen »König« Hitler gruppierte der Möchtegern-Stratege Papen scheinbar starke Figuren. Die ökonomische Schlüsselstellung sollte Alfred Hugenberg einnehmen. Der DNVP-Vorsitzende ließ sich durch die Zusage des Wirtschaftsressorts bestechen. Den Führer des Stahlhelm Franz Seldte kaufte Papen mit dem Arbeitsministerium. Die Zustimmung der Reichswehrführung und ihres Oberbefehlshabers Hindenburg gewann Papen, indem er General von Blomberg das Reichswehrministerium offerierte. Dagegen schmetterte Papen Hitlers Forderung nach der preußischen Ministerpräsidentschaft ab, was die Kontrolle über Polizei und Wahlen bedeutet hätte. Noch war Papen in der Lage, Hitlers Begehren abzuweisen. Das bestärkte ihn in seiner Einschätzung, Hitler domestiziert, oder wie Hugenberg es nannte, »eingerahmt« zu haben. Formal traf diese Bewertung durchaus zu.

Drei Nationalsozialisten – neben Hitler Reichsinnenminister Wilhelm Frick und Hermann Göring, Minister ohne Geschäftsbereich, – standen acht national-konservative Ressortleiter gegenüber. Die »Dame« des Kabinetts war Franz von Papen: Vizekanzler und preußischer Staatskommissar. »Wir haben uns Hitler engagiert«, tönte Papen. Pfeifen im Wald. Die Herren wussten, dass Hitler unverdrossen mit ihrer Hilfe die ungeteilte Macht anstrebte.

Doch sie wähnten sich sicher, da sie über Geld, soziales Prestige, Regierungserfahrung und den damit verbundenen Dünkel geboten. Entscheidend war jedoch, dass die Reaktionäre qua Papens Verbindung zum Reichspräsidenten und dessen Oberbefehl über die Reichswehr die exekutive Macht kontrollierten.

Paul von Hindenburg vereidigte Adolf Hitler und dessen Kabinett der »nationalen Konzentration«. Mit den Worten »Und nun meine Herren, mit Gott vorwärts!« verabschiedete er die neue deutsche Regierung. Die Worte sind bemerkenswert. Noch am 13. August hatte Hindenburg betont, es »vor Gott, seinem Gewissen und seinen Pflichten gegenüber dem Vaterlande nicht verantworten« zu können, Hitler mit der Regierung zu betrauen. Und am 24. November ließ Hindenburg dem Chef der NS-Bewegung durch seinen Staatssekretär Meißner mitteilen, er glaube, »es vor dem deutschen Volk nicht vertreten zu können, dem Führer einer Partei seine präsidialen Vollmachten zu geben«.

Was hatte den Reichspräsidenten zu dieser drastischen Änderung seiner Haltung bewogen? Der betagte Feldherr verachtete Hitler, der an dem »ausschließlichen Führungsanspruch« seiner Partei festhielt und sich zum populistischen

Volksführer aufgeschwungen hatte. Doch selbst der Monarchist Hindenburg hatte erkennen müssen, dass eine Regierung auf Dauer nicht wider die Stimmung der Mehrheit, ja nicht einmal gegen den Willen der extremen Parteien, die von Millionen unterstützt wurden, bestehen konnte, ohne Gewalt einzusetzen. Diese Erkenntnis machte Hindenburg bereits im Herbst 1932 deutlich, als er Papen als Kanzler entließ: »Ich bin zu alt geworden, um am Ende meines Lebens noch die Verantwortung für einen Bürgerkrieg zu übernehmen.« Da Papens Nachfolger von Schleicher sich entgegen seinen vollmundigen Versprechungen ebenfalls als unfähig erwiesen hatte, zumindest ein Mindestmaß an Zustimmung für die Regierung durch die Bevölkerung und die Parteienlandschaft zu mobilisieren, meinte das Staatsoberhaupt, ihm bleibe nichts anderes übrig, als schweren Herzens den »böhmischen Gefreiten« in ein Kabinett der nationalen Konzentration einzubinden und mit der Regierungsbildung zu beauftragen.

Adolf Hitler war am Ziel. Der asoziale Möchtegern-Künstler aus dem österreichischen Provinzstädtchen Braunau am Inn war Kanzler des Deutschen Reichs. Millionen Deutsche unterstützten ihn. Hitler war entschlossen, die Übrigen für sich und seine Politik zu gewinnen. Mit überzeugendem Zureden und, wo dies nicht half, mit Gewalt.

Revolution in Gesetz und Ordnung

1933

Die Ernennung Adolf Hitlers zum Regierungschef verdeutlichte und vertiefte den Graben quer durch die deutsche Gesellschaft und Politik zwischen Anhängern und Gegnern des NS-Chefs. Das Schisma spaltete Frager, Zauderer, Reaktionäre und Moralisten von den Entschlossenen, vorgeblich Wissenden und Skrupellosen. Die Verbündeten Hitlers, selbst zackige Gesellen wie Franz von Papen oder Stahlhelm-Führer Franz Seldte, begriffen nicht, dass sie auf der leichteren Waagschale standen, sie durch das politische Gewicht Hitlers und seiner Gefolgschaft in den kommenden Wochen und Monaten immer rascher nach oben gezogen und schließlich gerissen würden, bis sie hilf-, macht- und letztlich einflusslos in der rauen Luft des sich etablierenden braunen Reichs hingen – dem Willen und der Ungnade Adolf Hitlers und seiner Streiter ausgeliefert.

Demokratische wie rechtsautoritäre Politiker dachten in relativ kurzen Zeiträumen und verfolgten begrenzte Ziele: mehr soziale Gerechtigkeit, Reduzierung der Arbeitslosigkeit, Revision des Vertrags von Versailles und selbstverständlich ein mögliches Höchstmaß an Regierungsmacht. Adolf Hitler dagegen plante – nicht unähnlich den Kommunisten – in absoluten Kategorien. Der NS-Führer war überzeugt, die Logik der Geschichte verstanden zu haben: Der Kampf von Gut gegen Böse, Erbauer gegen Zerstörer und Ausbeuter, Arier gegen Juden und Kommunisten. Hitler fühlte sich auserkoren, das Schicksal seines Landes und dessen Menschen in die richtige Richtung zu lenken. Dabei hatte er nicht begrenzte Zeiträume wie Legislaturperioden im Sinn. Hitler dachte in Jahrtausenden. Der Nazi-Chef hatte öffentlich für seine chiliastische

Vorstellung geworben und viele Anhänger gefunden. Kaum war Hitler mit der Leitung der Regierung beauftragt und Zeuge von Fackelzügen seiner SA, da machte der Führer aus seinem Herzen keine Mördergrube. Nunmehr, so Hitler, beginne »die größte germanische Rassenrevolution der Weltgeschichte«, der finale Krieg des Ariers gegen seine Feinde um die Weltherrschaft.

Wer so denkt, der begnügt sich nicht mit dem Titel eines Reichskanzlers auf Zeit und erst recht nicht mit seiner Zähmung durch ein von Nationalkonservativen dominiertes Kabinett. Ein Führer will und braucht die uneingeschränkte Macht, um eigenen Ansprüchen und jenen seiner Anhängerschaft gerecht zu werden.

Welche Politik hatte der neue Kanzler im Sinn? Bis heute dauert die Auseinandersetzung zwischen Intentionalisten und Funktionalisten an. Also jenen, die überzeugt sind, Hitler hätte mit einem fest gefügten Weltbild seine Herrschaft gestartet, um bleibende Ziele durchzusetzen, und ihren Gegenspielern, die meinen, der NS-Chef sei ein Opportunist, der als brauner Korken auf den wechselnden Zeitwogen geschwommen sei und die Strömungen zum eigenen Vorteil genutzt habe.

Die vom britischen Hitler-Biografen Ian Kershaw zur These destillierte Aussage des preußischen NS-Staatssekretärs Werner Willikens, man müsse »dem Führer entgegenarbeiten«, wird als Synthese von Funktionalismus und Intentionalismus apostrophiert. Die Gefolgschaft habe die Absichten des Führers im vorauseilenden Gehorsam zu ergründen gesucht und entsprechende Maßnahmen eingeleitet, die Hitler sich schließlich zu Eigen gemacht habe. Hitler sei also gleichermaßen Impulsgeber und Vollstrecker seines Umfelds gewesen. Auf diese Weise wird auch der Völkermord an den Juden erklärt. Himmler, Heydrich und Göring sowie die Einsatzgruppen vor Ort hätten Hitlers fanatischen Judenhass genutzt, um durch systematische Massentötungen vollendete Tatsachen zu schaffen, die der Führer endlich sanktioniert habe. Diese Erklärung ist wenig aussagekräftig und unsinnig obendrein. Vorauseilender Gehorsam ist in jeder menschlichen Gemeinschaft gang und gäbe, in der Familie wie im Staat, in der Demokratie ebenso wie in der Diktatur, im Kindergarten wie in der Leitung eines Unternehmens. Der Rangniedere versucht seine Position zu stärken, indem er dem Höheren zu Willen ist, noch ehe dieser ihn geäußert hat. Gewiss wurde dem Führer entgegengearbeitet – ebenso wie Schuldirektoren und Ministern in einem freien Land. Darüber hinaus widerspricht die vermeintliche Außensteuerung beziehungsweise die Eskalation von Hitlers Maßnahmen allem, was man über Hitlers Charakter, Werdegang, seine Manifestationen, seine Taktik und Politik weiß.

Als Adolf Hitler am 30. Januar 1933 Reichskanzler wurde, hatte er keinen Grund, seinen Überzeugungen untreu zu werden. Im Gegenteil. Sein Weltbild hatte ihn in Verbindung mit seinen rhetorischen und taktischen Fähigkeiten, vor allem aber seinem Gespür für die Bedürfnisse der Deutschen und seiner immensen Willenskraft an die Macht gebracht. Bei Amtsantritt war er nach wie vor ein glühender Antisemit, ein überzeugter Feind der Demokratie, des Kommunismus und Frankreichs. Hitler wollte den Versailler Vertrag liquidieren und Deutschlands Territorium vor 1914 sowie seine Kolonien wiedererlangen. In *Mein Kampf* hatte Hitler jedoch deutlich gemacht, dass er sich nicht mir dem Status quo ante zufrieden geben wollte. Er war entschlossen, Deutschlands Grenzen und Macht darüber hinaus auszuweiten. Hitler wollte die Demokratie und die sie tragenden Parteien auslöschen und den Bolschewismus zerstören. Die Juden sollten aus dem Wirtschaftsleben verdrängt und schließlich aus der deutschen Gesellschaft ausgeschaltet werden. Diese Werte und Ziele Hitlers wurden von Millionen Deutschen gutgeheißen, zumindest hingenommen.

Auch seine außenpolitischen Bestrebungen hatte Hitler in *Mein Kampf* präzisiert. Er zielte darauf ab, die Weiten Russlands gewaltsam zu annektieren. Dies bedeutete Krieg. Doch diese Konsequenzen schienen während und nach der Machtübernahme die große Mehrheit der Deutschen nicht zu beschäftigen.

Hitler trat also mit klaren Zielen seine Kanzlerschaft an. Doch der Nazi-Führer hatte lernen müssen, dass es nicht immer sinnvoll war, die eigenen Ideale direkt oder gar mit Gewalt anzugehen. Die Deutschen, vor allem die bürgerlichen Schichten, auf die jede Regierung bei der Führung des Staates angewiesen ist, aber auch die überwiegende Mehrheit der Arbeiterschaft, legten Wert auf Gesetz und Ordnung. Das hat Tradition in unserem Land, und daher musste sich Hitler notgedrungen daran halten. Seine Aussage im Reichswehrprozess von 1930, er werde danach streben, legal an die Macht zu gelangen, um dann Köpfe legal rollen zu lassen, war ein ehrlicher Fahrplan. Er bewies, dass Hitler bereit war, eine flexible, zumindest formal gesetzeskonforme Taktik anzunehmen, um seine immanente Strategie beizubehalten, die seinem feststehenden Weltbild entsprach. An der gleichen Vorgehensweise hielt Hitler nach seinem Regierungsantritt – vorläufig – fest.

Noch heute fühlt man bei der Lektüre der Werke intellektueller Historiker wie etwa der Biografie von Joachim C. Fest eine immanente Verachtung des Bürgertums für den Parvenü aus Braunau, der unverdient an den Schreibtisch des Staatsmannes Bismarck gelangte, aber nicht in der Lage zum Aktenstudium gewesen sei. Nach einigen Monaten habe Hitler die Rolle eines seriösen Politikerdarstellers nicht länger durchgehalten und seinen altgewohnten Lebenswandel eines Bohemiens wieder aufgenommen. Er sei wie ehedem unstet durchs Land gereist und habe Tage und Stunden geschwätzig mit Bekannten verbracht. Er sei zu systematischer Arbeit unfähig gewesen – besonders jener der verantwortungsvollen Tätigkeit des Staatsmannes.

Hier wird Schein mit Sein verwechselt. Adolf Hitler war aufgrund seiner nervlichen Disposition, seines Charakters und seiner mangelhaften formalen Bildung in der Tat kaum zu einer schematischen, administrativen Arbeit imstande. Er war kein »Aktenfresser« wie etwa Heinrich Brüning. Doch anders als der trockene Verwalter konnte der NS-Chef unkonventionell, revolutionär, originell denken. Darüber hinaus verfügte

Hitler im Gegensatz zu manchem anderen Politiker, Franz von Papen etwa, über klare Vorstellungen, wie er seine Politik verwirklichen würde. Hitlers Ideale waren nicht christlich, nicht bürgerlich – auch wenn er sich nach bürgerlicher Anerkennung gesehnt haben mag –, sondern vielfach kriminell. Doch verbrecherische Werte und Energien schließen keineswegs systematisches Denken und Vorgehen aus – weder im bürgerlichen Leben noch in der Politik.

Hitler hatte in den Jahren der Weimarer Republik trotz Widerstände aus dem Nichts die schlagkräftigste Partei aufgebaut; neben den rabiaten SA-Stürmen auch den Propaganda- und den Mobilisierungsapparat der NSDAP. Das Braune Haus in München war effizient organisiert und verfügte über vier unterschiedliche Karteikartensysteme. So konnten einzelne Mitglieder, Gruppierungen oder die Gesamtpartei rasch gezielt informiert oder alarmiert werden. Die Parteiadministration war die effektivste Deutschlands, ja Europas mit Ausnahme der Sowjetunion. Ein solches Instrument konnte kein bloßer Schwätzer kreieren und ausbauen. Hitler verfügte über die hierzu notwendige systematische Denkfähigkeit und das entsprechende Handlungsvermögen. Ob diese Entscheidungen am Schreibtisch oder abends im Kreis der Vertrauten gefällt wurden, ist unerheblich. Dabei kam eine weitere entscheidende Fähigkeit Hitlers zum Tragen: Er war ein begnadeter Menschenkenner. Hitler erfasste rasch, wer ihm und seiner Bewegung von Nutzen sein konnte. Bereits in der Frühphase der Partei gelang es ihm, Rudolf Heß, Ernst Röhm, Heinrich Himmler, Joseph Goebbels, Herrmann Göring, Alfred Rosenberg, Wilhelm Frick, Robert Ley, Hans Frank an sich zu binden und sie ihr Lebtag in seinen Bann zu schlagen. Hitler verlieh keinem seiner Paladine autonome Macht. Durch überschneidende Kompetenzbereiche und wechselnde Gunst gelang es dem »Chef«, ein System labilen Gleichgewichts zu schaffen, das ihm den Rang des unumschränkten obersten Führers und Schiedsrichters sicherte.

Mit Adolf Hitler gelangte in Deutschland seit Stresemann

erstmals ein Politiker ans Ruder, der über klare Ziele verfügte und wusste, welchen politischen Kurs er steuern wollte. Der NS-Führer lässt sich aufgrund seiner revolutionären Politik sogar durchaus in eine Reihe mit dem ersten Kanzler des modernen Deutschland stellen. Der Unterschied: Sobald Otto von Bismarck das Deutsche Reich mit Diplomatie und Gewalt zusammengeschweißt – und damit die Vorherrschaft Berlins in Kontinentaleuropa etabliert hatte, schwor er einer expansiven Außenpolitik ab. Fortan verfolgte der Eiserne Kanzler eine Strategie der *balance of power*. Militärmacht und Diplomatie hatten der Erhaltung des Status quo zu dienen. Hitler dagegen strebte den Vernichtungskampf der Rassen und die deutsche Weltherrschaft an. Die Konsequenz hieß Krieg im Inneren und Äußeren bis zur Vernichtung, also auf unabsehbare Zeit.

Hitler wusste, dass er zunächst seine Machtbasis aufbauen musste. Erst danach konnte er seine »großen« Ziele in Angriff nehmen. Der erste logische Schritt der Politik bestand darin, das eigene Regime zu etablieren und alle Gegenkräfte auszuschalten.

Der sicherste Weg, sich aus der Abhängigkeit des Reichspräsidenten zu befreien, war die Schaffung einer eigenen parlamentarischen Mehrheit. Als Reichskanzler besaß Hitler nun die Amtsautorität und durch seinen Innenminister einen Teil der Staatsmacht, sich die Gunst der Mehrheit zu sichern. Daher setzte er noch am Tag seiner Ernennung im Kabinett die Auflösung des Reichstags und Neuwahlen durch. Hitler und seine Paladine waren überzeugt, die Wahlen mit großem Vorsprung zu gewinnen.

Der Reichskanzler und sein Kabinett taten alles, um einen Erfolg beim Votum sicherzustellen. So beschloss die Regierung bereits am 4. Februar 1933 eine Notverordnung »Zum Schutz des deutschen Volkes«. Sie bot die legale Handhabe, unliebsame politische Veranstaltungen, Propaganda und Presse zu verbieten. Hitler rechtfertigte seine Revolution gegenüber der Bevölkerung als legale Defensivhandlungen des Staates zur allgemeinen Sicherheit. Seine Koalitionspartner machten mit, weil sie die autoritären, demokratie- und kommunistenfeindlichen Ziele der Nazis teilten, jedoch nicht begreifen wollten, dass diese für Hitler lediglich Zwischenetappen auf dem Weg zur uneingeschränkten Macht darstellten.

Bereits vier Tage nach seiner Ernennung enthüllte Hitler – nicht öffentlich – die langfristigen Ziele seiner Politik. Am 3. Februar 1933 referierte der neue Kanzler in der Dienstwohnung des Chefs der Heeresleitung von Hammerstein vor den Spitzen der Reichswehr über seine Absichten. Der Regierungschef versprach dabei, den »Marxismus ebenso wie den Pazifismus … rücksichtslos auszurotten«. An ihre Stelle sollte eine »autoritäre Staatsführung« treten, die für eine Wehrbereitschaft der Bevölkerung sorgen würde. Sodann würde Deutschland die »Eroberung neuen Lebensraums im Osten und dessen rücksichtlose Germanisierung« in Angriff nehmen. Im Klartext: Diktatur und Annexionskrieg.

Hitlers Ausführungen und seine spätere Politik bewiesen, dass der NS-Chef seine Ausführungen in *Mein Kampf* als Maxime des Handelns ansah und sie systematisch durchsetzte. Damit straft er funktionalistische Historiker Lügen, die ihn als politischen Opportunisten begreifen wollen. Nein, Hitler war ein Überzeugungstäter, der flexibel seine bleibenden Ziele verfolgte.

Die Führung der Armee nahm die Aussagen Hitlers ohne Widerspruch zur Kenntnis. Denn die Demokratie von Weimar und ihre »Erfüllungspolitik« von Versailles waren im deutschen Offizierkorps verhasst. Die meisten Militärs bejahten stattdessen eine rigorose Staatsführung und eine notfalls gewaltsame Revisionspolitik.

Adolf Hitler wurde als Politiker vom hohen Offizierskorps mit Distanz beobachtet. Daher suchte er unmittelbar nach seinem Regierungsantritt das Gespräch mit der Armeeführung. Er war bemüht, die Generäle von der Übereinstimmung seiner Ziele und denen des Militärs zu überzeugen. Die Abschaffung der Parteiendemokratie, ihre Ersetzung durch eine autoritäre Staatsführung, die Förderung des Wehrgedankens und endlich eine kriegsbereite Armee waren gemeinsame Interessen. Die Militärs erhoben gegen den von Hitler skizzierten Angriffskrieg im Osten keinen Einwand.

Die Reichswehrführung hatte darauf hingearbeitet, eine Kriegsoption zu schaffen – damit Deutschland gleichberechtigt im Konkurrenzkampf der Großmächte mitspielen könnte. Entgegen den Bestimmungen des Versailler Vertrags wurden in der Sowjetunion heimlich Panzerbesatzungen und Kampfpiloten trainiert. Via Holland entwickelten Reichswehr und Industrie neue U-Boot-Konstruktionen. Auf diese Weise sollte ein Drohpotenzial errichtet werden, um Versailles zu überwinden und die Vorkriegsgrenzen wiederherzustellen – friedlich oder mit Gewalt. Hitler versprach, Deutschland dahin zu bringen. Danach wollte er einen Eroberungskrieg im Osten führen. Die Generäle ließen den neuen Kanzler gewähren. Wäre man wieder so weit wie einst, würde man weitersehen. Die opportunistische Grundposition, Hitler zu benutzen, teilte das Offizierskorps mit der Mehrheit der in Justiz, Verwaltung und öffentlichem Dienst tätigen Beamten. Man begrüßte die Entschlossenheit des neuen Kanzlers, die Demokratie durch eine Diktatur zu ersetzen. Dabei gaben sich die Träger der zumindest formal noch gültigen Demokratie nicht einmal die Mühe, die Ziele Hitlers präzise zu hinterfragen. Hauptsache, er schaffte ihnen das missfällige System von Weimar vom Halse.

Während Hitler bei Armee, Beamtenschaft und Bürgertum für sich und seine Partei warb, organisierte Joseph Goebbels den Wahlkampf. Dabei wurden erneut Legalität, Macht und Zielstrebigkeit der NS-Bewegung hervorgehoben und dem demokratischen Chaos gegenübergestellt. Derweil schleuste Hermann Göring als Reichsminister für Luftfahrt und Chef des preußischen Innenministeriums NS-Vertraute in seine Ministerien sowie in alle größere Polizeipräsidien ein. Parallel dazu ließ Göring die Geheime Staatspolizei (Gestapo) de facto zur Nazi-Behörde auf- und ausbauen.

Der Wahlkampf der Sozialdemokraten wurde behindert. Kundgebungen der Kommunistischen Partei wurden verboten, die Parteizentrale in Berlin mithilfe von Polizei und SA zerschlagen. Die Regierung ließ erklären, dass dabei zuhauf Beweise für umstürzlerische und hochverräterische Pläne der Kommunisten gefunden worden seien – Belege dafür wurden nie präsentiert.

Göring deckte mit der Autorität seiner Ämter und seiner Person die Jagd auf alle Gegner der NSDAP. Legale Grundsätze hatten allein dem Führer und der Partei zu dienen, bei der rücksichtslosen Bekämpfung der Feinde der Bewegung wurden sie ignoriert: »Meine Maßnahmen werden nicht angekränkelt sein durch irgendwelche juristische Bedenken. Meine Maßnahmen werden nicht angekränkelt sein durch irgendeine Bürokratie«, brüstete sich Göring. »Hier habe ich keine Gerechtigkeit zu üben, hier habe ich nur zu vernichten und auszurotten, weiter nichts!« Die martialischen Worte sollten den eigenen Anhängern alle Skrupel rauben und die Gegner einschüchtern.

Um ihren außerordentlich aufwändigen Wahlkampf zu finanzieren, der die vorangegangenen wiederum an Intensität bei weitem übertraf, brauchte die NSDAP viel Geld. Bis zu seiner Kanzlerschaft hatte Hitler die Lenker der deutschen Wirtschaft als Bittsteller aufgesucht. Dies bewirkte eine gewisse Befangenheit, die er nur während seiner politischen Monologe zeitweilig abzulegen vermochte.

Nun aber trat Hitler den Industriellen und Bankiers als Kanzler und Führer der regierenden NSDAP im Amtssitz des Reichstagspräsidenten Hermann Göring gegenüber. Die Rollen hatten gewechselt. Hitler war von einer Option zum Träger der Macht geworden. Das gab ihm Gewicht und Selbstsicherheit. Entsprechend präsentierte sich der Kanzler. Er malte die kommunistische Gefahr und das demokratische Chaos an die Wand – und pries sich und seine Bewegung als einzige Retter vor diesen Bedrohungen. Hitler und Göring versprachen, dies seien auf absehbare Zeit die letzten Wahlen. Als weiterer Sekundant Hitlers trat Reichsbankpräsident Hjalmar Schacht auf. Das verlieh den Worten des Regierungschefs Seriosität.

Die Wirtschaftslenker konnten und wollten sich Schachts Appell: »Und nun meine Herren, an die Kasse!« nicht verschließen. Am Ende kamen mehrere Millionen Mark zusammen.

Erst als Hitler Regierungschef wurde, bewahrheitete sich die Collage John Heartfields, die der Künstler Jahre zuvor erstellt hatte, vollends. Sie zeigt Hitler mit nach hinten, zu einem Geldsack gebogener Hand. Die Bildunterschrift lautet: »Millionen stehen hinter mir.« Die Wirtschaft spendete Hitler und seinen Nazis große Summen, als sie sah, dass Millionen Deutsche ihm folgten und der Reichspräsident ihn mit der Führung der Regierung beauftragt hatte. Wohlan, der Wahlkampf der Nazis konnte »wie geschmiert« in seine entscheidende Phase treten. Allein, es fehlte der zündende Funke.

Am 27. Februar brannte der Reichstag. Bis heute ist nicht zweifelsfrei geklärt, ob die Nazis das Feuer legen ließen oder ob der Brandanschlag die Einzeltat des verwirrten holländischen Streuners Marinus van der Lubbe war, der mit dem Kommunismus sympathisierte. Hielt die NS-Führung den Brandanschlag für den Beginn eines lange angekündigten kommunistischen Umsturzversuchs? Fest steht indessen, dass Hitler sogleich die Chance erkannte: »Jetzt habe ich sie!«, verkündete er, als er im Hause Joseph Goebbels' vom Geschehen erfuhr. Anschließend, im Angesicht der Flammen, ließ Hitler seinen Gefühlen freien Wortlauf: »Wer sich uns in den Weg stellt, wird niedergemacht. Das deutsche Volk wird für Milde kein Verständnis haben. Jeder kommunistische Funktionär wird erschossen, wo er angetroffen wird. Die kommunistischen Abgeordneten müssen noch in dieser Nacht aufgehängt werden. Alles ist festzusetzen, was mit den Kommunisten im Bunde steht. Auch gegen Sozialdemokraten und Reichsbanner gibt es jetzt keine Schonung mehr!«

Solch blutrünstige Vorhaben musste Hitler sich vorläufig noch versagen. Doch er und seine Mitstreiter – nicht nur Nazis – nahmen das Brandattentat zum Anlass, die KPD, ihre Anhänger sowie weitere politische Gegner auszuschalten. Noch in der Nacht nahm man mehr als viertausend, vorwiegend kommunistische Mandatsträger und Nazi-Gegner wie Egon Erwin Kisch und Erich Mühsam fest. Sozialdemokratische Presseorgane und Parteihäuser wurden besetzt. Das Ausmaß der Aktion beweist, dass sie von langer Hand vorbereitet war. Wäre nicht Feuer im Reichstag gelegt worden, hätte auch jeder beliebige andere Anlass zum Zuschlagen dienen können. Erst am folgenden Tag wurde die Staatsaktion durch die bereits erwähnte Notverordnung »Zum Schutz von Volk und Staat« nachträglich von Regierung und Reichspräsident sanktioniert.

Mit dieser rechtlichen Maßnahme vom 28. Februar 1933 wurden die meisten Grundrechte der deutschen Verfassung aufgehoben und der Wirkungsbereich der Todesstrafe erheblich ausgedehnt. Dem Putschisten vom November 1923, Adolf Hitler, und seinen engen Mitverschwörern wäre das Fallbeil nun gewiss gewesen. Durch die in der Notverordnung vorgesehene Möglichkeit, die Hoheitsrechte der Länder zu begrenzen, schuf sich der Kanzler weitere Handlungsoptionen und wies zugleich die strategische Richtung seines weiteren Kampfes um die Macht – in Richtung Gleichschaltung.

Hitler, Goebbels, Göring und ihre zahlreichen Kampfgenossen verstanden es, eine Hexenjagdstimmung zu entfachen, in der jegliches staatliche Vorgehen als Verteidigungsmaßnahme legal und psychologisch gerechtfertigt erschien. In den folgenden Tagen wurden in Deutschland zehntausend politische Gegner und persönliche Feinde der Nazis festgenommen. Der Terror diente dazu, politische Opponenten zu lähmen und deren Anhänger von Solidarisierungsmaßnahmen abzuschrecken. Gleichzeitig demonstrierte man so den Sympathisanten der NSDAP und den Unentschiedenen die Macht der Bewegung. Unter anderem durch Terror, vor allem aber mithilfe eines grandiosen Wahlkampfs, bei dem erstmals in Europa der Rundfunk systematisch in den Dienst der Regierung gestellt wurde.

Die Notverordnung »Zum Schutz von Volk und Staat« schuf die legale Grundlage für alle Zwangsmaßnahmen der NS-Diktatur in den folgenden zwölf Jahren. Mehr brauchte es

– rechtlich – nicht. Doch noch fehlte die Bestätigung durch das deutsche Volk und seine Vertreter. Daher, nicht etwa aus Respekt vor der Demokratie, forcierten die Nazis den Wahlkampf. Hitler wollte das Mandat der Bevölkerung für seine Herrschaft. Es genügte ihm nicht länger, Chef einer Partei, er wollte Führer des ganzen deutschen Volkes sein.

Doch das Ergebnis der Wahlen vom 5. März 1933 war für die Nationalsozialisten enttäuschend. Hitler, seine Paladine, ja die ganze Bewegung hatten fest mit der absoluten NS-Mehrheit gerechnet. Doch noch in der Wahlnacht wurde deutlich, dass daran nicht zu denken war. Die NSDAP kam auf knapp unter 44 Prozent und errang 288 Reichstagsmandate. Allen Propagandaanstrengungen und dem Prestige der Regierung zum Trotz votierten weniger als die Hälfte der deutschen Wähler für Hitler. Die Bewegung legte da zu, wo sie ohnehin stark war, unter jungen, evangelischen Wählern, Bauern, Landarbeitern, Selbstständigen, Beamten, Arbeitslosen, Kleinbürgern. Doch der Durchbruch in die Arbeiterschaft, ins katholische Wählerpotenzial sowie in breite Schichten des Bildungsbürgertums war der NSDAP wieder verwehrt geblieben. Die Mehrheit der Deutschen wollte nicht – noch nicht – von Hitler und seiner Bewegung regiert und geführt werden. Die Demokraten blieben indessen noch deutlicher als die Nazis in der Minderheit.

Einmal mehr machte es nicht die eigene Stärke, sondern die Ohnmacht der Demokraten Hitler möglich, sich an der Regierung zu halten. Hitler war enttäuscht und verärgert, dass die Deutschen ihm keinen Blankoscheck zum Regieren ausgestellt hatten. Doch gleichzeitig wusste der NS-Führer, dass er mit oder ohne Parlamentsmehrheit – vorläufig – auf die Nationalkonservativen angewiesen blieb, denn die beiden wichtigsten Pfeiler des Staatsapparats, der Reichspräsident und die Reichswehr, standen auf Seiten der Reaktionäre. Einen Fuß in die Tür zur Macht hatte der NS-Chef mit seiner Kanzlerschaft bereits gestellt und durch den Ausbau der relativen Mehrheit bei den Wahlen ein Stück vorgeschoben. Hitler musste sich bei der Eroberung der Macht weiter in Geduld üben. Der nächste taktische Schritt war die Erneuerung der Koalition mit der Kampffront Schwarz-weiß-rot, in der auch die DNVP aufgegangen war, die beim Urnengang acht Prozentpunkte eingefahren hatte. Das Regierungsbündnis verfügte im Parlament über eine knappe, aber stabile Mehrheit. Auf diese Weise minderte sich die Abhängigkeit des Kanzlers vom Reichspräsidenten.

Hitler war entschlossen, seinen neuen Manövrierraum zu nutzen. Denn anders als seine konservativen Koalitionspartner verlor er trotz erzwungener taktischer Geduld ihnen und dem Reichspräsidenten gegenüber sein Ziel nicht aus den Augen: die unumschränkte Herrschaft. Die begehrte Macht war für ihn mehr als ein Selbstzweck. Sie diente Hitler als Instrument, das Geschehen nach seinen weltanschaulichen Vorstellungen umzugestalten. Hitler begriff sich als Baumeister einer neuen Welt.

Deutschland
wird auf Kurs gezwungen

1933–1934

Der nächste taktische Schritt der Nationalsozialisten bei der Eroberung der Macht hieß Gleichschaltung. Die Formel bezeichnete die Beseitigung von Regierungen und Führungen in Ländern und Gemeinden, die nicht der NSDAP angehörten, und ihre Ersetzung durch die örtliche Parteileitung. Den Präzedenzfall hatte Franz von Papen im Juli 1932 mit seinem Staatsstreich in Preußen geschaffen. Der damalige Kanzler hatte die preußische Regierung Braun gewaltlos aus dem Amt entfernt. Diese Zurückhaltung legten die Nazis nicht an den Tag, als sie nun die bürgerlichen Regierungen unter dem hauptsächlich von der SA erzeugten »Druck der Straße« davonjagten.

Die deutschnationale Kabinettsmehrheit sah tatenlos zu, wie eine Schlüsselstellung nach der anderen von Nationalsozialisten besetzt wurde. Die widerspruchslose Hinnahme ist nicht allein mit dem Bewusstsein der Reaktionäre zu erklären, im Vorjahr ähnlich vorgegangen zu sein. Entscheidend war vielmehr, dass Papen und Hugenberg der nationalsozialistischen Dynamik und Strategie nichts entgegenzusetzen hatten. Die Nationalkonservativen besaßen zwar nach wie vor die Mehrheit im Kabinett, doch dieses Gremium verlor zunehmend an Bedeutung. Hitler hielt sich nicht mit formalen Kompetenzen auf, nicht weil er unschematisch dachte, sondern der eigenen Machtlogik folgte. Im orchestrierten Zusammenspiel mit SA und Partei, also mit Terror und Straße, gelang es ihm rasch, die Macht in seiner Hand zu konzentrieren. Deutschland befand sich auf dem Weg zum nationalsozialistischen Führerstaat. Ausweis der neuen Politik und zugleich eine Bestätigung für das konsolidierte Gewicht Hitlers war die Kooptierung von Joseph Goebbels in das Kabinett und dessen Betrauung mit dem

Ministeramt für Volksaufklärung und Propaganda am 13. März 1933.

Die Institutionalisierung des Propagandisten Goebbels hatte das klare Ziel, das deutsche Bürgertum für den NS-Staat zu gewinnen. Denn gerade die Unterstützung dieser Schicht war die Voraussetzung für den revolutionären Umbruch in Staat und Gesellschaft nach Hitlers Vorstellung.

Seinem durch Wagner geschärften Sinn für glorifizierende Inszenierungen gemäß setzte Hitler nicht auf geduldiges Werben, sondern auf eine spektakuläre Aktion. Hitler und die Seinen zelebrierten am 21. März in Potsdam den »Tag der nationalen Erhebung«. Datum, Ort und Teilnehmer waren mit Bedacht gewählt. In allem wurde das Bestreben nach einer nationalen Symbiose sichtbar. Der 21. März ist der Tag der Sonnenwende, des Frühlingsbeginns. Er markiert den Aufbruch. Auch hatte Bismarck 1871 an jenem Tag den Reichstag eröffnet. Darüber hinaus sollte Potsdam als Stätte der Feier die Anknüpfung an die Tradition Preußens aufzeigen. Diese Symbolik wurde durch die Teilnahme von Reichspräsident von Hindenburg, der Reichswehrspitze sowie Veteranen der preußischen und deutschen Kriege ab 1864 unterstrichen. Der Staatsakt wurde in der Garnisonskirche über den Gebeinen Friedrichs des Großen in Anwesenheit von Staats- und Parteiführung zelebriert. Der Reichspräsident erschien in kaiserlicher Feldmarschallsuniform, während sich Hitler in Ton und Kleidung zivil gab.

Hindenburg warnte in seiner Rede die Mandatsträger davor, wie ehedem in Parteienzank zu verfallen, und forderte sie stattdessen auf, die neue Regierung zu unterstützen, die das Vertrauen des deutschen Volkes genieße. Nichts anderes erbat sich Hitler. Am Ende drückte der greise preußische Veteran und Reichspräsident dem neuen Kanzler und einstigen Weltkriegsgefreiten die Hand. Hitler neigte sein Haupt. Dieses Foto wurde millionenfach durch das Land gesandt. Es sollte beweisen, dass das alte Preußen sich mit der Regierung des neuen nationalen Deutschlands, die vom jungen Vorsitzenden der Nationalsozialisten geführt wurde, versöhnt hatte. Deutschland feierte unter dem Patronat der NSDAP seine nationale Erhebung. Anstelle der von vielen Bürgerlichen befürchteten und von weiten Kreisen der SA geforderten sozialen Radaurevolution trafen demonstrative Ordnung und formale nationale Besinnung auf Geschichte und Tradition.

Der symbolbefrachtete Tag von Potsdam war ein Durchbruch für Hitler. Erst jetzt erlangte er bei weiten Teilen des deutschen Volkes als nationaler Regierungschef ein Ansehen, das kein Kanzler der Weimarer Republik genossen hatte. Doch Prestige war für Adolf Hitler, anders als für den letzten Kaiser Wilhelm II., kein Selbstzweck, sondern ein Mittel, seine Macht unverzüglich zu konsolidieren.

Zwei Tage nach dem nationalen Festakt von Potsdam, am Nachmittag des 23. März 1933, trat der neu gewählte Reichstag in der Berliner Krolloper zusammen. Hitler hatte seinen Frack und damit die Rolle der bürgerlich-nationalen Konvention abgelegt. Nun erschien er im Braunhemd vor den Abgeordneten. Kategorisch forderte er die Verabschiedung eines »Ermächtigungsgesetzes«. Zwar betonte er, dass damit »weder die Existenz des Reichstags noch des Reichsrats … bedroht« seien; auch »die Rechte des Herren Reichspräsidenten bleiben unberührt«. Das Dementi war eine Bestätigung, und jeder wusste das. Hitler forderte von den Abgeordneten die legale Zustimmung zu ihrer eigenen Entmachtung. Die Bestimmungen des Gesetzes verdeutlichen dies. Artikel 1 sah die Übertragung der Gesetzgebungskompetenz vom Parlament auf die Regierung vor; Artikel 2 dehnte die Vollmacht des Kabinetts auch auf Verfassungsänderungen aus, und Artikel 3 übertrug das Ausfertigungsrecht der Gesetze vom Reichspräsidenten auf den Reichskanzler.

Hindenburg hatte der eigenen politischen Marginalisierung bereits im Vorfeld zugestimmt. Das Staatsoberhaupt zeigte sich nunmehr von dem autoritären Regierungsstil Hitlers, vor allem von dessen unnachsichtigem Kampf gegen den Parteienzwist so stark angetan, dass er meinte, guten Gewissens die exekutive

Führung des Staates in dessen Hände legen zu können. Schließlich hatte Hitler es fertig gebracht, innerhalb weniger Wochen unbeirrt eine neue Staatsordnung durchzusetzen, die den autoritären Vorstellungen Hindenburgs genauso wie denen von Millionen seiner deutschen Landsleute entsprach.

Das »Ermächtigungsgesetz« verdiente seinen Namen. Die Regierung erhielt eine Blankovollmacht, sich alle Organe des Staates zu unterwerfen. Im Kabinett wurde wiederum Adolf Hitler zur zentralen Figur. Dies gelang ihm aufgrund seiner Persönlichkeit, seiner selbst empfundenen Mission, der hinter ihm stehenden NS-Bewegung, seines Amtes als Reichskanzler, vor allem aber aufgrund der Schwäche der bürgerlichen Minister. Jeder Abgeordnete verstand, dass die Annahme des »Ermächtigungsgesetzes« die Legalisierung der Diktatur Adolf Hitlers bedeutete. Dennoch stimmten mit Ausnahme der Sozialdemokraten, auf deren Ja Hitler ausdrücklich verzichtete, fast alle bürgerlichen Parlamentarier, das Zentrum und die Bayerische Volkspartei, der Rechtsbestimmung zu. Hitler hatte den Abgeordneten zuvor deutlich gemacht, dass dies das Ende ihres Einflusses und ihrer Unabhängigkeit bedeuten würde. Seine an die Sozialdemokraten gerichteten Worte galten umso mehr dem bürgerlichen Lager: »Verwechseln Sie uns nicht mit der bürgerlichen Welt. Deutschlands [Stern] wird aufgehen und Ihrer wird sinken.«

Die unabhängigen Parlamentarier gaben dennoch Hitlers Gesetz ihre Stimmen – und verhalfen so ihrem eigenen Stern zum Untergang. Gegen die 94 Stimmen der Sozialdemokraten sprachen sich im Reichstag 441 Abgeordnete für das »Ermächtigungsgesetz« aus, das am 24. März 1933 in Kraft trat. Die Kapitulation der Parlamentarier war erbärmlich. Das »Ermächtigungsgesetz« war die legale Bestätigung des Todes der Demokratie und die gleichzeitige Sanktionierung der NS-Diktatur.

Reichspräsident Paul von Hindenburg unterzeichnete umgehend das Gesetz. Hitler hatte freie Hand für sein Regime. Selbst ohne prophetische Gaben waren die Folgen der Er-

mächtigung Hitlers abzusehen. Bereits kurz nach Hitlers Ernennung zum Reichskanzler schrieb der Putschist von 1923
General Ludendorff an seinen ehemaligen Vorgesetzten Hindenburg: »Dieser unselige Mann [wird] unser Reich in den
Abgrund stürzen und unsere Nation in unfassbares Elend
bringen.«

Ähnliches hatte zuvor schon NS-Organisationsleiter Gregor
Strasser vorausgesehen. Die Abgeordneten kümmerten sich
nicht um diese und viele ähnlich lautende Warnungen. Und
das deutsche Volk jubelte oder wartete zumindest ab. Nennenswerten Widerstand gegen die Ermächtigung Hitlers zum Führer der Deutschen war jedenfalls nicht zu verzeichnen.

Eine Reihe von Historikern, unter ihnen Joachim C. Fest,
meinen, Hitler hätte das »Ermächtigungsgesetz« nicht nötig
gehabt. Die Notverordnung »Zum Schutz von Volk und Staat«
und die nachfolgende Bestimmung »Gegen Verrat am Deutschen Volke und hochverräterische Umtriebe« hätten als recht-
liche Grundlage zur Gewaltherrschaft bis zum Ende des NS-
Reichs genügt. Das ist formal-juristisch richtig. Doch Hitler
war kein Advokat. Er zielte nicht auf eine beliebige Zwangs-
regentschaft. Hitlers Ego, das die eigene Unsicherheit durch
Allmachtsbestrebungen auszugleichen suchte, konnte sich nicht
mit einer sterilen Diktatur – nach dem Muster eines Franco,
Salazar oder Stalin – begnügen. Der Mann aus Braunau gierte
nach der Begeisterung der Massen, auch wenn er sie verachtete. Wichtiger als diese Psycho-Logik ist indessen das Weltverständnis und die daraus abgeleitete Politik Hitlers. Das Ziel
Hitlers war die Dominanz Europas und die Eroberung weiter
(Lebens-)Räume im Osten des Kontinents. Die Konsequenzen waren Krieg und Herrschaft in fremden Ländern – dazu
bedurfte es der begeisterten Gefolgschaft eines Großteils der
Bevölkerung.

Der »Tag der nationalen Erhebung« von Potsdam und das
folgende »Ermächtigungsgesetz« zielten darauf ab, weitere
Schichten des Bürgertums für die NS-Bewegung und ihren
Führer zu gewinnen. Hitler hatte lernen müssen, dass bei den

Deutschen Ordnung und Legalität Vorrang vor allem anderen besaßen. Auf dieses Bedürfnis – und auch das der Armee, der Staatsdiener und des Reichspräsidenten, nahm der NS-Anführer mit seiner legalistischen Taktik Rücksicht. Hitler warb mit Recht und Gesetz um die Deutschen – und hatte Erfolg.

Infolge der Märzereignisse ersuchten Hunderttausende um Mitgliedschaft in der NSDAP. Sie erkannten, dass sich Hitler und die Nazis etabliert hatten und wollten auf Seiten der Sieger stehen und an ihren Vorteilen partizipieren. Der Ansturm war so immens, dass die Parteileitung einen zeitweiligen Aufnahmestopp verhängen musste. Unter altgedienten NS-Anhängern nannte man die neuen Parteigenossen fortan spöttisch die »Märzgefallenen«. Hitler nahm die wachsende Anerkennung der Bevölkerung als Ermutigung für die forcierte Gleichschaltung. Taktische Anpassung half unabhängigen Körperschaften nicht länger. Dies wurde zunächst am Beispiel der Gewerkschaften deutlich.

Nach der Machtergreifung versuchte die Gewerkschaftsführung anfangs, sich mit den neuen Machthabern zu arrangieren. Als die Reichsregierung eine alte Forderung der Gewerkschaften aufnahm und den 1. Mai zum nationalen Feiertag erklärte, rief die Leitung des Arbeitnehmerverbandes ihre Kollegen zur Teilnahme an den Nazi-Umzügen auf. Der Versuch, sich dadurch ein Mindestmaß an Eigenständigkeit zu bewahren, blieb dennoch vergeblich. Es war nur konsequent, dass am folgenden Tag SA und SS in ganz Deutschland Gewerkschaftshäuser, Zeitschriften, Wirtschaftsunternehmen und sonstige Einrichtungen der Arbeitnehmer besetzten. Die einst mächtige Millionenorganisation, die 1920 den Kapp-Putsch zum Scheitern gebracht hatte, fiel laut- und widerstandslos in sich zusammen. Ihre wichtigsten Funktionäre wurden verhaftet und in Konzentrationslager gesperrt.

Noch am 2. Mai 1933 wurden die Gewerkschaften Robert Ley unterstellt. Dieser war seit dem Rücktritt Gregor Strassers Reichsorganisationsleiter der NSDAP. Im Auftrag Hitlers brachte Ley die Gewerkschaften auf Parteikurs. Die gemeinen

Kollegen akzeptierten die Gleichschaltung. Wie hätten sie sich gegen Hitler und die Nazis wehren können, wenn die eigenen Repräsentanten sich den neuen Machthabern andienten?

Wenige Tage nach den Gewerkschaften wurde auch die SPD verboten, ihre Institutionen aufgelöst und ihr Vermögen eingezogen. Die älteste demokratische Partei Deutschlands ließ sich ebenso widerstandslos liquidieren wie kurz zuvor die Gewerkschaften. Gleichzeitig löste sich auch die DNVP auf, deren Vorsitzender Alfred Hugenberg der Regierung angehörte und als Koalitionspartner der NSDAP firmierte. Doch um solche Formalien musste Hitler sich nicht länger scheren. Im folgenden Monat wurde der Wirtschafts- und Agrarminister aus dem Kabinett gejagt. Der reaktionäre Mohr hatte seine Schuldigkeit getan, nun musste er gehen.

Die übrigen bürgerlichen Parteien lösten sich auf. Die Behörden sorgten für das Ende aller unabhängigen Verbände. Die Mitglieder wurden in die entsprechenden NS-Organisationen überführt. So wurden in der zweiten Junihälfte der Stahlhelm sowie die Deutschnationalen Kampfringe aufgelöst. Wehrfähige Männer wurden fortan als »Ersatzreserve« der SA und damit deren Führer Hitler sowie dem Stabschef der Sturmabteilung Ernst Röhm unterstellt.

Derweil wurden die Begradigungsmaßnahmen an der Werktätigen- und Unternehmerfront fortgesetzt. Die unabhängigen Arbeitnehmerorganisationen wurden liquidiert und ihre Mitglieder wie zuvor die Gewerkschafter in die Reichsarbeitsfront eingebracht. Gleichzeitig löste man die eigenständigen Arbeitgeberverbände auf. Anfang November wurden die deutschen Arbeitgeber ebenfalls in die Deutsche Arbeitsfront eingegliedert. Auf diese Weise waren deren Führer Robert Ley und damit auch Hitler und die Reichsregierung in der Lage, eine einheitliche Tarif- und Wirtschaftspolitik durchzusetzen. Eine derartige Machtkonzentration hatte in Deutschland selbst in Kriegszeiten noch nie bestanden. Eine zentral gesteuerte Lohnpolitik war ein vorrangiges Interesse der Arbeitgeber, denn sie bedeutete Kalkulierbarkeit, stabile Preise und – kombiniert mit der Abschottung des deutschen Marktes – berechenbare Erträge.

Die Unternehmer arrangierten sich mit dem neuen Regime, manche unter ihnen mögen eine andere Politik befürwortet haben. Die große Mehrheit der Wirtschaftsführer aber begrüßte die neue autoritäre Regierung und deren Kanzler – umso mehr, je länger sie im Amt waren. Hitler hatte das kommunistische Schreckgespenst rasch gebannt, die Gewerkschaften ausgeschaltet und das Chaos der Demokratie samt der verwirrenden Vielfalt konkurrierender egoistischer Parteien beendet. Dies war nach dem Geschmack fast aller deutschen Arbeitgeber.

Zu Beginn des Sommers 1933 schien die revolutionäre Phase der Gleichschaltung beendet. Adolf Hitler hatte die Deutschen vom Hader des Parteienstreits und der permanenten Eigenverantwortlichkeit, die unvermeidliche Begleiterscheinungen der Demokratie sind, befreit. Stattdessen hatte er ihnen gegeben, wonach sie begehrten: eine legale Revolution. Die mentale Sicherheit, die Hitlers klare Herrschaftsstruktur vermittelte, überwog vereinzelte Bedenken. Nur wenige störten sich an der legalisierten Gewaltherrschaft. Was die meisten Deutschen als Ende ansahen, war für Adolf Hitler jedoch erst der Beginn.

Adolf Hitler verstand nach dem Zeugnis Hjalmar Schachts »von Wirtschaft gar nichts«. Doch er wusste, dass das Schicksal seiner Regierung, zumindest in der Anfangsphase, wesentlich von der Wirtschaftslage der Bevölkerung abhängig sein würde. Aller Terror, Pathos und Propaganda waren vergeblich, wenn es nicht gelang, die Menschen in Arbeit und Brot zu setzen. Deshalb gab er neben dem Machterhalt der Ökonomie Priorität. Es ist bemerkenswert, wie wenig heute Hitlers Wirtschaftspolitik Beachtung geschenkt wird. So widmet Joachim C. Fest in seiner 1200-seitigen Hitler-Biografie etwa ein Dutzend Absätze diesem Thema. Auf ein ähnlich homöopathisches Ausmaß beschränkt sich auch Ian Kershaw in seiner zweibändigen Lebensgeschichte des Diktators.

Bereits am 1. Februar 1933 kündigte Hitler in einer Rundfunkrede zwei »große Jahrespläne« an, mit deren Hilfe er das

»große Werk der Reorganisation der Wirtschaft« bewältigen wollte. Dabei nannte er zwei klare Ziele: »Binnen vier Jahren [muss] der deutsche Bauer der Verelendung entrissen [werden] … und die Arbeitslosigkeit endgültig überwunden sein.« Hitlers Zauberformel lautete Autarkie. Deutschlands Bauern sollten entschuldet und vor ausländischer Konkurrenz ebenso geschützt werden wie die heimische Industrie. Energische Arbeitsbeschaffungsmaßnahmen sollten die deutsche Konjunktur in Gang setzen und in ein mächtiges, geheimes Rüstungsprogramm übergehen, das für eine anhaltend prosperierende Wirtschaft sorgen würde. In seinem Reichsbankpräsidenten Hjalmar Schacht fand der NS-Chef den skrupellosen Fachmann, den er für die Umsetzung seiner Politik brauchte.

Schacht versprach Hitler, was dieser hören wollte: »Die Reichsbank muss so viel zur Verfügung stellen, … wie notwendig sein wird, um auch den letzten Arbeitslosen von der Straße zu bringen.« Fortan würde es nicht an Geld fehlen – woher es kam, interessierte Hitler nicht. Beschäftigungsprogramme wie der Bau von Autobahnen oder die Instandsetzung von Gebäuden lagen bereits seit Jahren in den Schubladen der Ministerien.

Hitler war der erste deutsche Kanzler nach Bismarck, der die Entschlossenheit besaß, die notwendigen Maßnahmen durchzusetzen, um die wirtschaftliche Not von Millionen Menschen zu lindern. Konsequent stellte Schacht die benötigten Mittel bereit. Eine Milliarde Mark kostete das Reinhardt-Programm, mit dessen Geldern allenthalben in Deutschland Häuser saniert und Fabriken samt ihrer Ausrüstung instand gesetzt wurden. Bereits im Mai 1933 wurde mit dem Bau der Reichsautobahnen begonnen. Dafür stellte die Reichsbank 600 Millionen Mark zur Verfügung.

Ab 1935 kam die Aufrüstung in größerem Maßstab voran. Da Deutschland zunächst noch den Restriktionen des Versailler Vertrags unterlag, mussten die Waffenprogramme verdeckt gefördert werden. Zu diesem Zweck ersann Schacht die Metallurgische Forschungsgesellschaft, die von den Firmen Krupp, Siemens, Rheinstahl und Gutehoffnungshütte getragen wurde.

Die von der Reichsbank gedeckten Mefo-Wechsel waren fiskalische Instrumente zur Finanzierung der Rüstung. Die Summen waren imposant. Von 1935 bis 1938 gab Berlin 21 Milliarden Reichsmark für Waffen und militärische Güter aus, davon finanzierte die Reichsbank für die Mefo-Wechsel mehr als 13 Milliarden. Die Rüstungskosten der NS-Regierung bis Beginn des Zweiten Weltkriegs beliefen sich insgesamt auf 52,5 Milliarden.

Mit einem Bündel von Maßnahmen, unter anderem dem ab 1935 obligatorischen Reichsarbeitsdienst, gelang es innerhalb von drei Jahren, die Beschäftigungslosigkeit zu beseitigen.

Dieser objektive Erfolg verschaffte Hitler Glaubwürdigkeit und bleibendes Prestige in weiten Kreisen der Bevölkerung. Viele ehemalige Erwerbslose und ihre Angehörigen legten ihre Skepsis gegenüber dem Führer ab und öffneten sich fortan dessen nationalistischen und rassistischen Parolen – zumindest tolerierten sie diese. Nur wenige fragten, welchen Preis Hitler und seine Mitarbeiter Deutschland für die Vollbeschäftigung zahlen ließen. Am Vorabend des Zweiten Weltkriegs war Deutschland mit knapp 50 Milliarden Reichsmark verschuldet. Das Reich stand mittelfristig vor dem Bankrott. Hitler hatte Deutschland seine Logik aufgenötigt, die er bereits unmittelbar nach seiner Amtsübernahme der Heeresspitze kundgetan hatte: Das Reich sei gezwungen, einen Eroberungskrieg zu beginnen. Die Masse der Bevölkerung kannte die langfristigen Folgen der NS-Wirtschaftspolitik nicht. Doch die Menschen in Deutschland sahen, dass erstmals ein Kanzler und seine Regierung sich um die Wohlfahrt der Menschen kümmerten und um ihre Zustimmung warben. Nicht zuletzt auf diese Weise wurde Hitler zum Führer der Deutschen.

Adolf Hitlers Führertum umfasste auch sein Selbstverständnis als Erzieher der Nation. Er wollte den Deutschen bewusst machen, dass sie zum überwiegenden Teil der arisch-germanischen Rasse angehörten und daher zum Niederkämpfen der minderwertigen anderen Rassen und Völker ausersehen waren. Zunächst aber galt es, die eingeschworenen Feinde der Deutschen, die in ihrer Mitte lebten, aus deren Volksgemeinschaft zu entfernen oder, wie die Nazis sich ausdrückten, auszumerzen: die Juden.

Hitler und die Seinen gingen unverzüglich ans Werk. Bereits am 1. April 1933 wurden in einer nationalen Aktion jüdische Geschäfte, Ärzte, Anwälte, Lehrer, Professoren und andere Berufe und Einrichtungen boykottiert. Eine Woche später erließ die Reichsregierung das »Gesetz zur Wiederherstellung des Berufsbeamtentums«, das die Entlassung jüdischer Beamter bestimmte. Einzige Ausnahme waren Staatsdiener, die bereits vor 1914 im Amt waren und im Ersten Weltkrieg an der Front gekämpft hatten – diese Bestimmung wurde mit Rücksicht auf Reichspräsident Hindenburg getroffen. Die älteren patriotischen Juden erhielten eine Gnadenfrist.

Um alle anderen – und bald auch die Älteren – wurde die Schlinge systematisch enger gezogen. Am 25. April 1933 beschloss das Kabinett das »Gesetz gegen die Überfüllung deutscher Schulen und Hochschulen«. Es begrenzte die Zahl jüdischer Gymnasiasten und Studenten auf ihren Bevölkerungsanteil. Noch im gleichen Monat wurde Juden die Neuzulassung als Rechts- und Patentanwälte sowie als Steuerberater verweigert.

Am 14. Juli 1933 erließ die Reichsregierung eine Reihe von Gesetzen zum Widerruf von Einbürgerungen, zur Aberkennung der deutschen Staatsbürgerschaft sowie zur Einziehung »volks- und staatsfeindlichen Vermögens«. Damit war ein weiteres Instrument der Behördenwillkür geschaffen worden, das zunehmend verschärft werden sollte. Ende September und Anfang Oktober 1933 verabschiedete das Kabinett das »Reichskulturkammergesetz« sowie das »Reichsschriftleitergesetz«. Die Bestimmungen und die ergänzende Durchführungsverordnung vom 1. November bedeuteten ein Berufsverbot für jüdische Künstler, Journalisten und Publizisten in nichtjüdischen Medien.

Ab Ende Januar 1934 untersagte das »Gesetz zur Ordnung der nationalen Arbeit« die Wahl und Tätigkeit jüdischer Vertrauensleute in Betrieben. Damit wurde gleichzeitig die legale Basis für die Entlassung oder Kaltstellung von leitenden jüdischen Angestellten und Aufsichtsräten geschaffen. Ende Juli 1935, ein Vierteljahr nach Wiedereinführung der Wehrpflicht, wurden die Juden vom aktiven Armeedienst ausgeschlossen – auf Hindenburg musste nicht länger Rücksicht genommen werden. Der Oberbefehlshaber hieß nun Adolf Hitler.

Die entscheidende qualitative Degradierung der Juden erfolgte am 15. September 1935 durch die so genannten »Nürnberger Gesetze« – da sie am Rande des Reichsparteitags beschlossen wurden. Die Parteitage der NSDAP wurden zunächst als Vereinigungszeremonien zwischen Führer und Partei zelebriert. Nach der Machtübernahme wurde das Schema ausgeweitet. Nun dienten die Parteitage als gewaltige Kulisse und Akklamationsorgan zwischen Hitler und dem deutschen Volk.

Das »Gesetz zum Schutz des deutschen Volkes und der deutschen Ehre« verbot die Eheschließung sowie sexuelle Beziehungen zwischen Juden und »Ariern«. Juden war fortan die Beschäftigung nichtjüdischer weiblicher Angestellter (Hausmädchen) unter fünfundvierzig Jahren sowie das Hissen der Reichsflagge verboten. Zwei Monate später wurde die erste Verordnung zum Reichsbürgergesetz erlassen, die allen Juden deutscher Staatsangehörigkeit das Stimmrecht in politischen Angelegenheiten aberkannte und sie von allen öffentlichen Ämtern ausschloss. Die letzten jüdischen Beamten wurden zum Jahresende in den Ruhestand versetzt. Die Begriffe »Jude« und »jüdischer Mischling« wurden festgelegt. Als Jude galt, wer zumindest drei jüdische Großeltern hatte.

Mit den »Nürnberger Gesetzen« wurden die Juden legal aus dem deutschen Volk ausgeschlossen – auch wenn ihnen formal die deutsche Staatsbürgerschaft vorläufig erhalten blieb. De facto waren Juden nicht länger Deutsche. Die vorhergehenden Gesetze, Bestimmungen und Maßnahmen waren Diskriminierungen und Schikanen. Die Inkraftsetzung der »Nürnberger Gesetze« dagegen bedeutete die Übertragung der rassistischen NS-Ideologie auf den Staat. Die Juden waren nunmehr rechtmäßig zu minderwertigen Wesen erklärt. Ihr Status gegenüber der deutschen Volksgemeinschaft konnte jederzeit weiter reduziert werden.

Wie reagierten Juden und Nichtjuden auf den legalen Hinauswurf der Hebräer aus dem Deutschtum? Eine Minderheit der Juden durch Auswanderung. 1933 emigrierten 37 000 Juden aus Deutschland, im Jahr darauf 23 000, 1935 fiel die Zahl auf 21 000 Personen, 1936 verließen 25 000 und 1937 23 000 Juden ihre Heimat. Insgesamt kehrten in den ersten fünf Jahren der NS-Herrschaft knapp 140 000 Juden Deutschland den Rücken, das war weniger als ein Drittel der jüdischen Bevölkerung.

Die Frage, warum nicht mehr Juden ihre Heimat verließen, ist das Ergebnis unseres heutigen Wissens über den Völkermord. Damals mussten die Juden zunächst eine Verschlechterung ihrer Lebensbedingungen durch Diskriminierung hinnehmen. Mit massiven Verfolgungen, Pogromen oder gar Morden rechnete fast niemand – trotz Nazi-Parolen wie »Juden raus!«, steten Hetzreden, Schriften wie den *Stürmer* und unregelmäßiger Übergriffe. Nur die winzige Minderheit der Zionisten hielt aufgrund ihrer Ideologie eines in der Diaspora immanenten Antisemitismus, der eine Integration der Juden per se unmöglich machte, eine Existenz bedrohende antisemitische Kampagne der Nazis für denkbar.

Die jüdischen Nationalisten nahmen die Hassmanifestationen ernst, und so setzten die Zionisten unmittelbar nach der NS-Machtergreifung, teilweise in Absprache mit den deutschen Behörden, ein Einwanderungsprogramm nach Palästina in Gang. Naturgemäß konzentrierten sich die Zionisten auf junge Menschen, die für den Aufbau eines jüdischen Staates gebraucht wurden. Die ideologische Außenseiterposition der Zionisten unter den Juden, vor allem aber die seit 1936 von Großbritannien fast vollständig unterbundene Einwanderungsmöglichkeit nach Palästina, begrenzten erheblich die Emigration der deutschen Juden in ihre biblische Heimat. Immerhin gelang es bis Kriegsbeginn fast 60 000 Juden aus

Deutschland und Österreich, in Zion eine neue Heimat zu finden.

Zudem war die jüdische Gemeinde Deutschlands überaltert und daher wenig mobil. Die Mehrheit der deutschen Juden beherrschte keine Fremdsprache und verfügte über kein größeres Vermögen. Eine Minderheit wiederum besaß umfangreichere immobile Vermögenswerte, die vielfach schlecht verkäuflich waren, was ebenfalls gegen eine rasche Emigration sprach.

Entscheidend aber war, dass sich die deutschen Juden ungewöhnlich eng mit ihrer Heimat identifizierten, also dieses Land und seine Menschen liebten, ihnen vertrauten und an deren guten Willen glauben wollten.

Die deutschen Juden besaßen eine relativ hohe Toleranzschwelle gegenüber dem Antisemitismus. Sie erlangten erst 1871 die gesetzliche Gleichberechtigung. Bis zum Ende der Monarchie 1918 blieben sie jedoch von entscheidenden Schlüsselstellungen in Staat, Gesellschaft und Armee ausgeschlossen. Die Judenfeindschaft begleitete die deutschen Juden wie ein Schatten durch die Geschichte. Daher waren die meisten überzeugt, dass es auch unter den Nazis »schon nicht so schlimm kommen würde«.

In Regionen, in denen sich die lokale NSDAP relativ wenig um die Juden kümmerte oder wo sie sich durch die Anonymität der Großstadt geschützt wähnten, war die Auswanderungsquote naturgemäß gering. Dagegen veranlasste ein antisemitisches Umfeld wie Franken, dessen NS-Gau vom notorischen Judenhasser Julius Streicher geführt wurde, verhältnismäßig viele Juden zur rechtzeitigen Emigration. Sie machten sich weniger Illusionen über die Folgen der Judenfeindschaft der Nazis.

In der Meinung, dass es mit dem Antisemitismus der Nationalsozialisten nicht zum Äußersten kommen würde, trafen sich viele Juden wie Nichtjuden. Doch diese verharmlosende Überzeugung ging von unterschiedlichen Bewertungen aus. Die Juden glaubten, dass der Antisemitismus seine Wirkungskraft verlieren würde – denn sie vertrauten den Prinzipien der Rationalität mehr als den Erfahrungen ihrer Geschichte. Dagegen wurden die antijüdischen Maßnahmen und Gesetze von der deutschen Bevölkerung hingenommen, teilweise sogar begrüßt. Denn die NS-Regierung verstand es, diese Regelungen als Defensivmaßnahmen, also als Befreiung der »Arier« vom jüdischen Joch zu deklarieren – und tatsächlich profitierten weite Kreise der Bevölkerung von der Diskriminierung der Juden. Wenn jüdische Geschäfte, Ärzte, Anwälte boykottiert wurden, dann kauften die Menschen in »deutschen« Läden, ließen sich von »deutschen« Juristen und Medizinern betreuen. Die Stellen jüdischer Beamter wurden von Nichtjuden eingenommen, ebenso die vakant werdenden Positionen jüdischer Künstler, Journalisten, Angestellter, Aufsichtsräte.

Die diskriminierenden »Nürnberger Gesetze« enthielten expressis verbis keine materiellen Bestimmungen, sie waren jedoch die Voraussetzung für die »Arisierung«. Diese war ein Deckmantel für die unverhohlene Plünderung jüdischen Eigentums durch »arische« Geschäftsleute, Firmen, Geldinstitute, aber auch Rechtsanwälte, Notare, Sachverständige, Makler, Nachbarn und gelegentliche Schnäppchenjäger, die bei öffentlich bekannt gemachten »Judenversteigerungen« billig Kleidung, Möbel und Hausrat erstanden, bis hin zu »Verwariern«, die ihnen von jüdischen Nachbarn und Freunden anvertrautes Hab und Gut nach dem Völkermord oft ohne Aufhebens für sich behielten.

Viele Deutsche hatten nichts dagegen, wenn die Nazis den vermeintlich hochmütigen, tatsächlich aber beflissenen Juden eine Lektion erteilten. Von Misshandlungen aber, Mord und Totschlag gar, wollte man im deutschen Bürgertum nichts wissen. Alles, auch die Diskriminierungen der Juden, sollte seinen rechtmäßigen Weg gehen. Die Ausgrenzung der Juden war keine Wutkakophonie, sondern ein anschwellender chauvinistischer Choral, dessen Töne dem deutschen Publikum zunehmend gefielen, ohne dass sich die meisten die Mühe machten, dessen frei verfügbare Partitur bis zum Ende zu studieren. Lieber ließ man den dirigierenden Führer machen und spendete gelegentlich Beifall – vor allem, wenn man selbst in den Genuss von Vorteilen kam.

Der Philosoph Ernst Bloch stellte fest, der Marxismus packe die Menschen am Hirn, der Faschismus dagegen greife nach ihrem Herzen. Adolf Hitler war Herz und zugleich Medium der deutschen Ängste und des Bedürfnisses nach gesellschaftlicher Geborgenheit. Hitler, Goebbels und die NS-Spitze begriffen, dass Entfremdung mehr umfasste als die von Marx apostrophierte wirtschaftlich-materielle Dimension. Das nationale Trauma des verlorenen Weltkriegs, Arbeitslosigkeit, drohender Verlust des Erwerbs, wirtschaftliche Not, die fehlende Autorität der Regierung hatten zu einer Verstärkung der Gegensätze in der Gesellschaft, zu Orientierungslosigkeit und Vereinsamung vieler geführt. Die NSDAP, die als »Bewegung« mehr sein wollte als eine althergebrachte politische Partei, versuchte, dieses Manko auszufüllen und ihren Mitgliedern auch eine neue soziale Heimat zu geben. Nach der Machtübernahme übertrugen die Nazis ihr Erfolgsrezept von der eigenen Bewegung auf die deutsche Gesamtgesellschaft – mit Ausnahme verhasster Minderheiten.

Das nationalsozialistische Regime verzichtete darauf, die Produktionsmittel zu vergesellschaften, sein Anspruch ging weiter, es richtete sich auf die Seelen der Deutschen. Die NSDAP versuchte, möglichst viele Volksgenossen in ihre Reihen zu locken oder zu treiben. Dabei beschränkte sie sich keineswegs auf gewöhnliche Mitgliedschaft. Die Partei wollte mit ihren vielfältigen Gliederungen die Menschen vom Kindergarten bis ins Alter, in Freizeit, Beruf, Schule, Lehre, ja sogar in den Ferien begleiten. Eine Vielzahl von NS-Untergliederungen und angeschlossenen Verbänden stand bereit: Partei, SA, SS, Deutsches Jungvolk (DJ), Deutsche Jungmädel (DJU), Hitlerjugend (HJ), Bund deutscher Mädel (BDM), Reichsnährstand, NS-Studentenbund, NS-Dozentenbund, NS-Frauenschaft, NS-Ärztebund, Deutsche Arbeitsfront, NS-Lehrerbund, NS-Reichswahrerbund, NS-Volkswohlfahrt, NS-Kriegsopferversorgung, NS-Kulturkammer usw.

Da im Rahmen der Gleichschaltung auch alle staatlichen und kommunalen Einrichtungen von der NSDAP kontrolliert wurden, konnte ein dichtes Netz unterschiedlicher Parteigliederungen über die Bevölkerung gelegt werden, in dessen Maschen jede Familie und so gut wie jedes Individuum meist mehrfach verstrickt wurden – sich außerhalb dieses Verbands zu stellen, kostete viel Kraft und vor allem Mut. Eine Sonderrolle nahm der am 26. Juni 1935 ins Leben gerufene Reichsarbeitsdienst (RAD) ein, der aus dem Nationalsozialistischen Arbeitsdienst hervorgegangen war. Die halbjährige Dienstzeit war für Männer und Frauen zwischen achtzehn und fünfundzwanzig Jahren obligatorisch. 1938 dienten 300 000 Männer und 25 000 Frauen im RAD.

Eine wachsende Schar von Funktionsträgern – ihre Zahl vermehrte sich von rund 300 000 im Jahre 1933 auf zwei Millionen bei Kriegsende – hielt unter dem Kommando Hitlers und der Parteileitung die Gesellschaft in einem Zustand ständiger Mobilisierung. Andauernd wurden Parteiversammlungen abgehalten, SA-Stürme neu aufgestellt, paramilitärische Übungen veranstaltet, erste Spatenstiche für Autobahnen zelebriert, Großveranstaltungen vorbereitet, Kindern, Müttern, Vätern, Arbeitern und Bauern geholfen.

Individualisten und Intellektuelle mögen sich heute über den Verlust der Privatsphäre entsetzen, Statistiker feststellen, dass der Anteil der Arbeitnehmer am Bruttosozialprodukt ständig abnahm, Mediziner erkennen, dass sich die Volksgesundheit während der Hitlerjahre verschlechterte, und Humanisten den damaligen Werteverfall beklagen – die Masse der Deutschen aber jubelte Hitler immer vernehmlicher zu. Die Errichtung von KZs, die Arretierung von Menschen aufgrund ihrer politischen Überzeugung, ihrer religiösen Ausrichtung und später ihrer Herkunft, wurde nur von einer kleinen Minderheit gutgeheißen. Die meisten Deutschen ignorierten entsprechende Informationen. Was zählten 30 000 politische Häftlinge und einige Tausend misshandelte oder gekündigte Juden im Vergleich zur Beseitigung der Arbeitslosigkeit und Stärkung des nationalen Selbstbewusstseins?

Hitler und sein Regiment vermittelten den Menschen das

Gefühl, im Beruf sowie in der Gesellschaft gebraucht zu werden. Die harmoniesüchtigen Deutschen, die sich nie an den Zank der Parteien in der Demokratie gewöhnen mochten, wurden von Adolf Hitler und den Seinen zu einer Volksgemeinschaft zusammengeschweißt. So wandelten sich anfängliche Angst und Misstrauen rasch in Respekt und Bewunderung, die vielfach in Begeisterung, ja Verliebtheit gipfelte. Adolf Hitler wurde zum authentischen Führer der Deutschen. Allein anhand materieller Parameter lässt sich die Beziehung zwischen den Deutschen und ihrem Führer nicht begreifen. Dies ist der Grund für das bis zur Gegenwart während Unverständnis vieler Intellektueller für den Nationalsozialismus. Die aufhellendste Studie über die zähe Entwicklung der deutschen Gesellschaft und ihre dialektische Reaktion auf die Dynamik der Nationalsozialisten schrieb Hans-Ulrich Wehler. Seine weit ausholende historische Untersuchung ist eine schier unerschöpfliche Quellensammlung, insbesondere zu Deutschlands Hitler-Jahren.

Das Zusammenspiel realer wirtschaftlicher Maßnahmen zur Beseitigung der Arbeitslosigkeit und psychologischer Aspekte zur Festigung des nationalen Selbstwertgefühls wurde ergänzt durch die Durchsetzung des Führerprinzips – nachdem die Nazis alle Widerstände mit brachialer Gewalt gebrochen hatten. Dies geschah auf nachhaltige Weise, auch in der eigenen Bewegung, durch den so genannten »Röhm-Putsch« im Juni/Juli 1934.

Mordkumpanei, nicht »Röhm-Putsch«

Sommer 1934

Die SA war seit Anbeginn die Avantgarde der NSDAP. Auch nach dem Scheitern des Novemberputsches von 1923 blieben die SA-Stürme eine unentbehrliche Mobilisierungs- und Schutztruppe bei öffentlichen Veranstaltungen, Reden und Umzügen. Daneben hatten die Stürme die Aufgabe, politische Gegner einzuschüchtern.

1931, als der NSDAP der politische Durchbruch gelang und die SA-Mitgliedschaft sprunghaft anstieg, ernannte Hitler Ernst Röhm, der drei Jahre zuvor als SA-Chef zurückgetreten war, zum Stabschef der Schutzstaffel. Hitler blieb ihr Oberbefehlshaber.

Innerhalb kurzer Zeit reorganisierte Röhm die SA. Ende des Jahres 1931 zählten die Sturmabteilungen bereits mehr als eine Viertelmillion Mann. Das wichtigste Reservoir für potenzielle SA-Leute waren Arbeitslose und ehemalige Soldaten. Ein neuer Lebensrahmen, klare militärische Befehle und Aufgaben, Bewährung, Uniform, Kameradschaft, Vorgesetzte, Untergebene, Feinde, also Schuldige an der eigenen Misere, ständiger Kampf – all dies vermittelte den sozial Deklassierten das Empfinden, wieder gebraucht zu werden und nützlich zu sein. Der oberste SA-Führer Adolf Hitler kannte die Gefühle seiner braunen Hilfstruppe aus eigener Erfahrung.

Die SA-Stürme wurden zur entscheidenden Propaganda- und Terrorgruppe bei der Eroberung der Macht. Die soziale Struktur der SA aus zu kurz Gekommenen führte sie notgedrungen zu linken, staatsinterventionistischen Positionen. Viele SA-Männer fühlten trotz der tagtäglichen Kämpfe gegen die Kommunisten und deren Rotfrontkämpferbund Sympathien für die feindseligen Leidensgenossen. Das bedeutete einen la-

149

tenten Konflikt mit Hitler, der gleichzeitig die Nähe zum Bürgertum suchen musste, um seine Bewegung mehrheitsfähig zu machen. Die etablierten Schichten wiederum ängstigten sich vor der Ungebärdigkeit und Gewaltbereitschaft der SA sowie den »sozialistischen« Forderungen ihrer Führung.

Auch zwischen Parteiführung und SA kam es zu zahllosen Reibereien. Die Sturmmänner begriffen sich als verschworene Truppe, die idealistisch für eine braune Revolution kämpfte. Parteifunktionäre wurden von der SA dagegen als »Bonzen« und »Goldfasane« verachtet, Weisungen und Befehle nahmen die SA-Männer lediglich von ihren Vorgesetzten entgegen. 1932 kam es in Berlin zu einer SA-Meuterei. Parteivertreter wurden verprügelt, Büros der NSDAP zertrümmert. Die Parteileitung sah sich gezwungen, die Polizei zu Hilfe zu rufen. Hitler persönlich musste den Zwist schlichten. Der Parteichef konnte sich keinen Streit seiner Hilfstruppen leisten. Deshalb gab sich Hitler unbeeindruckt von Anschuldigungen gegen Röhm und seine engsten Mitstreiter. Vorwürfe wegen Homosexualität, die damals unter Strafe stand, maßloser Gewalt und finanzieller Unregelmäßigkeiten gegen den Stabschef und seine Kommandeure stießen bei Hitler auf taube Ohren. »Die SA ist kein Mädchenpensionat, sondern eine Truppe rauer Krieger«, ließ der NS-Führer verlauten. Röhm und die Seinen verstanden dies als Freifahrschein. Hitler registrierte indessen durchaus die Insubordinationen der SA. Eine seiner Konsequenzen war, der SS unter ihrem Befehlshaber Heinrich Himmler, der Hitler bedingungslos ergeben war, mehr Eigenständigkeit zu gewähren. Doch die SA blieb im physischen Machtgefüge der Partei übermächtig. Kein Wahlkampf, kein Saalschutz, kein Aufmarsch und schon gar keine Straßenschlacht war ohne die aktive Beteiligung der Sturmtruppen durchführbar. Hitler musste weiter um die Kooperation seines Stabchefs buhlen.

Unmittelbar nach der Machtergreifung war Hitler in noch stärkerem Maße auf Röhms Unterstützung angewiesen als zuvor. Die SA erzeugte den so genannten Druck der Straße, wo immer er Hitler notwendig erschien. Vor allem bei der Gleichschaltung der Länder und Kommunen, bei der Besetzung von Partei- und Gewerkschaftshäusern, bei der Unterwanderung der Polizei – wobei Hunderttausende SA-Männer als »Hilfspolizisten« zumindest vorübergehend an den Staatsapparat Anschluss fanden. Unterdessen schwoll die SA in den ersten Monaten der Kanzlerschaft Hitlers durch Neueintritte der »März-« und Folgegefallenen von 300 000 auf 800 000 Mann an. Ab Sommer 1933 vollzogen die Sturmabteilungen eine interne Gleichschaltung: Sie hatten rund zwei Millionen Mitglieder des Stahlhelm und anderer nationalistischer Verbände in die eigenen Reihen zu integrieren. Röhm half sich, indem er die Stahlhelm-Mitglieder als SA-Reserve I (Jüngere) und II (Veteranen) einstufte.

Derweil meldeten sich immer mehr Männer, vor allem ehemalige Rotfrontkämpfer, Reichsbannermitglieder, enttäuschte Gewerkschafter, neue Anhänger Hitlers und alte Opportunisten zu den braunen Bataillonen. Auf diese Weise wuchs die SA bis Sommer 1934 auf mehr als 4,5 Millionen Mann an. Hitler musste die Macht über diese Männer gewinnen. Sie waren der unruhigste, potenziell dynamischste Teil der deutschen Gesellschaft. Bei diesem Vorhaben war Hitler jedoch auf Röhm als Transmissionsriemen angewiesen. Diese Abhängigkeit missfiel dem Parteichef zwangsläufig.

Die schiere Masse Mensch bedeutete einen zwiespältigen Segen. Einerseits stellte die Eingliederung der enormen Personenzahl die SA-Führung vor fast unlösbare logistische Probleme. Fast jeder sechste männliche deutsche Erwachsene musste mit einer Uniform ausgestattet, in eine Befehlsstruktur gepresst, gedrillt und zumindest notdürftigst indoktriniert werden. Die Anforderungen waren gewaltig. Versammlungsräume, Trainingsgelände, Waffen und vor allem Geld waren zu beschaffen, Führer auf allen Ebenen mussten ausgebildet werden.

Der frühere Generalstabsoffizier Röhm schweißte seine Truppen mit Fachkenntnis und Improvisationstalent zusammen. Gleichzeitig genoss Röhm die zunehmende Macht, die das

Kommando über Millionen Männer bedeutete. Kraft seiner Funktion war der SA-Stabschef am 1. Februar 1934 sogar zum Reichsminister – allerdings ohne Geschäftsbereich – ernannt worden. Röhm begriff, dass dies zunächst nicht mehr als ein wohlklingender Titel war. Reale Macht und Einfluss konnte er nur erringen, wenn es ihm gelang, die SA bleibend in den NS-Staat einzubinden. Für den alten Troupier gab es dazu nur einen Königsweg: Die SA sollte die Basis eines Massenheers unter seinem Kommando bilden, in das die Reichswehr, vor allem aber ihre Waffen, ihr Geld und ihre Einrichtungen einfließen sollten. Röhm komprimierte seine Strategie zur Formel: Der graue Reichswehr-Fels muss im braunen SA-Meer untergehen.

Hitler konnte dies nicht recht sein. Sein Legalitätskurs war darauf ausgerichtet, die Bedenken des Bürgertums und der Staatsautorität auszuräumen. Besonders wichtig war dem NS-Führer, ein Vertrauensverhältnis zur Reichswehr herzustellen, denn er wusste, dass er in einer bewaffneten Konfrontation mit der Armee unterliegen würde. Also rief der Parteilenker Röhm augenzwinkernd zur Zurückhaltung auf. Wenn man einmal die unumschränkte Macht habe, werde die Parteiräson gelten. Bis dahin aber müsse jeder Konflikt mit dem Militär vermieden werden. Die offene Auseinandersetzung war aufgeschoben, schwelte aber weiter – was Hitler entgegenkam. So konnte er die divergierenden Kräfte gegeneinander ausspielen.

In einer Denkschrift an die Reichswehr reklamierte Röhm im Februar 1934 das Gesamtgebiet der Landesverteidigung für die SA. Die Umsetzung dieses Anspruchs hätte das Ende einer eigenständigen Armee bedeutet. Die alarmierte Militärführung intervenierte bei Hitler. Der Kanzler entschied – zugunsten der Reichswehr. Sie sollte der »alleinige Waffenträger der Nation« bleiben. Der SA dagegen dachte Hitler die Aufgabe einer politischen Organisation zu. Röhm fügte sich scheinbar – die Alternative hätte offene Meuterei bedeutet. Der Stabschef wollte und konnte indessen auf Dauer seine Forderungen nicht unerfüllt lassen, ohne den Anspruch seiner

Truppe aufzugeben und die Loyalität seiner Unterführer zu verlieren. Darüber hinaus brauchte Hitler die Dienste der Armee bei seinem Unterfangen, die Nachfolge Hindenburgs anzutreten.

Die Reichswehrführung war sich ihrer existenziellen Bedrohung durch die SA bewusst. Röhm und seine Kommandeure machten aus ihren Absichten kein Hehl – dies sollte den ungeduldigen SA-Männern die Macht ihrer Führung demonstrieren und gleichzeitig den Druck auf Hitler verstärken, endlich zugunsten seiner Truppe zu handeln. Es fehlte auch nicht an Provokationen, ja sogar an tätlichen Übergriffen gegen Reichswehroffiziere. Die Armeeführung empfand das Auftreten und das »zügellose« Benehmen Röhms und seiner Spießgesellen als degoutant. Welche Männertruppe fürchtet sich nicht vor der eigenen latenten Homosexualität? Entscheidend blieb indessen der Anspruch der SA, die Reichswehr zu übernehmen. Solange Hindenburg amtierte, konnte sich die Armee sicher fühlen. Doch im Frühjahr 1934 war unverkennbar, dass die Tage des Reichspräsidenten gezählt waren. Hitler machte deutlich, dass er dessen Nachfolge antreten wollte. Mochte Mussolini König Viktor Emanuel III. als Operettenkönig am Rande seiner Opera buffa tolerieren, dem Wagnerianer Hitler kam dies nicht in den Sinn. Für die Reichswehrführung verglomm die Frist, die eigene Position für die Zukunft zu sichern, mit dem Lebenslicht des dahinsiechenden Hindenburg. Reichswehrminister Blomberg und seine Generäle bedrängten zunehmend den Kanzler, ihre Unabhängigkeit dauerhaft zu sichern.

Der absehbare Tod Hindenburgs alarmierte auch die Nationalkonservativen und Monarchisten um Vizekanzler von Papen. Endlich begannen sie sich einzugestehen, dass ihr Versuch, Hitler einzurahmen, an dessen Dynamik gescheitert war. Gelang es dem Kanzler zudem, die Nachfolge Hindenburgs als Staatsoberhaupt anzutreten, dann büßten die Reaktionäre auch ihren politischen Resteinfluss ein. Daher ersuchte von Papen Hindenburg, in sein politisches Testament das Vermächtnis aufzunehmen, Deutschland wieder in eine Monarchie zu verwandeln. Dies zeigt die politische Unbedarftheit des Vizekanzlers. Selbst wenn der Reichspräsident diesem Ersuchen nachgekommen wäre, hätte dies keine Rechtsverbindlichkeit erlangen können.

Papen, der zwei Jahre zuvor die gewählte preußische Regierung aus dem Amt geputscht hatte, sah sich von Hitler dermaßen in die Defensive gedrängt, dass er sich entschloss, öffentlich den Rechtsstaat anzumahnen. Am 17. Juni 1934 beklagte der Vizekanzler in einer Ansprache an der Universität Marburg den »widernatürlichen Totalitätsanspruch« des Nationalsozialismus. Von Papen prangerte »Charakterlosigkeit, Unwahrhaftigkeit, Unritterlichkeit und Anmaßung« an, die »sich unter dem Deckmantel der deutschen Revolution ausbreiten möchten«. Das galt eindeutig den Übergriffen und Ansprüchen der SA. Schließlich kritisierte der Redner vorsichtig, ohne die betroffenen Juden beim Namen zu nennen, »Drohungen gegenüber hilflosen Volksteilen«.

Der Auftritt Papens machte Hitler deutlich, dass die Nationalkonservativen versuchten, die angespannte Situation aktiv für sich zu nutzen. Papens gute Kontakte zur Reichswehr und zu Hindenburg waren bekannt. Hitlers langfristige Pläne gerieten in Gefahr – er musste handeln. Hitler tat es mit unerwarteter Plötzlichkeit und Brutalität – nachdem er durch sein untätiges Zuwarten indirekt die Auseinandersetzung angeheizt hatte. Für Hitler kam ein Nachgeben gegenüber Röhm nicht infrage. Damit wäre dem Stabschef und seiner Truppe eine übermächtige Position im Staat überlassen worden. Dies hätte Widerstand im legalistischen Bürgertum zur Folge gehabt und nicht zuletzt Hitlers Position im Ringen um Hindenburgs Nachfolge verschlechtert. Eine Zerschlagung der SA dagegen würde Hitler von der Last befreien, für seine Avantgarde eine sinnvolle Aufgabe zu schaffen und diese zu finanzieren, nachdem sie ihre Schuldigkeit der Eroberung und Konsolidierung seiner Macht getan hatte. Eine Auflösung der Reichswehr hätte darüber hinaus die Offensivkraft der deutschen Streitkräfte auf

Jahre hinaus geschwächt. Hitler brauchte für seine Eroberungspläne ein intaktes Heer.

Hier handelte Hitler weitsichtiger als Stalin, dessen Säuberungen im Offizierskorps ab Mitte der dreißiger Jahre verheerende Folgen für die Kampfstärke der Roten Armee zeitigten.
Hitler dagegen verpflichtete sich die Loyalität der Reichswehr
durch sein Eingreifen zu ihren Gunsten. Das 100 000-Mann-
Heer wiederum war zu klein und zu isoliert, um im NS-Staat
dauerhaft eine dominante, eigenständige Machtposition bean-
spruchen zu können.

Nachdem er sich endlich zugunsten der Armee entschieden
hatte, handelte Hitler berechnend und tückisch. Er bewog
Röhm, die SA in den Urlaub zu schicken, danach wollte er sich
des Schicksals seiner Sturmtruppe annehmen. Der arglose
Stabschef tat wie geheißen und begab sich mit seinen Getreuen zur Erholung an den idyllischen Tegernsee. Derweil ließ
Hitler mit SS und Reichswehr eine konspirative Mordaktion
zur Ausschaltung der SA-Führung anlaufen. Die Schutzstaffel
sollte die Tötung exekutieren, die Armee die logistischen Zu-
trägerdienste leisten.

Die Spitze der regulären Armee war durch Minister von
Blomberg, den Stabschef seiner Behörde Oberst von Reichenau sowie den Chef des Heeres, General von Fritsch, von Anbeginn in die Planung einbezogen. Sie zeigten keine Bedenken, mit der Parteitruppe SS konspirativ bei einer illegalen
Aktion zusammenzuarbeiten. Die Reichswehr konnte keinen
Zweifel an der Gesetzwidrigkeit des Vorhabens hegen, da sie
über ihre Abwehr informiert war, dass die SA keinen Staatsstreich plante. Dennoch stellte die Reichswehr der SS willig
ihre Infrastruktur und sogar ihr Kriegsgerät zur Verfügung.
Eine Kompanie der SS-Leibstandarte wurde am 29. Juni in
einem Sonderzug der Reichswehr von Berlin nach München
transportiert. Dort brachte das Militär die SS-Männer aus der
Hauptstadt gemeinsam mit ihren Kameraden aus Bayern in
vier Reichswehrkasernen unter und rüstete sie mit Armee-
waffen und Munition aus – insgesamt 1300 Mann. Im Mor-

gengrauen des nächsten Tages karrten Militärlastwagen die SS-Männer und Reichswehrsoldaten an den Tegernsee.

Unterdessen landete Hitler in München und begab sich in Begleitung von Reichswehroffizieren, unter ihnen Vincenz Müller, der später zu einem führenden General der DDR-Volksarmee aufsteigen sollte, nach Bad Wiessee. Hitler und seine SS-Garde gingen unvermittelt daran, den schlafenden Röhm und seine Kamarilla in den Hotels mit vorgehaltener Waffe wegen »Hochverrats« zu verhaften. Ehe der verdatterte Stabschef und seine Getreuen und Gespielen begriffen, wie ihnen geschah, wurden sie nach München ins Gefängnis Stadelheim transportiert. Die SA-Kommandeure wurden sogleich erschossen. Röhm sollte auf Veranlassung Hitlers Selbstmord begehen – als er dieses »Privileg« verweigerte, tötete ihn der SS-Offizier und Kommandeur des KZs Dachau Eicke mit Genickschuss.

Derweil machte die SS in ganz Deutschland Jagd auf innerparteiliche Kontrahenten wie Gregor Strasser, alte Feinde wie den einstigen bayerischen Generalstaatskommissar von Kahr, den ehemaligen Reichskanzler Kurt von Schleicher und dessen engsten Mitarbeiter General von Bredow sowie potenzielle Gegner wie den Verfasser von Papens Marburger Rede, Edgar Jung. Insgesamt wurden im Rahmen der Aktion 89 Menschen umgebracht.

Hitler hatte sich mit einem furchtbaren Schlag aus seinem Dilemma befreit. Er hatte sowohl die SA als auch die glimmenden Reste der reaktionären Opposition ausschalten lassen und sich gleichzeitig der Ergebenheit der Reichswehr versichert. Unmittelbar nach der Mordtat empörte sich der NS-Chef über die »krankhaften Veranlagungen« und »schwersten moralischen Verfehlungen« Röhms und seiner Spießgesellen. Auf diese Weise wollte er die Unterstützung des Volkes gewinnen. Als Hitler begriff, dass die Entrüstung über die Homosexualität der SA-Führung keine Massentötung rechtfertigte, änderte er flugs seine Begründung. Bereits ab dem 1. Juli betonte Hitler, der Staat sei in einer Notwehrreaktion zum drastischen Handeln gezwungen gewesen.

Die Schüsse der Exekutionskommandos waren kaum ver- hallt – Vizekanzler Franz von Papen hielt sich aus Angst vor einem gegen ihn gerichteten Mordanschlag noch verborgen –, da trat die Reichsregierung am 3. Juli zusammen. Das Kabi- nett verabschiedete einstimmig das Ein-Satz-Gesetz: »Die zur Niederschlagung hoch- und landesverräterischer Angriffe am 30. Juni und 1. und 2. Juli vollzogenen Maßnahmen sind als Staatsnotwehr rechtens.« Damit machten sich erstmals in der deutschen Geschichte Minister und Militärs gleichermaßen offiziell zu Komplizen von Mördern.

Im Kompensationsgeschäft für die Befreiung vom Albdruck der SA nahmen deutsche Generäle die Ermordung zweier ehe- maliger Kameraden in Kauf. Sie dankten dem Häscherhäupt- ling mit einer Ergebenheitsadresse und der Absolution eines Verbrechens, an dem sie selbst beteiligt waren. Auch der Reichs- präsident solidarisierte sich mit Hitler. In einem Telegramm betonte Hindenburg gegenüber dem Kanzler seinen Dank: »Sie haben das deutsche Volk aus einer schweren Gefahr ge- rettet.«

Hitler und die Reichswehr nutzten die Ängste des deut- schen Bürgertums, um ihre Bluttaten zu rechtfertigen. Der Kanzler verschaffte sich und der gesetzesgläubigen Bevölke- rung ein Alibi, indem er sich zum obersten Richter und Herrn über Leben und Tod aufschwang und den Massenmord als Prä- ventivaktion gegen einen anstehenden Staatsstreich, den so ge- nannten »Röhm-Putsch« rechtfertigte: »Ich habe den Befehl gegeben, die Hauptschuldigen an diesem Verrat zu erschießen, und ich gab weiter den Befehl, die Geschwüre unserer inne- ren Brunnenvergiftung auszubrennen bis auf das rohe Fleisch«, beharrte Hitler am 13. Juli vor dem Reichstag in Berlin.

Die Deutschen akzeptierten die Mordaktion gegen will- kürliche Feinde und vorgebliche Putschisten sowie die Legi- timierung der Untat. Nur vereinzelt waren Äußerungen des Entsetzens zu vernehmen. Die große Mehrheit dagegen fühlte sich nunmehr sicherer. Die Reichswehr wiederum wurde von Hitler als »alleiniger Waffenträger« bestätigt.

Einen Monat nach dem »Röhm-Putsch« verabschiedete die Reichsregierung am 1. August 1934 einstimmig, also auch mit dem Votum Blombergs, das »Gesetz über das Staatsoberhaupt des Deutschen Reiches«. Es legte fest, dass nach dem Tod Hindenburgs dessen Amt mit dem des Reichskanzlers zusammengelegt werden sollte. Ein Dutzend Tage zuvor hatten österreichische Nazis in Wien geputscht und dabei Kanzler Engelbert Dollfuß umgebracht – auch daran störte sich die ordnungsliebende und mittlerweile als Mordgehilfin erprobte deutsche Reichswehrführung nicht.

Unmittelbar nach Hindenburgs Ableben am 2. August ging dessen Amt wie vorgesehen auf den Kanzler über. Adolf Hitler war nunmehr auch offiziell Führer des deutschen Reichs. Die Soldaten, die zuvor geschworen hatten, »Volk und Vaterland ... treu und redlich« zu dienen, wurden umgehend neu vereidigt: »Ich schwöre bei Gott diesen heiligen Eid, dass ich dem Führer des deutschen Reiches und Volkes, Adolf Hitler, dem Oberbefehlshaber der Wehrmacht unbedingten Gehorsam leisten ... und ... für diesen Eid mein Leben einsetzen« werde.

Umgehend präsentierte Hitler der Armee eine erste Teilrechnung. Eben noch hatte er die Reichswehr den »alleinigen Waffenträger der Nation« genannt, da ordnete Hitler das Ende dieses Privilegs an. In Zukunft wurde auch die SS armiert. Der Kanzler befahl, eine SS-Kampfdivision aufstellen zu lassen. Die Reichswehr hatte die Waffen-SS auszurüsten. Die Verstrickung in den Staatsmord blieb also vergeblich. Es gelang der Armee nicht, ihr Waffenmonopol zu verteidigen. Statt eines chaotischen Gegners, der diffus mit einem Massenheer drohte, doch vom Kanzler und der Regierung in Zaum gehalten wurde, entstand der Reichswehr ein Konkurrent, der seine kriminelle Potenz soeben erwiesen hatte. Die Reichswehrführung, die zwischen alten soldatischen Werten und neuer Skrupellosigkeit schwankte wie Shakespeares Hamlet, würde einem elitären schwarzen Korps auf Dauer nicht gewachsen sein, das seine Loyalität allein auf Hitler konzentrierte. Aber darüber machte sich – zunächst – kaum ein Offizier Sorgen.

Ein Jahr vor dem Staatsmord hatte der Philosoph Oswald Spengler orakelt: »Jede revolutionäre Bewegung kommt mit einer Avantgarde von Prätorianern zum Sieg, die dann nicht mehr brauchbar sind. Der wirkliche Herr zeigt sich in der Art, wie er sie verabschiedet, rücksichtslos, undankbar, nur auf sein Ziel blickend, für das er die richtigen Männer erst zu finden hat.« Adolf Hitler hatte sich seiner SA-Prätorianergarde, die ihm zur Macht verholfen hatte, rücksichtslos und undankbar entledigt. An ihrer Stelle setzte er fortan auf die richtigen, ihm ergebenen SS-Männer. Mit ihnen wollte er die eigene und Deutschlands Zukunft gestalten. Die breite Mehrheit der Deutschen wiederum hoffte, hinfort Rechtsfrieden zu genießen. Doch welches Recht konnte man von einem Mörder als Führer und dessen Kumpanen erwarten?

Im Namen des Friedens
für den Krieg

1933–1937

Unmittelbar nach seiner Ernennung zum Kanzler hatte Adolf
Hitler den Offizieren der Heeresleitung erläutert, dass er öffentlich zunächst einen passiven außenpolitischen Kurs steuern
wolle, um derweil die Deutschen mental und ihre Wehr materiell aufzurüsten. Hitlers propagandistisch hervorgehobene
»Friedensrede« vom 17. Mai 1933 machte seine zukünftige außenpolitische Taktik und die dahinter stehende Strategie deutlich. Der Kanzler betonte seinen und des deutschen Volkes auf-
richtigen Wunsch nach einem »gerechten Frieden«. Gleichzeitig
forderte er jedoch international Gleichberechtigung und Selbst-
bestimmung ein. Deutschlands Regierungschef brachte sein
Land in die Offensive, indem er den allgemeinen Wunsch nach
Frieden mit dem anerkannten Völkerrechtsprinzip der Gleichstellung verknüpfte und sich selbst zu dessen Anwalt aufschwang.

Im gleichen Atemzug drohte der Kanzler jedoch mit Sank-
tionen, sollten Berlin Souveränität, Gerechtigkeit und Gleichberechtigung verweigert werden. Hitler nutzte die Ängste der
Franzosen vor einem entfesselten Deutschland, um Paris in die
Defensive zu drängen. Entweder gab Frankreich nach – dann
konnte Hitler sich als Heros des Friedens und Vollstrecker der
deutschen Interessen feiern lassen – oder Paris verweigerte Berlin unter diesem oder jenem Vorwand die Gleichstellung, dann
erlangte Hitler Handlungsfreiheit als Advokat von Deutschlands billigem Unterfangen, nicht länger von der Völkerfamilie diskriminiert zu werden. Einerlei, wie Paris handelte – Berlin würde gewinnen. Und Hitler würde sich so oder so als
Sachwalter des Friedens und der nationalen Ehre Deutschlands
feiern lassen können.

Unterdessen verhandelten deutsche Diplomaten mit dem

Vatikan. Das Ziel Hitlers war, durch eine Übereinkunft mit der römischen Kurie einen Kirchenkampf wie jenen Bismarcks zu verhindern und dabei gleichzeitig den politischen Einfluss des deutschen Katholizismus vor Ort auszuschalten. Diese Intentionen des Kanzlers deckten sich weitgehend mit denen des Vatikan-Staatssekretärs Eugenio Pacelli. Der Kardinal hatte als Nuntius in Bayern 1918/19 die chaotische Revolution miterlebt. In den zwanziger Jahren vertrat er den Kirchenstaat in Berlin. Pacelli fürchtete und hasste die Kommunisten und schätzte die deutschen Nationalisten, zu denen er auch die Nationalsozialisten rechnete. Für den Kirchenstaatssekretär und mit ihm die Vatikan-Diplomatie besaß ein gutes Verhältnis zu dem sich etablierenden NS-Regime Priorität. Der Heilige Stuhl nahm dabei billigend in Kauf, dass der Einfluss der deutschen Kirche geschmälert wurde.

Am 20. Juli 1933 schlossen Deutschland und der Vatikan ein Konkordat. Fortan würden bilaterale Fragen der Ämterbesetzungen, etwa die Ernennung von Bischöfen, der Fortbestand der römisch-katholischen Theologischen Fakultät an den Universitäten, der katholische Religionsunterricht an Schulen, der Bestand von Bekenntnisschulen, die Militärseelsorge und Fragen des kirchlichen Steuerrechts direkt zwischen Berlin und dem Vatikan geregelt werden.

Für Hitler bedeutete das Abkommen einen doppelten Triumph. Seine Regierung gewann internationale Reputation. Dies wiederum half dem Kanzler, die Zentrum-Partei als politische Repräsentanz des deutschen Katholizismus auszulöschen und dennoch die Loyalität der Katholiken zu gewinnen. In der deutschen Kurie wurde die eigene Entmachtung nicht sonderlich bedauert. Demokratieverachtung, Sympathie für Hitler und die Erleichterung überwogen, dass der neue, nationalsozialistische Kanzler sich mit dem Heiligen Stuhl arrangiert hatte. Diese Haltung verkörperte unverhohlen der einflussreichste deutsche Kirchenfürst Kardinal Faulhaber. Der Erzbischof von München und Freising schrieb nach dem Verbot des Zentrums und der Bayerischen Volkspartei an Hitler:

»Was die alten Parlamente und Parteien in 60 Jahren nicht fertigbrachten, hat ihr staatsmännischer Weitblick in 6 Monaten weltgeschichtlich verwirklicht ... Gott erhalte unserem Volk unseren Reichskanzler.«

Nur wenige Monate nach dem Abschluss des Konkordats wurde deutlich, wie abrupt Hitler den Kurs seiner Außenpolitik zu verändern imstande war und wie bedenkenlos er die Außenbeziehungen zum Zweck der inneren Propaganda und der Konsolidierung seines Systems zu nutzen verstand. Seit 1932 nahm Deutschland an der internationalen Abrüstungskonferenz in Genf teil. Berlin arbeitete auch nach 1933 konstruktiv an den Verhandlungen mit. Hitler hatte jedoch deutlich gemacht, dass Deutschland dabei Gleichberechtigung als Voraussetzung galt. Doch die Angst vor der offensiven Hitler-Regierung, deren diktatorische Innenpolitik, insbesondere aber die innere Aufrüstung des Reichs durch Millionen SA-Leute, ließ Frankreich vor einer Gleichbehandlung seines östlichen Nachbarn zurückschrecken. Paris gewann London für seine restriktive Haltung. Schließlich forderten beide Mächte eine vierjährige Bewährungsfrist, ehe Deutschland die volle Gleichberechtigung zugestanden werden sollte.

Hitler nutzte diese diplomatische Blöße. Anders als seine demokratischen Vorgängerregierungen war der neue Kanzler nicht bereit, Ungerechtigkeiten gegenüber Deutschland zu beklagen und durch geduldige Verhandlungen auszuräumen. Stattdessen verkündete er, Deutschland werde die Abrüstungskonferenz verlassen und den Völkerbund obendrein.

Dies wurde in der deutschen Öffentlichkeit als Demonstration nationaler Würde einhellig begrüßt. Hitler wurde als Staatsmann gefeiert, der es verstand, die deutsche Selbstachtung zu gewinnen. Die Weimarer Politiker suchten die Versailler Verträge mit diplomatischen Mitteln zu revidieren. Hitler dagegen war prinzipieller Revisionist und zynischer Realist. Er sprach von Frieden, wollte aber, dass seine Politik langfristig in einen Krieg mündete. Die breite Öffentlichkeit in Deutschland verschloss ihre Augen vor dieser Konsequenz.

In einer nationalen Kampagne wurden die Gefühle der Deutschen aufgeheizt und in konkrete politische Forderungen umgewandelt. »Wir wollen Ehre und Gleichberechtigung!« und »Bruch oder Unehre!« lauteten die Schlagworte. Der diffuse Begriff der nationalen Ehre, an die Hitler glauben mochte – zumindest solange sie seinen Zielen diente – wurde durch sakrale Elemente zum Kompass einer Politik überhöht, die schon damals von Irrationalität getragen wurde. Hitler proklamierte bei einer Massenversammlung in Berlin, er würde »lieber sterben« als etwas unterschreiben, »was für das deutsche Volk meiner heiligsten Überzeugung nach nicht erträglich ist«.

Am 12. November 1933 wurde das Volk zur Abstimmung aufgerufen. Die Fragestellung: »Billigst Du, deutscher Mann, und Du, deutsche Frau, diese Politik Deiner Reichsregierung, und bist Du bereit, sie als Ausdruck Deiner eigenen Auffassung und Deines eigenen Willens zu erklären und Dich feierlich zu ihr zu bekennen?«, demonstrierte den Versuch, eine Identität zwischen Regierung und Volk zu schmieden. Das amtliche Ergebnis – 95 Prozent der Wählenden gaben Hitler ihr Ja-Wort – dürfte der Stimmung der Deutschen entsprochen haben.

Hitler und die Partei nutzten die von ihnen systematisch über Wochen aufgewühlte Atmosphäre, um am gleichen Tag Reichstagwahlen abhalten zu lassen. Dabei entschieden sich nach offiziellen Angaben 98,9 Prozent der Wähler für die NS-Einheitsliste. Scheinwahlen einer Diktatur, gewiss. Wie viele Stimmen tatsächlich auf die NS-Kandidaten entfielen und wie viele dazu manipuliert wurden, ist nicht mehr feststellbar. Aber es lässt sich nicht leugnen, dass immer mehr Deutsche Hitler als ihren legitimen Führer ansahen. Der Volksmund verspottete den neuen Reichstag als Deutschlands teuersten Männerchor: seine Mitglieder träfen sich einmal im Jahr, stimmten das Deutschlandlied an und kassierten dafür monatliche Diäten. Doch Spaß beiseite, die Deutschen hatten sich per Akklamation mit großer Mehrheit hinter Hitler und dessen scheinbar ehrpusselige Außenpolitik gestellt – von rationalen Erwägungen, diplomatischer Geduld gar, wollte man nichts wissen. Die

Menschen schrieben Hitler eine Carte blanche aus. Der Diktator war gewillt, diese Vollmacht beizeiten zu nutzen.

Zwei Monate später gelang Hitler ein objektiver Erfolg seiner Außenpolitik. Am 26. Januar 1934 schlossen Deutschland und Polen einen Nichtangriffspakt. Seit Versailles hatte sich Deutschland zumindest nicht offiziell mit der staatlichen Existenz Polens und den Gebietsabtretungen an das östliche Nachbarland abgefunden. Am vehementesten wurde die Teilung Preußens durch den Danziger Korridor abgelehnt. Selbst gemäßigte deutsche Nationalisten wie Gustav Stresemann weigerten sich, die polnische Westgrenze anzuerkennen. Die nationale Rechte und die Führung der Reichswehr forderten mehr oder minder offen eine Rückgewinnung der deutschen Ostgebiete – selbst um den Preis eines Krieges. Die aggressivsten Revisionisten waren die Nazis. Als Führer der NSDAP besaß Hitler daher die größte Glaubwürdigkeit, den Status quo auch zwischen Deutschland und Polen gutzuheißen. Hitler nutzte sie, um den Spielraum seiner Außenpolitik zu erweitern.

Nach dem Austritt Deutschlands aus dem Völkerbund suchte Hitler internationale Anerkennung als Friedenspolitiker zu gewinnen, um ungehindert die Aufrüstung vorbereiten zu können. So kam ihm das Bedürfnis von Staatschef Piłsudski nach einer Bestätigung des Warschauer Besitzstandes gerade recht. Das Abkommen mit Polen besaß darüber hinaus eine für Berlin vorteilhafte weitergehende Wirkung. Durch das deutsche Arrangement mit Polen unterlief Berlin die von Paris gesteuerte antideutsche Einkreisungspolitik mittels eines Paktsystems mit den mittelosteuropäischen Staaten. Die Einwände deutscher Nationalisten, auf diese Weise den »Raub deutschen Landes« durch Polen zu sanktionieren, tat Hitler ab. Im Gegensatz zu seinen Kritikern wusste er, dass seine Friedfertigkeit lediglich taktisch war. Je nach Opportunität konnte Hitler den zehnjährigen Nichtangriffspakt einhalten oder nicht. Wer mochte, konnte sich in *Mein Kampf* über Hitlers strategische Ziele informieren. Entscheidend war, dass die Deutschen mittlerweile ihrem Kanzler vertrauten, selbst wenn er zur nationalen Mäßigung aufrief, die er ein Jahr zuvor als Verrat gebrandmarkt hätte.

Das Jahr 1935 begann für Hitler wiederum mit einem großen innen- wie außenpolitischen Prestigeerfolg. Das Saarland war im Rahmen des Versailler Vertrags im Januar 1920 für fünfzehn Jahre der Souveränität des Völkerbunds unterstellt worden. Nach Ablauf dieser Zeit stimmten die Saarländer mit mehr als 90 Prozent für eine Rückkehr ins Deutsche Reich. Aufgrund der nationalen Bindung der Saarländer wäre das Ergebnis unabhängig von dem in Deutschland herrschenden Regierungssystem auch während der Weimarer Republik ähnlich ausgefallen. Doch Hitler und Goebbels verstanden es, das Votum für Deutschland in einen Vertrauensbeweis für den Nationalsozialismus und seinen Führer umzumünzen. Hitler wertete dies als Ermutigung, seine dynamische Politik zu intensivieren.

Die entscheidende Hürde für eine expansionistische Außenpolitik zur Durchsetzung seiner strategischen Ziele war für Hitler das Vertragssystem von Versailles. Es sah unter anderem die Begrenzung des Heeres auf 100 000 Soldaten vor. Die Aufhebung dieser Beschränkung war daher eine entscheidende Etappe der deutschen Außen- und Sicherheitspolitik. Während in der Heeresleitung an operativen Plänen zum Ausbau der Streitkräfte gearbeitet wurde, die Reichsbank Geld für die Aufrüstung zur Verfügung stellte und die Produktion schwerer Waffen vorbereitet wurde, wartete der Reichskanzler auf eine günstige internationale Konstellation, um sein Vorhaben in die Tat umzusetzen. Im Frühjahr 1935 schien Adolf Hitler die Zeit dafür reif zu sein.

Großbritannien und Frankreich konnten und wollten sich nicht auf substanzielle Abrüstungsmaßnahmen einigen. Paris bestand nach wie vor auf einem zahlenmächtigen Landheer von rund einer halben Million Soldaten. Das gab Berlin die Gelegenheit, im Rahmen der von Hitler proklamierten »ehrenvollen« nationalen Gleichberechtigung, die Reaktion der Siegermächte des Ersten Weltkriegs herauszufordern. Hitler ließ zunächst einen Versuchsballon aufsteigen. Hermann Göring erklärte am 10. März 1935, Deutschland verfüge über eine Luftwaffe. Dies widersprach eindeutig den Bestimmungen des Versailler Vereinbarungen. Die Reichswehr hatte bereits in den Jahren der Demokratie insgeheim Militärflugzeuge entwickeln und hauptsächlich in der Sowjetunion erproben lassen. Jetzt hob Berlin den Vorhang, doch die Proteste aus London und Paris blieben gemäßigt.

Das machte Hitler Mut, seinen Manövrierraum zu erweitern. Er erklärte seinem Heeresadjutanten Friedrich Hoßbach, nun sei der rechte Zeitpunkt gekommen, die allgemeine Wehrpflicht in Deutschland wieder einzuführen. Hitler wollte wissen, welche Heeresstärke der Offizier für angemessen halte. Hoßbach, mit den einschlägigen Planungen der Heeresleitung vertraut, legte Hitler eine Skizze vor, die ein in 36 Divisionen gegliedertes Heer von rund 550 000 Mann vorsah. Daraufhin erteilte Hitler der Armee Anweisungen, dieses Vorhaben in die Tat umzusetzen und informierte am folgenden Tage die ausländischen Botschafter von seinem Entschluss. Die Diplomaten nahmen die erneute Verletzung des Versailler Abkommens zur Kenntnis.

Nach einer Ankündigung Hitlers setzte die Reichsregierung am 16. März ein Gesetz zur allgemeinen Wehrpflicht in Kraft. In der Bevölkerung kam Unsicherheit auf, denn die Menschen begriffen: Wehrpflicht bedeutet Aufrüstung, was wiederum langfristig die Gefahr eines Krieges verhieß. Davor aber hatten die meisten Deutschen Angst. Die demütigenden Friedensbestimmungen von Versailles wurden allgemein abgelehnt – und man feierte Hitler, weil er die Gleichberechtigung Deutschlands aktiv und mutig anpackte. Vor dem Risiko des Krieges aber schreckten die Deutschen zurück. Doch als die Bevölkerung erkannte, dass die Siegermächte es bei verbalen Einwänden beließen, bewunderten die Deutschen ihres Führers Mut und Tatkraft umso mehr.

Der Spruch »Der Führer wird's schon richten« wurde zum Allgemeinplatz. Er signalisierte die zunehmende Vertrauensseligkeit der Deutschen Hitler gegenüber. Dessen Prestige wog schwerer als der so genannte gesunde Menschenverstand. Die Bewunderung überstieg die rational begründete Angst. Die Deutschen hatten sich in ihren Führer verliebt.

Deutschlands Partner im europäischen Konzert beschränkten sich darauf, betroffen auf den offenen Bruch von Versailles und damit des Status quo zu reagieren. Großbritannien intervenierte in Berlin gegen das einseitige Vorgehen des Reichs. Doch gleichzeitig ersuchte der britische Außenminister um ein Treffen mit Adolf Hitler. Die französische Regierung dagegen begriff, dass sie auf Dauer nicht in der Lage sein würde, allein beziehungsweise mit halbherziger Unterstützung Englands, Hitler-Deutschland in Zaum zu halten. Daher bemühte sich Paris gemeinsam mit der Prager Regierung um ein Bündnis mit Moskau. Damit sollte Deutschland in eine strategische Zange genommen und so durch die Gefahr eines Zweifrontenkriegs von expansionistischen Abenteuern abgeschreckt werden. Es war bekannt, dass Hitler diesen fürchtete wie der Teufel das Weihwasser. In *Mein Kampf* hatte er eine derartige Kriegskonstellation als den katastrophalen politisch-strategischen Fehler des Weltkriegs dargestellt. Doch die internationale Situation hatte sich entscheidend geändert. In Moskau regierte anstelle des beschränkten Nikolaus II. nun Stalin.

Der kommunistische Diktator war prinzipiell zu einem Bündnis mit Paris bereit – er ließ sich aber, anders als der Zar, nicht mit Krediten abspeisen. Stalin, der das Gesetz der Geschichte in seinem Rücken wähnte, forderte eine politische Dominanz der Sowjetunion in Mittelosteuropa, unter anderem die Durchmarschrechte für die Rote Armee auch in der Tschechoslowakei. So weit wollte Frankreich Moskau nicht entgegenkommen. Derweil antichambrierte Benito Mussolini, der wegen deutscher Ansprüche auf Österreich beunruhigt war, in Paris wegen eines Paktes. Hitler, der das faschistische Italien als Verbündeten gewinnen wollte, sah sich veranlasst, erneut die Initiative zu ergreifen.

Am 21. Mai 1935 hielt Hitler vor dem Reichstag, wie zwei Jahre zuvor, erneut eine »Friedensrede«: »Was könnte ich anderes wünschen als Frieden? ... Deutschland will den Frieden ... Deutschland hat weder die Absicht noch den Willen, Österreich zu annektieren oder anzuschließen.« Das war eine unmissverständliche Zusage an Mussolini, vor allem aber sollte es eine Beruhigungspille für die Deutschen sein: Wir wünschen Gleichberechtigung, dazu gehört auch eine stolze Wehr, doch zugleich wollen und brauchen wir Frieden. Die Menschen ahnten, dass die allzu gewollte Beschwörung des Friedens das Gegenteil bedeuten konnte. »Es gibt Krieg«, lautete ein damals kursierender Witz, »Hitler verspricht nämlich Frieden.« Doch die Mehrheit der Deutschen setzte sich über ihre begründete Ahnung hinweg. Der Wille des Führers galt ihnen mehr als die eigene Furcht. Hitlers »Friedensrede« war tatsächlich ein kaum verklausuliertes Junktim. Deutschland ist zum Frieden bereit, wenn ihm Parität zugestanden wird.

Der deutschen Diplomatie und Hitler war bekannt, dass die britische Regierung die deutsche Souveränität und Gleichberechtigung akzeptiert hatte. Als Berlin erkennen ließ, dass es zu einer Übereinkunft mit London bereit sei, stimmten die Briten prinzipiell zu und luden den deutschen Außenminister Konstantin von Neurath zu Verhandlungen ein. Das Abkommen kam rasch zustande, denn die Briten waren es leid, die Bulldogge zu geben, die gemäß den Anweisungen aus Paris die erstarkende deutsche Herde in Zaum zu halten hatte. Zwar verstand man in London, dass Frankreichs Unnachgiebigkeit, zumindest dessen Anmaßung, seiner Angst vor Deutschland entsprang. Großbritannien dagegen war, wie seit jeher, an einem stabilen Gleichgewicht auf dem Kontinent interessiert, das dem Inselreich erlaubte, ungestört seine globalen Interessen wahrzunehmen.

Ein gefestigtes Deutschland, das Frankreich und dem kommunistischen Russland Paroli bieten konnte, entsprach durchaus den Interessen Londons. Diese Sichtweise war prinzipiell richtig, solange Deutschland eine Status-quo-Politik verfolgte. In den Jahren der Weimarer Republik hätte eine entsprechende britische Haltung zu einer Stabilisierung Deutschlands

und damit Europas beigetragen. Doch Hitler war kein demokratischer Politiker mit begrenzten Zielen. Jeder, der sich intensiv mit Hitlers Weltanschauung und der seinem politischen
Handeln zugrunde liegenden Strategie auseinander setzte,
konnte erkennen, dass der Führer langfristig eine deutsche
Vorherrschaft anstrebte – selbst englische Diplomaten. Doch
in Whitehall war man dermaßen ignorant, kriegsmüde und
nach wie vor von der *Splendid-Isolation*-Doktrin durchdrungen, dass man sich nicht der Mühe unterzog, die realen Ziele
Hitlers zu hinterfragen. Berlin hatte sich gefälligst entsprechend
dem Denkmuster der britischen Diplomatie zu bewegen. Hitler wusste dies, er warb um Großbritannien als langfristigen
Alliierten Deutschlands – was in London wohlwollend wahr-
genommen wurde. So hatte Hitler leichtes Spiel, indem er
scheinbar im Rahmen der britischen Interessen die Forderungen nach deutscher Gleichberechtigung erhob und diese zur
Bedingung seiner Friedenspolitik machte. Tatsächlich gestand
Hitler Großbritannien eine beträchtliche maritime Dominanz
zu. Unter diesen Auspizien fand sich England rasch zu einer
Einigung mit Deutschland bereit.

Am 18. Juni 1935 schlossen Berlin und London ein Flottenabkommen, das der Kriegsmarine des Reichs 35 Prozent der
britischen Schiffstonnage zugestand – die deutsche U-Boot-
Flotte durfte mit der englischen gleichziehen. Hitler bezeichnete den Abschluss als »glücklichsten Tag [seines] Lebens«. Der
Kanzler hatte in der Tat Grund zum Jubeln: Erstmals war seine
Politik der deutschen Gleichberechtigung von einer Sieger-
macht offiziell goutiert worden. Die außenpolitischen Erfolge
Berlins, insbesondere die politische Gleichstellung des Reichs
wurden von der deutschen Bevölkerung mit Fug und Recht
dem Führer gutgeschrieben. Dies steigerte Hitlers Ansehen in
Deutschland immens und säte Misstrauen zwischen den En-
tente-Mächten Großbritannien und Frankreich.

Im Herbst marschierte das faschistische Italien in Abessinien
ein. Die Mitglieder des Völkerbundes protestierten, Italien
musste die Staatengemeinschaft verlassen. Deutschland aber

stellte sich vorbehaltlos hinter Rom. Hitler bot sich Mussolini als Alliierter an. Mit dem italienischen Angriff auf das afrikanische Kaiserreich war die Vereinbarung von Stresa vom April 1935 gebrochen, in der Frankreich, Großbritannien und Italien nach der Einführung der allgemeinen Wehrpflicht in Deutschland ein koordiniertes Vorgehen gegen Berlin vereinbart hatten. Durch eine rasche Reaktion und ein skrupelloses Manöver hatte Hitler Deutschland erneut in die Offensive gebracht.

Für welche Ziele und auf welche Weise Hitler das zunehmende militärische Potenzial Deutschlands einsetzen würde, zeigte er schnell. Ursprünglich hatte er abwarten wollen, bis die Wiedereinführung der Wehrpflicht eine spürbare Erhöhung des militärischen Gewichts des Reichs bewirken würde. Der Versailler Vertrag untersagte Deutschland die Stationierung von Truppen auf dem linken Rheinufer. In einem fünfzig Kilometer breiten Korridor entlang dem Strom waren Deutschland militärische Aktivitäten sowie die Errichtung und Unterhaltung von Heeresfestungen verboten. Im Vertrag von Locarno aus dem Jahr 1925 hatte sich Berlin erneut zur Entmilitarisierung des Rheinlands verpflichtet. Für die deutsche Heeresleitung dagegen besaß die Remilitarisierung des Rheinlands Priorität. Denn eine wirksame Verteidigung, vor allem aber eine Offensive im Westen, war ohne dieses strategisch entscheidende Gebiet undenkbar. Das Auswärtige Amt in Berlin ging davon aus, dass die Remilitarisierung des Rheinlands durch politisch-propagandistischen Druck sowie durch diplomatische Verhandlungen in absehbarer Zeit zu realisieren sei. Hitler setzte zunächst ebenfalls auf die diplomatische Karte, das heißt vor allem auf Gespräche mit London. In den Jahren 1934 und 1935 hatte er mehrmals den britischen Botschafter empfangen und ihm die Anliegen seiner Regierung vorgebracht. Doch die Hauptoffensive richtete Hitler gegen den französischen Erb- und Erzfeind. Dabei nutzte er das gesamte Spektrum von innenpolitischer Propaganda, diskreter Diplomatie, außenpolitischer Schocktherapie und militärischem Aufmarsch.

Am 7. März 1936 ließ Hitler den Reichstag zu einer Sondersitzung einberufen. Dabei wollte er den Einmarsch deutscher Truppen ins Rheinland bekannt geben. Parallel dazu beabsichtigte er den Wiedereintritt des Deutschen Reichs in den Völkerbund zu verkünden und Paris einen deutsch-französischen Nichtangriffspakt vorzuschlagen.

Da Hitler unsicher war, wie Paris reagieren würde, sollte der deutsche Truppeneinmarsch als Übung der SA und der Arbeitsfront deklariert werden. Darüber hinaus wurde die Zahl der vorrückenden deutschen Soldaten streng begrenzt. 30 000 Mann wurden in die Städte entlang des Rheins in Marsch gesetzt, lediglich 3000 Soldaten drangen tiefer ins Rheinland ein. Auf diese Weise wollte sich Hitler die Möglichkeit zu einem raschen Rückzug mit erträglichem Gesichtsverlust offen lassen. Denn die französische Armee war der deutschen erheblich überlegen. Doch das französische Militär und die Regierung in Paris, die aufgrund übertriebener Geheimdienstinformationen mit dem Einmarsch von fast 300 000 deutschen Soldaten – die der Wehrmacht zu diesem Zeitpunkt nicht zur Verfügung standen – gerechnet hatten, reagierten noch verhaltener, als der Hasardeur Hitler vermutet hatte: nicht militärisch.

Die Ängstlichkeit der Franzosen bewog Hitler zu einer prompten Änderung seines Vorgehens. Der Kanzler verzichtete darauf, Deutschlands Wiedereintritt in den Völkerbund anzubieten. Paris wurde nicht einmal mit der Offerte eines Nichtangriffspakts beschwichtigt. Stattdessen trumpfte Hitler vor seinen Parlamentarier-Statisten auf, indem er den gleichzeitig stattfindenden Einmarsch der Armee ins Rheinland verkündete. Die Abgeordneten bejubelten die Worte ihres Führers ebenso wie die Rheinländer die einrückenden deutschen Soldaten. Paris hatte Hitler einen überwältigenden politischen Sieg ermöglicht, den er mithilfe seiner Armee zu einem langfristigen strategischen Bodengewinn ausbauen ließ.

In nur drei Jahren hatte Hitler geschafft, was den demokratischen Politikern in mehr als einem Dutzend Jahren nicht gelungen war: dem Deutschen Reich wieder Ansehen in der

Welt zu verschaffen. Die Deutschen konnten ihre Köpfe wieder höher tragen – bald würden sie es unter der aufmunternden Obhut ihres Führers wieder wagen, nach dem imaginären »Platz an der Sonne« Ausschau zu halten.

Die Verheißung des NS-Staates beschränkte sich nicht auf die Politik. In der warmen Jahreszeit brachten »Kraft durch Freude«-Dampfer immer mehr zufriedene Volksgenossen ans Licht, während viele deutsche Frauen mithilfe von Partei und Staat erstmals Gelegenheit erhielten, in Müttergenesungsheimen Urlaub zu machen. All dies trug zu Hitlers Ansehen bei. Entscheidend blieb jedoch, dass es dem Führer gelungen war, sein Volk wieder in Brot und Arbeit zu setzen. Erst mit vollem Magen und mit einer sicheren Anstellung ließ sich das wieder errungene nationale Prestige genießen. Dass dies um den Preis von Freiheit und Demokratie geschah, verschmerzte die große Mehrheit der Volksgenossen. Was nützte einem die Freiheit, wenn man von Existenzsorgen und Geldnöten geplagt wurde?

Überdies war das Nazi-Regime vergleichsweise »tolerant«. Anders als in der Sowjetunion Lenins und Stalins verzichteten Hitler und seine Partei darauf, bevölkerungsreiche Klassen und traditionelle Gruppen wie selbstständige Kapitalisten, Bauern (Kulaken) und Priester zu verfolgen. Bei den Nazis blieben lediglich Juden, Sinti und Roma, seit dem »Röhm-Putsch« bekennende Homosexuelle und aktive politische Gegner von der Volksgemeinschaft ausgeschlossen. Selbst ehemalige Kommunisten fanden Eingang in die SA und die Partei. Die NS-Spitze, besonders Goebbels und Göring, warben um prominente Künstler, auch wenn diese oder jener zuvor mit ihrer kommunistischen Weltanschauung kokettiert hatten. Die Schauspieler Gustaf Gründgens und Heinrich George erlagen genauso wie viele andere den großzügigen Offerten des Nazi-Staates. Der liberalkonservative Dirigent Wilhelm Furtwängler verharrte im Nazi-Reich, obgleich ihm mehrere Angebote aus dem Ausland vorlagen. Zunächst meinte er, die jüdischen Mitglieder seines Orchesters beschützen zu müssen. Doch bald beraubten die Nazis Furtwängler dieses Alibis, denn sie zwangen die Juden aus dem Klangkörper. Der Maestro blieb dennoch in Deutschland – jetzt wollte er sein Vaterland nicht im Stich lassen. Andere Künstler handelten couragierter. So rief der bayerische Schriftsteller Oskar Maria Graf, um den die Nazis ebenfalls geworben hatten, Goebbels und Konsorten bereits nach der Bücherverbrennungsnacht vom 10. Mai 1933 dazu auf, auch seine Schriften dem Feuer zu überantworten. »Verbrennt auch mich!«, forderte Graf und verharrte im Exil. Die Filmdiva Marlene Dietrich ließ sich ebenfalls nicht von den Schalmeienklängen der Nazi-Propagandisten betören. Als sie am Ende ihres Lebens gefragt wurde, was sie davor bewahrt habe, den Verheißungen der Nazis nachzugeben, antwortete die Dietrich lapidar: »Anstand.« Bei vielen Deutschen hingegen überwog damals der Respekt vor den wirtschaftlichen und außenpolitischen Leistungen Hitlers oder die Angst vor möglichen Repressalien des Regimes den Anstand. Immer mehr Menschen teilten die Grundwerte und Überzeugungen der Nazis. Insgesamt nahm das Ansehen Hitlers stetig zu.

Ein Meilenstein der Popularität der Nazi-Führung waren die Olympischen Spiele 1936. Bereits vor den Winterwettkämpfen im Februar waren auf Anweisung der Behörden allenthalben antijüdische Schilder und Spruchbänder entfernt worden. Vertreter des Internationalen Olympischen Komitees konnten und wollten sich so überzeugen lassen, dass in Deutschland kein staatlich verordneter Antisemitismus herrschte – was kümmerten sie die im Vorjahr erlassenen antijüdischen »Nürnberger Gesetze« zum »Schutz des deutschen Blutes und der deutschen Ehre«? Auch jüdische Sportler beteiligten sich an der Nazi-Toleranz-Täuscherei. Jüdische Athleten ließen sich für die deutsche Olympiamannschaft einspannen. Die Fechterin Helene Mayer, die zuvor aufgrund des Nazi-Antisemitismus ihre deutsche Heimat verlassen hatte, kehrte für die Spiele aus Amerika zurück, um hierzulande olympische Ehren zu ernten. Wenn selbst bei einer betroffenen Jüdin Ruhmessucht schwerer wog als Abscheu vor den Nazis, durfte man dann den »ge-

wöhnlichen«, nicht diskriminierten Deutschen und Auslän-
dern vorwerfen, den Versuchungen der NS-Machthaber erlegen zu sein?

Hitler hatte darauf bestanden, dass »sein« Olympiastadion das
größte der Welt zu sein hatte. Sein Bewunderer und erster ar-
chitektonischer Erfüllungsgehilfe Albert Speer, der bereits das
Nürnberger Parteitagsgelände den Wünschen seines Meisters
entsprechend umzugestalten begonnen hatte, sorgte dafür, dass
das Berliner Olympiastadion, ursprünglich vom Architekten
Werner March entworfen, nach den Maßgaben des Führers
verändert wurde.

Die Spiele im Sommer 1936 wurden Hitlers Wünschen entsprechend mit einem bis dahin nie da gewesenen Spektakel
eingeleitet. Zur Eröffnungsfeier dirigierte Richard Strauss seine
eigens komponierte »Olympische Hymne« – nachdem bereits
das Deutschland- und das Horst-Wessel-Lied gespielt und ge-
sungen worden waren. Die Athleten der meisten Staaten marschierten mit »deutschem«, also Hitler-Gruß, ins Stadion. Die
Zuschauer jubelten. Insgesamt vier Millionen Besucher, zumeist Deutsche, hatten doppelten Grund zur Freude. Die Nationen der Welt erwiesen Deutschland und seinem Führer, der
sich so oft und so lange wie möglich im Stadion aufhielt, ihre
Reverenz.

Die Gastgeber ihrerseits zeigten sich als hervorragende Sportler – deutsche Athleten heimsten mehr olympische Medaillen
ein als alle übrigen Wettkämpfer zusammen. Auch Helene
Mayer erledigte ihre nationale Pflicht und errang die Silber-
medaille für Deutschland. Dann hatte sie ihre Funktion erfüllt
und musste gehen. Unterdessen bejubelten die Deutschen und
die Menschen aus aller Welt die perfekt organisierten Olympischen Spiele.

Fast niemand störte sich daran, dass zwei Dutzend Kilometer
vom Olympiastadion entfernt im Konzentrationslager Sach-
senhausen und an vielen anderen Orten in Deutschland Menschen aufgrund ihrer politischen Haltung misshandelt wurden.
Einer von ihnen war der Publizist Carl von Ossietzky. Doch

während des olympischen Sommers wollten sich nur sehr wenige die gehobene Stimmung durch Gedanken an die Verfolgten des Nazi-Regimes trüben lassen. So sahen Hitler und seine Getreuen keinen Anlass, ihre Gegner zumindest zeitweilig zu schonen. Ossietzky und seine Leidensgenossen blieben im KZ. Zwei Jahre später starb der Friedensnobelpreisträger an den Folgen seiner Haft. Viele von den Nazis Verfolgte erlitten ein ähnliches Schicksal. Dass diese Zustände im In- sowie Ausland bei Interessierten bekannt waren, erweist sich nicht erst heute beim Studium der Gestapo-Akten und der Berichte der ausländischen Vertretungen in Berlin. Ein schlichter Witz aus jener Zeit zeigt, dass das Volk Bescheid wusste: »Brief aus Deutschland: ›Liebe Freunde! In Deutschland ist es herrlich. Bei uns herrscht Freiheit. Niemand muss sich fürchten, seine Meinung offen zu sagen. Konzentrationslager sind eine englische Erfindung. In Deutschland gibt es sie nicht! Hans, der das Gegenteil behauptete, wird morgen beerdigt.‹«

Das internationale Prestige, das Hitler durch die Olympischen Spiele in Berlin gewann, das Gewährenlassen seiner Zwangsherrschaft sowie des Eroberungskriegs Mussolinis in Afrika, dem die Demokratien außer diplomatischem Protest nichts entgegensetzten, veranlassten den Führer erneut, die Initiative zu ergreifen. Entgegen dem Rat des Auswärtigen Amts befahl Hitler spontan die militärische Unterstützung des Aufstands der nationalistischen und falangistischen Truppen unter Führung General Francos, Seite an Seite mit Mussolinis Italien. Bislang hatte Hitler-Deutschland unter Berufung auf die Forderung nach Gleichberechtigung lediglich gewaltfreie (außen-) politische Schritte unternommen. Der Einmarsch deutscher Truppen ins Rheinland war eine offensive politische Maßnahme mit militärischer Symbolik, ein Vertragsbruch zur Veränderung der Machtbalance gegenüber Frankreich. Doch die Truppen blieben in Deutschland. Der Einsatz deutscher Militärflugzeuge sowie der Kampfeinheit Legion Condor indessen waren eindeutige kriegerische Interventionen.

Deutsche Kampfflugzeuge unterstützten die Franco-Truppen bei ihren Gefechten. Verheerend war der Einsatz des neu entwickelten deutschen Sturzkampfbombers. In Einzelfällen flog Görings Luftwaffe auch Angriffe auf Wohngebiete. Weltweites Entsetzen erregte die Bombardierung des baskischen Städtchens Guernica. Hier wurde ein grauenhaftes Präludium für die Luftangriffe gegen Zivilisten, ihre Häuser und Städte aufgeführt. Die Regierungen nahmen es hin, und die Deutschen vertrauten weiterhin ihrem Führer. Sie akzeptierten Hitlers Alibi, die Intervention in Spanien sei Teil des Kampfes gegen den globalen Bolschewismus.

In Paris regierte seit Juni 1936 eine Volksfrontregierung. Der sozialistische Premierminister Leon Blum wollte nicht in den Verdacht geraten, sein Land gemeinsam mit der Sowjetunion in einen Weltkrieg zu führen. Der konservative englische Premier Stanley Baldwin wiederum sah ebenfalls keinen Anlass, seine Truppen zur Verteidigung der linken spanischen Republik in den Kampf ziehen zu lassen. Statt mit massivem politischen Druck und, falls notwendig, durch die Demonstration militärischer Stärke die Diktaturen in Ost, Mitte und Süd von kriegerischen Eingriffen in Spanien abzuschrecken, ermutigten die Demokratien indirekt die Nazis, Faschisten und Sowjets, mit ihrer aggressiven Politik fortzufahren. Franco, Mussolini und Hitler hatten freie Bahn. Sie zögerten nicht, die Gelegenheit zu nutzen.

Hitler befahl unverzüglich die Ausweitung der Wehrpflicht auf zwei Jahre. Die Heeresleitung in der Bendlerstraße steuerte, wie Hoßbach Hitler dargelegt hatte, eine Friedensarmee von 550 000 Soldaten an – die Kriegstruppe sollte fünfmal so umfangreich sein. Hitler-Deutschland schickte sich an, erneut die erstrangige kontinentale Militärmacht Mittel- und Westeuropas zu werden.

Südlich der Alpen versuchte zur gleichen Zeit Benito Mussolini gewaltsam, das römische Imperium wieder aufstehen zu lassen. Der Faschistenführer war Hitler trotz ideologischer Nähe zunächst mit Reserve, ja Misstrauen begegnet. In der Folge des Putschversuchs österreichischer Nationalsozialisten 1934 hatte vor allem Mussolinis Drohung, seine Divisionen über den Brenner in Österreich einmarschieren zu lassen, Hitler von einer Intervention in seinem Geburtsland abgeschreckt. Doch nach dem Einfall in Abessinien hatte Mussolini die politische und militärische Unterstützung Nazi-Deutschlands schätzen gelernt. Die politische Unverfrorenheit Hitlers und die militärische Aufrüstung seines Reichs imponierten dem Möchtegern-Imperator. Die gemeinsame Intervention zugunsten Francos tat ein Übriges. So proklamierte Mussolini schließlich am 1. November 1936 in Rom die Achse mit Berlin. Fortan wollten die faschistischen Staaten ein Bollwerk gegen den Bolschewismus, aber auch gegen die westlichen Demokratien bilden. Gegen beide Systeme führten die Faschisten in Spanien einen Pilotfeldzug.

Die deutsche Intervention in Spanien wiederum bewog die nationalistische Regierung Japans im November 1936, mit Berlin den Antikominternpakt zu schließen. Ziel dieses Bündnisses, dem im folgenden Jahr auch Italien beitrat, war die Einkesselung der Sowjetunion. Berlin und Tokio verpflichteten sich, ihre Verteidigungsmaßnahmen gegen den Kommunismus abzustimmen, keine politischen Übereinkommen mit der Sowjetunion zu schließen und Moskau nicht zu unterstützen, wenn es einen Angriff gegen einen Vertragspartner beginnen sollte. Kurz: der Antikominternpakt war ein Dokument gegenseitigen Misstrauens.

Hitler befürwortete ein dauerhaftes, aber begrenztes militärisches Eingreifen in Spanien. Denn die Gefechte des Bürgerkriegs waren ein lebensechtes Manövrierfeld für die im Aufbau befindliche Wehrmacht, ihre Soldaten und Waffen. Durch den Kriegseinsatz sollte die Kampfbereitschaft des deutschen Volkes mobilisiert und trainiert werden. Die militärische Einmischung auf der Iberischen Halbinsel war in Deutschland nicht populär. Doch das Prestige Hitlers war so groß, dass die Menschen ihm weiterhin als Führer bedingungslos vertrauten.

Dem Muster seiner Politik folgend – same procedure as every year – hielt Hitler am 30. Januar 1937 vor dem Reichstag erneut eine »Friedensrede«. Dabei betonte er, Deutschland werde als »gleichberechtigter Staat, … seiner europäischen Aufgabe bewusst, nunmehr in Zukunft in loyaler Weise mitarbeiten an der Behebung der Probleme, die uns und die anderen Nationen bewegen.«

Hitlers loyale Weise, die Probleme Deutschlands und der anderen europäischen Nationen zu beheben, war eine eskalierende Aufrüstung. Im Etatjahr 1937/38 investierte Berlin die damals gewaltige Summe von neun Milliarden Reichsmark, also 45 Prozent des Reichshaushalts, in Kriegsmittel. Davon war fast die Hälfte geheim, also außerhalb des Etats von der Reichsbank finanziert. Deutschland musste über kurz oder lang in den Krieg ziehen oder seine Volkswirtschaft brach zusammen.

Vorbereitungen zum Waffengang

1937

Ab Herbst 1937 hielt Hitler die Zeit für gekommen, die Früchte seines Wirkens und der Arbeit seiner Wehrmacht zu ernten. Der Führer ging von der politischen in die militärische Offensive über. Am 5. November beorderte der Kanzler neben dem Außen- und Kriegsminister die Oberbefehlshaber von Heer, Marine und Luftwaffe in die Reichskanzlei. In einem mehrstündigen Monolog entwickelte er seine Pläne, die er als sein Vermächtnis bezeichnete. Ihr Fazit: Der Lebensraum der Deutschen lag im Osten – und: »Zur Lösung der deutschen Frage kann es nur den Weg der Gewalt geben.«

Als erste Opfer hatte Hitler Österreich und die Tschechoslowakei auserkoren. Dabei machte er deutlich, dass er sich nicht mit einem Anschluss der deutschsprachigen Gebiete an das Reich begnügen wollte. Hitler zeigte sich entschlossen, Österreich und das Sudetenland zu annektieren. Die übrige Tschechoslowakei sei als selbstständiger Staat zu zerschlagen. Das Gebiet samt seiner wertvollen wirtschaftlich-industriellen Infrastruktur solle unter deutsches Kuratel gezwungen werden. Das derart vergrößerte strategische Potenzial würde die Schlagkraft des Reichs bei seinem späteren Eroberungskrieg im Osten erhöhen.

Neben Außenminister von Neurath äußerten auch Kriegsminister von Blomberg und der Chef der Heeresleitung von Fritsch Bedenken. Die Militärs befürchteten, dass Paris und London versuchen würden, Berlin gewaltsam von seinen Expansionsabsichten abzuhalten. Dies aber bedeutete Krieg, womöglich sogar an zwei Fronten, dem Deutschland nicht – noch nicht – gewachsen sei.

Der Verlauf der Unterredung in der Reichskanzlei wurde von Hitlers Wehrmachtsadjutanten Hoßbach aufgezeichnet.

Dessen »Protokoll« gilt manchem Historiker als Beleg dafür, dass die Militärs Widerstand gegen Hitlers Kriegspläne geleistet hätten, sobald diese ihnen bekannt geworden seien. Dieses Verständnis ist falsch und obendrein naiv. Denn bereits Tage nach seiner Ernennung zum Kanzler hatte Hitler die Spitzen der Reichswehr über die Grundzüge seiner zukünftigen Wehrpolitik unterrichtet. Dabei hatte er unverblümt die Eroberung von Lebensraum im Osten als Ziel genannt. Ab August 1934 war Hitler als Führer auch Oberbefehlshaber der Wehrmacht. Jeder Soldat wurde auf ihn persönlich vereidigt. Es hätte den höheren Offizieren gut angestanden, ja es wäre geradezu ihre Pflicht gewesen, sich mit Hitlers programmatischer Autobiografie *Mein Kampf* vertraut zu machen. Dort hatte der Autor ausführlich seine Forderung nach gewaltsamer Landnahme im Osten niedergelegt. Selbst wenn die Generäle keine Muße fanden, das theoretische Werk ihres Führers zu studieren – über das Ergebnis ihrer tagtäglichen Anstrengungen konnten die Spitzenmilitärs keine Zweifel hegen. Die Generäle betrieben eine immense Aufrüstung, die die Leistungskraft der deutschen Wirtschaft weit überschritt – ihr Ziel war, ein militärisches Potenzial zu schaffen, das für den von Hitler vorgegebenen Angriffskrieg taugte. Der Generalstab hatte ein Heer mit einer Kriegsstärke von 102 Divisionen vorgesehen. Dies diente im März 1935 bei der Wiedereinführung der Wehrpflicht Hitler und der Armeeführung zur Grundlage der Aufrüstungsplanungen. Die Partitur, die Musiker und die Instrumente der neuen deutschen Militärkapelle taugten zum Krieg – der Dirigent ließ keinen Zweifel, dass er ihn wollte.

Neben der militärtechnischen Seite bestand auch eine ethische Verstrickung der militärischen Führung. Die Aufrüstungsplanungen der Weimarer Republik mochten theoretische Überlegungen gewesen sein, wie sie fast jede Armeeführung betreibt. Doch die Reichswehrspitze hatte sich bereits durch das Zusammenwirken mit dem Nazi-Regime, nicht zuletzt beim »Röhm-Putsch«, moralisch korrumpieren lassen und durch den persönlichen Treueid auf Hitler an den Führer gebunden.

Die Einwände von Reichswehrminister Blomberg und seinem Heereschef Fritsch gegen Hitlers Kriegspläne im November 1937 entsprangen nicht einer grundsätzlichen Ablehnung von Angriffskriegen oder gar moralischer Vorbehalte wegen der dabei auftretenden Opfer. Die Generäle äußerten lediglich strategische Bedenken. Sie hielten den Zeitpunkt der militärischen Aktion schlicht für verfrüht, vor allem aber befürchteten sie einen Krieg mit Großbritannien und Frankreich.

Hitler war nicht bereit, Kritik und Widerspruch seitens seiner Generäle hinzunehmen. Doch der Führer war auf eine intakte Armee angewiesen. So ließ er SS und Gestapo die militärischen Bedenkenträger in den folgenden Monaten durch sexuelle Intrigen ausschalten. Blomberg wurde nachträglich die Hochzeit mit einer ehemaligen Prostituierten, über deren Vergangenheit er zuvor Göring unterrichtet hatte, zur Last gelegt. Fritsch beschuldigte man aufgrund falscher Aussagen, Beziehungen zu einem Strichjungen unterhalten zu haben. Nach der erzwungenen Verabschiedung der Generäle übernahm Hitler auf Vorschlag Blombergs (!) das Amt des Kriegsministers. Zum Chef des Oberkommandos der Wehrmacht ernannte er den willfährigen Generalstäbler Wilhelm Keitel, in Kameradenkreisen auch »Lakeitel« genannt, Oberbefehlshaber des Heeres wurde der nicht minder gehorsame General Walther von Brauchitsch. Mit der folgsamen neuen Armeespitze konnte Hitler seine expansiven Vorhaben ungehemmt angehen.

Österreich war eine von seiner Bevölkerung ungeliebte Republik. Im November 1918 hatte die Nationalversammlung in Wien das Land zum Bestandteil der Deutschen Republik erklärt. Doch die Siegermächte untersagten Österreich den Anschluss an das Deutsche Reich. Eine begrenzte Zustimmung erfuhr der Staat erst ab Anfang der zwanziger Jahre, als sich die wirtschaftliche und politische Lage in Deutschland noch fataler gestaltete als in Österreich. Dies galt umso mehr nach der Machtübernahme Hitlers in Berlin für die gesamte österreichische Linke, Arbeiterschaft, Sozialdemokraten, Kommunisten, Intellektuelle. Unter die Herrschaft der Nazis wollte man auf keinen Fall geraten – dann schon lieber Solidarität mit einem relativ freien Rumpfstaat üben.

Doch seit der christlich-soziale Kanzler Engelbert Dollfuß im Februar 1934 den Aufstand sozialdemokratischer Bürgerwehren vom Heer hatte niederkartätschen lassen, hassten die Linke und die Arbeiterschaft das austrofaschistische Regime und rührten daher keinen Finger, als österreichische Nazis im Sommer 1934 putschten und Dollfuß ermordeten.

Nachdem der Versuch Deutschlands, Österreich wirtschaftlich zu strangulieren, gescheitert war, arrangierte sich Berlin mit der nun in Wien amtierenden Regierung Schuschnigg. Dennoch verstärkte die NSDAP ihre Propaganda und andere Aktivitäten in der »Ostmark«.

Die Achse zwischen Deutschland und Italien, die stetig forcierte Aufrüstung sowie die Konsolidierung seiner Armeeführung versetzten Hitler seit 1938 in die Lage, nunmehr ungehemmt seine Österreich-Pläne durchzusetzen. Berlin übte massiven Druck auf Wien aus, die NSDAP zu legalisieren und ihre Vertreter an der Regierung zu beteiligen. Schuschnigg versuchte, die Wirkung der Erpressung zu mindern, indem er ihr teilweise nachgab. Der Bundeskanzler bot dem de facto-Vertreter der NSDAP in Österreich Arthur Seyß-Inquart an, seine illegalen Parteigenossen in die austro-katholisch-vaterländischen Kräfte zu integrieren. So hoffte Schuschnigg zumindest formal die Unabhängigkeit der kleinen Donaurepublik zu bewahren. Diese Ohnmachtsgeste signalisierte Hitler, dass er freie Bahn hatte.

Daraufhin wurde Schuschnigg im Februar 1938 umgehend in Hitlers Domizil auf den Obersalzberg zitiert. Der Führer nötigte den Österreicher zur Annahme eines Ultimatums. Es erheischte die Ernennung Seyß-Inquarts zum Innenminister, die Aufhebung aller Restriktionen gegen Nationalsozialisten und die Gleichschaltung der österreichischen Wirtschaft mit der Deutschlands.

Da Hitler mit dem sofortigen Einmarsch der Wehrmacht drohte, gab Schuschnigg der Erpressung nach und unterzeichnete die Vereinbarung. Eine Woche später warnte Hitler in einer in Österreich ausgestrahlten Rundfunkrede, es sei den Deutschen »unerträglich, auf Dauer«, von zehn Millionen Volksgenossen durch ungewollte Grenzen getrennt zu sein. Dies war eine unmissverständliche Forderung zum Anschluss.

Daraufhin kündigte Schuschnigg am 9. März 1938 zum kommenden Sonntag (13. März) eine Volksabstimmung »für ein freies und deutsches, unabhängiges und soziales, für ein christliches und einiges Österreich« an. Damit hatte der Wiener Regierungschef sein politisches Todesurteil gesprochen. Hitler, der seit den Novemberwahlen des Jahres 1933 nur mehr als 90-prozentige Zustimmungsvoten gewohnt war, dachte nicht daran, seinen Willen zur Abstimmung zu stellen – schon gar nicht in einer Wahl, die nicht er, sondern ein anderer kontrollieren würde. Daher forderte Hitler die Verschiebung der Volksabstimmung, die Demission Schuschniggs und schließlich die Ernennung Seyß-Inquarts zum Bundeskanzler.

Schuschnigg versuchte durch internationale Diplomatie Wiens Unabhängigkeit sicherzustellen. Das britische Kabinett, an das sich Schuschnigg um Beistand gewandt hatte, ließ kühl bis ans Herz durch seinen Außenminister Lord Halifax antworten: »Die Regierung Seiner Majestät ist nicht in der Lage, Schutz zu garantieren.« Großbritannien wollte nicht einmal den Versuch dazu unternehmen, den das faschistische Italien Mussolinis vier Jahre zuvor mit Erfolg gegenüber Hitler demonstriert hatte. Der italienische Diktator wiederum war durch die deutsche Militärhilfe in Spanien und die Achse Hitler gegenüber verpflichtet und ließ Berlin widerspruchslos gewähren. Nazi-Deutschland hatte freie Bahn. So wurde Österreichs Selbstständigkeit auf dem Altar vermeintlicher internationaler Interessen geopfert.

Derweil sandte Seyß-Inquart auf Veranlassung Görings einen telegrafischen Hilferuf nach Berlin, in dem er deutsche Unterstützung bei der Wiederherstellung der Ordnung erbat. Nun ordnete Hitler den Einmarsch der Wehrmacht nach Österreich an. Die Farce, aus dem anzugreifenden Land ein Alibi zur Invasion zu liefern, gefiel offenbar besonders in Moskau – fortan ließ sich der Kreml zu jeder Invasion aus dem betroffenen Land einladen, zuletzt aus Afghanistan.

Schuschnigg sah sich nach einer kurzen Renitenzphase gezwungen, der deutschen Erpressung nachzugeben. Er ernannte Arthur Seyß-Inquart zum Kanzler, worauf dieser seinen Kollegen in Berlin bat, von einer Invasion Österreichs abzusehen. Doch Hitler dachte nicht daran, sich seinen Traum vom Anschluss vom eigenen Vasallen zerstören zu lassen. So ließ der Führer unmittelbar nach der Amtseinführung Seyß-Inquarts die »Operation Otto«, den »Freundschaftsbesuch« der Wehrmacht in der »Ostmark« anlaufen. In den frühen Morgenstunden des 12. März 1938 marschierten deutsche Soldaten nach Österreich ein und wurden allerorten von der Bevölkerung mit Jubel begrüßt.

Noch mehr Begeisterung als die deutschen Grenadiere erntete deren Führer beim Einzug in seine alte Heimat. Hitler besuchte zunächst seinen Geburtsort Braunau am Inn, dann eilte er weiter nach Linz. Hier wurde er enthusiastisch von den Menschen begrüßt.

In seiner Rede in der Donaustadt machte Hitler deutlich, dass er sich nicht als Staatsmann, sondern als Dogmatiker und politischer Missionar verstand: »Als ich einst aus dieser Stadt auszog, trug ich in mir genau dasselbe gläubige Bekenntnis, das mich heute erfüllt. Ermessen Sie meine innere Ergriffenheit, … dieses gläubige Bekenntnis in Erfüllung gebracht zu haben … Sehen Sie in den deutschen Soldaten, die … in diesen Stunden einmarschieren, opferbereite und opferwillige Kämpfer für des ganzen großen deutschen Volkes Einheit, für des Reiches Macht, für seine Größe und Herrlichkeit, jetzt und immerdar.«

Hitler traf die Bedürfnisse der Österreicher. Die Menschen sehnten sich nicht nach Freiheit, Demokratie und Vernunft, sondern nach großen Gefühlen und quasi-religiösen Mythen.

Noch in Linz wurde hastig ein Anschlussabkommen zusammengeschustert und vom Kabinett Seyß-Inquart unterzeichnet. Österreich hatte aufgehört zu bestehen und war Teil Deutschlands geworden. Hitler hatte sein »gläubiges Bekenntnis« in Erfüllung gebracht. Zwei Tage später verkündete der Führer vor 250 000 begeisterten Wienern auf dem Heldenplatz »vor der Geschichte nunmehr den Eintritt meiner Heimat in das Deutsche Reich«.

Unterdessen hatten in Wien und vielen anderen Städten und Ortschaften des ehemaligen Österreich judenfeindliche Ausschreitungen eingesetzt. Anders als in Deutschland nach Hitlers Machtübernahme wurden hier Juden allenthalben misshandelt und gedemütigt. In Wien zwang man sie zum Gaudium der Bevölkerung, mit Zahnbürsten die Bürgersteige zu reinigen. Sie wurden dabei von den Umstehenden verhöhnt, beschimpft und geschlagen.

Derweil waren SS-Chef Himmler, sein Vize und Sicherheitsdienst (SD)-Kommandeur Heydrich sowie der »Judenfachmann« der SS, Adolf Eichmann, bereits in der Donaumetropole eingetroffen. Ihre Aufgabe war die Zerschlagung der Opposition, die Etablierung einer funktionierenden SS-Infrastruktur einschließlich der Integration der österreichischen Polizei, der Aufbau von Konzentrationslagern sowie die Ausschaltung des »jüdischen Einflusses« und der Beginn der »Arisierung«, die im Altreich längst im Gang war.

Drei Wochen nach dem Einmarsch der deutschen Truppen fand die Volksabstimmung über den bereits vollzogenen Anschluss unter Kontrolle der NS-Behörden statt. Nach offiziellem Ergebnis stimmten im »Altreich« ebenso wie in der neuen Ostprovinz jeweils mehr als 99 Prozent für den »Anschluss«. Die Zahlen waren wahrscheinlich manipuliert. Doch ohne Zweifel befürwortete die überwältigende Mehrheit in beiden Ländern den Zusammenschluss. Dass die Union unter dem Zeichen des Hakenkreuzes geschah, dass sie eine rigide Diktatur bedeutete, die mit der Entrechtung und teilweisen Verhaftung und Enteignung von politischen Gegnern und Juden einherging, störte die meisten kaum. Viele Österreicher, die sich von den judenfeindlichen Ausschreitungen fern gehalten hatten, teilten gleichwohl antisemitische Klischees über die Vormacht und Verschwörung der Juden. Der relativ große Einfluss der österreichischen Juden in Wirtschaft, Wissenschaft, Kunst, Kultur und Publizistik und die Minderheitenrolle der Deutschsprachigen in der untergegangen k. u. k. Monarchie hatte bei vielen zu einer paranoiden Einstellung geführt, die antisemitische Agitation begünstigte.

Ihr war auch der junge Adolf Hitler in seiner Wiener Zeit erlegen. Diese historischen, sozialen und psychologischen Rahmenbedingungen erklären auch, warum unverhältnismäßig viele Österreicher sich als SS-Angehörige zunächst an der Entrechtung der Juden und später am Völkermord beteiligen sollten, der vom Österreicher Adolf Eichmann verwaltet und tatkräftig vorangetrieben wurde. Tradierte antijüdische Klischees der katholischen Kirche taten ein Übriges. So wurde der legale Antisemitismus des NS-Regimes in der »Ostmark« mehrheitlich gutgeheißen.

Adolf Hitler durfte sich mit Fug und Recht als Exekutor des Volkswillens fühlen. Die Heimführung Österreichs steigerte sein Ansehen und seine Macht im Reich und in Europa. In Deutschland wurde der »Anschluss« freudig als Vollendung der deutschen Einheit begrüßt, die seit den Befreiungskriegen vergeblich herbeigesehnt worden war. Nicht einmal Bismarck hatte sie erringen können.

Der Österreich-Triumph Hitlers entsprang wie seine vorhergehenden Erfolge einer Kombination eigener Zielstrebigkeit und dem Unvermögen seiner Gegner. Hitler setzte sich über die zögernden, Bedenken tragenden Minister und Militärs hinweg und handelte entschlossen.

Nach dem Erfolg der Annexion setzte Hitler mit gestärktem Selbstbewusstsein seinen Weg fort. Das nächste Ziel hatte er bereits bei der Strategie-Konferenz im November 1937 gegenüber der militärischen Führung genannt.

Aus der Konkursmasse der Donaumonarchie waren rund dreieinhalb Millionen Volksdeutsche der 1918 entstandenen Tschechoslowakei zugeschlagen worden. Dies geschah ohne deren Zustimmung. So gerieten die Sudetendeutschen in der Tschechoslowakei zur Minderheit. Der Abstieg von der privilegierten Position des herrschenden Staatsvolkes in den Keller einer benachteiligten Minorität hatte neben sozialen Einbußen auch psychologische Defizite zur Folge.

Im Vergleich zu den Menschen in der Weimarer Republik und in Österreich ging es den Sudetendeutschen in der Tschechoslowakei wirtschaftlich durchaus zufrieden stellend. Doch objektive Errungenschaften zählen wenig im Vergleich zur Kränkung des Selbstwertgefühls als zurückgesetzte Gruppe. Die Benachteiligung der Sudetendeutschen war unnötig wie jede Diskriminierung. Die Tschechen wollten den Deutschen – ebenso wie den Slowaken, Ungarn und Polen – vorführen, dass fortan sie das Sagen in ihrem neuen Staat hatten. Die Sudetendeutschen traten im Prager Parlament in zahllosen Debatten für ihre Belange ein. Auf internationaler Ebene appellierten die Sudetendeutschen zwischen 1920 und 1931 in zwei Dutzend Eingaben an den Völkerbund, ihnen zu ihren Rechten zu verhelfen. Dabei forderten sie unter anderem ihr Selbstbestimmungsrecht, die Erlaubnis, Volksabstimmungen abhalten zu dürfen sowie Maßnahmen zur Gleichberechtigung der Deutschsprachigen. Alle Petitionen blieben ohne Erfolg. Das Ansehen der deutschsprachigen Weltkriegsverlierer war schlecht – und so wurden selbst legitime Forderungen ihrer Minderheiten ignoriert.

Dieser Zustand änderte sich erst, nachdem die Nazi-Diktatur sich in Deutschland etabliert hatte. Konsequent gründete Konrad Henlein, ehedem Verbandsturnwart, 1933, wenige Monate nach Hitlers Machtübernahme, die »Sudetendeutsche Heimatfront«. Der Parteichef distanzierte sich anfangs aus taktischen Erwägungen von den Nazis. Nach dem Anschluss Österreichs übernahm Henlein jedoch Hitlers Position ohne Abstriche. Der Führer wollte keine Verbesserung der Lebensbedingungen der Sudetendeutschen. Sein Ziel war vielmehr die Zerschlagung der Tschechoslowakei.

Einen Monat nach dem deutschen Einmarsch in Wien erhob die nun zur »Sudetendeutschen Partei« umbenannte Bewegung in ihrem Karlsbader Programm vom 24. April 1938 Forderungen, die Berlin und der Henlein-Partei eine Schiedsrichterrolle über die Politik Prags und das Selbstverständnis der Tschechoslowakei zubilligen sollten und damit de facto das Ende der unabhängigen Moldau-Republik bedeutet hätten. Die SdP verlangte die Freiheit des Bekenntnisses zur deutschen Weltanschauung allenthalben in der ČSR und ein Ende der »deutschenfeindlichen Außenpolitik«. Wie von Hitler gewünscht und erwartet, erklärte die tschechische Regierung gegenüber ihren anglofranzösischen Verbündeten, dass sie die sudetendeutschen Forderungen nicht akzeptieren könne. Gleichzeitig aber ließ der einflussreiche Politiker Jan Masaryk, ein Sohn des Staatsgründers Tomáš Garrigue Masaryk, wissen, sein Land sei unter Umständen zur Abtretung der deutschsprachigen Gebiete bereit.

Dies ermutigte Hitler. Um den Druck auf Prag und seine Alliierten zu erhöhen, machte Berlin Ende Mai Truppenbewegungen publik. Wie vorausgesehen, bedrängten nun Großbritannien und Frankreich Prag massiv, Deutschland mit Zugeständnissen entgegenzukommen. Die Tschechoslowakei reagierte stattdessen mit der Teilmobilisierung ihrer Streitkräfte.

Diese entschiedene Haltung wurde von den Regierungen in London und Paris, aber auch vom Kreml unterstützt, was wiederum Hitler zwang, von einer unmittelbaren Intervention in der Tschechoslowakei abzusehen. Der unerwartete Widerstand Prags bestärkte Hitler in seiner Absicht, die »tschechische Frage« gewaltsam zu lösen. In einem Geheimbefehl unterrichtete der Führer die Spitze der Wehrmacht am 30. Mai 1938 von »seinem unabänderlichen Entschluss, die Tschechoslowakei durch eine gezielte militärische Aktion zu zerschlagen«. Damit konkretisierte Hitler seine Absicht, die Tschechoslowakei als Vorstufe einer gewaltsamen Landnahme im Osten zu erobern. Der Feldzug gegen die Tschechoslowakei sollte spätestens am 1. Oktober beginnen.

In seiner Rede auf dem Nürnberger Reichsparteitag Mitte

September bezichtigte Hitler die Prager Regierung einer verbrecherischen Politik und drohte unverhohlen mit einer Intervention zugunsten der deutschen Volksgenossen. Wie auf Bestellung setzten darauf im Sudetenland blutige Unruhen ein. Diese wiederum lieferten den Vorwand für offene militärische Vorbereitungen in Deutschland. Der Ausbruch eines Krieges, der durch das Paktsystem zwangsläufig zu einem europäischen Waffengang geführt hätte, schien unmittelbar bevorzustehen. Da zog der britische Premier Arthur Neville Chamberlain die Notbremse.

Appeasement und Zeitgewinn

1938

Die deutsche Entschiedenheit machte in London Eindruck. Chamberlain erklärte seine Bereitschaft, jederzeit zu Verhandlungen mit Hitler zu reisen. Der deutsche Führer war nicht willens, dieses Angebot seinerseits mit Kompromissbereitschaft zu würdigen. Hitler deutete vielmehr Chamberlains Verhalten als Eingeständnis der Schwäche und war entschlossen, es auszunutzen. Statt dem 70-jährigen britischen Regierungschef zumindest räumlich entgegenzukommen, verharrte Hitler auf dem Berghof in der entferntesten geografischen Ecke seines Reichs. Chamberlain ließ sich von der Machtdemonstration des Deutschen nicht abschrecken und suchte Hitler in dessen Refugium auf.

Die Reise des Briten wurde seit dem Ausbruch des Zweiten Weltkriegs als Demutsgeste verhöhnt, die Londoner Politik als Appeasement etikettiert. Diese pauschale Bewertung ist übertrieben. London erstrebte traditionell ein europäisches Machtgleichgewicht, um mit relativ kleinem Krafteinsatz ein gewichtiges Wort auf dem Kontinent mitreden zu können. Diese Doktrin hatte Großbritannien im zurückliegenden Weltkrieg bis an den Rand des militärischen und wirtschaftlichen Zusammenbruchs geführt. Nur mithilfe der Vereinigten Staaten gelang es endlich, die Entscheidung gegen das Deutsche Reich zu erzwingen. Doch Großbritannien hatte sich bei amerikanischen Banken und dem US-Staat stark verschuldet. Trotz jahrelanger Warnungen oppositioneller deutscher Militärs sah London, anders als Paris, nicht Deutschland, sondern das kommunistische Russland als die erstrangige und aggressivste Bedrohung des europäischen Friedenssystems.

Im Flottenabkommen von 1935 erkannte Großbritannien

faktisch die deutsche Gleichberechtigung an. Die Hinnahme des Anschlusses Österreichs bestätigte, dass London und Paris die Entschlossenheit fehlte, dem zunehmend expansionistischen Kurs Berlins politisch und notfalls auch militärisch entgegenzutreten.

Die latente politische und militärische Offensive Berlins in der Sudetenfrage bewies London nun unzweifelhaft, dass es Hitler lange falsch eingeschätzt hatte. Der NS-Führer zeigte sich entschlossen, Krieg gegen die Tschechoslowakei zu führen, wenn seine völkischen Forderungen nicht erfüllt würden. Dies hätte für Frankreich und Großbritannien den Bündnisfall bedeutet. Die Westmächte hatten nur die Wahl, in den Krieg zu ziehen oder sich als vertragsbrüchige Prahler zu entlarven. Nun erst wurde Chamberlain das volle Ausmaß des britischen Dilemmas deutlich.

Die Landesverteidigung Großbritanniens war mehr noch als jene Frankreichs über Jahre vernachlässigt worden. London und Paris sahen sich daher nicht in der Lage, der hochgerüsteten deutschen Wehrmacht Paroli zu bieten. In dieser Situation wollte Chamberlain um jeden Preis Zeit gewinnen – auch um den seiner persönlichen Reputation. Dies bewog den britischen Premier, Hitler so innig zu umgarnen, dass dieser sich nicht aus der englischen Umarmung würde lösen können, getreu der Parole: If you can't beat them, join them. Chamberlain suchte Hitler also am 15. September 1938 auf dem Obersalzberg auf. Sein Gastgeber verstand den Besuch des Briten als Teilkapitulation, als die Bereitschaft zu weitgehenden politischen Zugeständnissen. Hitler forderte unverhohlen den Anschluss des Sudetenlandes an das Deutsche Reich – durch diplomatischen Druck oder eine militärische Intervention Berlins. Chamberlain sagte Hitler zu, sich für eine diplomatische Lösung einzusetzen. Daraufhin einigten sich der britische Premier und sein französischer Kollege Edouard Daladier in Paris, Prag zu »direkten Gebietsübertragungen« an Deutschland zu nötigen. Chamberlain war sich der Demütigung bewusst, die eine unverhohlene Beschwichtigungspolitik gegenüber Hitler bedeutete. So bekannte der britische Regierungschef nach seiner Rückkehr nach London auf einer Kabinettssitzung, Hitler sei der »ordinärste kleine Hund«, der ihm je über den Weg gelaufen sei.

Dennoch war Chamberlain entschlossen, so lange wie nötig das Hitlersche Gekläff über sich ergehen zu lassen, um derweil eine wirkungsvolle Nachrüstung einzuleiten. Der britische Verteidigungsetat wurde umgehend erhöht. Dann kehrte der Premier nach Deutschland zurück. Dabei machte Hitler dem Engländer bei ihrem Treffen am 22. September 1938 in Bad Godesberg deutlich, dass er sich mit dem Sudetenland nicht zufrieden geben würde. Nun spielte sich der Führer als Wahrer der Interessen Polens und Ungarns auf, die ihrerseits die Abtretungen von Gebieten mit ihren Minderheiten forderten.

Hitler ließ sich nicht länger auf Verhandlungen ein. Stattdessen forderte er ultimativ die Erfüllung seiner sowie der polnisch-ungarischen Ansprüche binnen zehn Tagen; sonst würde er seine Soldaten auch ohne politische Einigung marschieren lassen. Chamberlain wollte Hitler hinhalten. Er erklärte sich bereit, in Paris über die weitergehenden Forderungen zu beraten. Die Erfüllung der multinationalen Abtretungsansprüche bedeutete unweigerlich die Sprengung der von der tschechischen Minderheit dominierten Republik. Die Regierung in Prag war jedoch nicht willens, sich zugunsten der britischen Staatsinteressen dem deutschen Wolf zum Fraß vorwerfen zu lassen. Daher ordnete das Kabinett der ČSR, noch während Chamberlain in Deutschland weilte, die Generalmobilmachung an und lieferte Hitler auf diese Weise ein Alibi, seinerseits Kriegsvorbereitungen zu forcieren. Dieser Schritt brachte Hitler in unvorhergesehene Schwierigkeiten.

Bei seinem Vortrag vor der Reichswehrspitze am 3. Februar 1933 hatte Hitler als eine Voraussetzung seiner Eroberungspläne die Erziehung des deutschen Volks zur Kriegsbereitschaft genannt. Als nun der Führer im Herbst 1938 die Zeit zum Waffengang für gekommen hielt, erwies sich, dass die von ihm genannte mentale Vorbedingung nicht erfüllt war. Die Deutschen hatten trotz einer von Goebbels orchestrierten Propagandakampagne offensichtlich Angst vor der Beteiligung an einem Krieg. Anders als im Sommer 1914 waren nirgends begeisterte Kriegswillige zu sehen. Aus vertraulichen Meldungen der Gestapo und des SD sowie aus Berichten ausländischer Journalisten und Diplomaten wird im Gegenteil deutlich, dass die Menschen in Deutschland einen Krieg um jeden Preis vermeiden wollten.

Hitler ließ sich davon nicht beeindrucken. Er war entschlossen, die von ihm angeheizte Sudetenkrise zum Anlass einer militärischen Intervention zu nehmen, und wusste, dass die Deutschen ihm trotz weit verbreiteter Kriegsangst folgen würden. Der Generalstabschef des Heeres Ludwig Beck befürchtete, dass aufgrund der bestehenden Paktsysteme Deutschland ähnlich wie 1914 in einen Zweifrontenkrieg mit Großbritannien, Frankreich und der Sowjetunion plus Tschechoslowakei geraten würde. Dafür sah der General das Reich nicht gerüstet. In mehreren Memoranden warnte Beck seine Kameraden in der Generalität vor der Gefahr eines globalen Kriegs, den Deutschland notwendigerweise verlieren würde. Der Generalstabschef forderte den Oberbefehlshaber des Heeres von Brauchitsch auf, eine Verweigerungsfront der Generäle zu organisieren, die durch eine einheitliche Rücktrittsdrohung Hitler an der Entfachung eines Kriegs hindern sollte.

Becks Bedenken fanden in der Generalität durchaus – fachliche – Zustimmung. Doch zur kollektiven Rücktrittsdrohung mochten sich die Herren nicht entschließen. Ihr oberster Kommandeur und Führer hätte dies womöglich als Befehlsverweigerung auffassen und die Demissionsofferten annehmen können. Brauchitsch begnügte sich damit, Hitler die Denkschrift Becks vorzulegen – was den desavouierten Verfasser seinerseits zum Abgang veranlasste. Doch Hitler bestand weiterhin darauf, die Sudetenkrise gewaltsam in seinem Sinne zu entscheiden.

Der neue Stabschef des Heeres, Franz Halder, teilte die Bedenken seines Vorgängers. Doch er erkannte, dass es sinnlos war, Hitler mit schriftlichen Vorlagen oder Vorträgen von seinen Kriegsplänen abbringen zu wollen. Die theoretische Konsequenz des Generals war, Hitler durch ein Kommando festzusetzen und wegen Anzettelung eines Kriegs vor Gericht zu stellen, sobald er diesen Waffengang durch eine verbindliche Kriegserklärung bestätigt haben würde.

General Halder war kaum weniger naiv als Beck. Hitler hatte all seine innerparteilichen Rivalen und politischen Gegner ohne Mühe ausschalten können, weil er sich nicht nach legitimen oder ethischen Kriterien richtete, sondern nur dem unverstellten Prinzip der Macht folgte. Darüber hinaus war das Verhindernwollen eines Unheils, indem man zuwartete, bis es eintrat, um den Täter zu entlarven, eine Katastrophen- und obendrein eine katastrophale Strategie, die eines verantwortungsbewussten Generals unwürdig ist.

Adolf Hitler trieb die politisch-militärische Eskalation voran. Doch er war klug genug, sich nicht allein auf dumpfe Drohungen zu verlassen. Um die Front seiner Gegner aufzuweichen und gleichzeitig die Unterstützung der Menschen in Deutschland zu gewinnen, lockte er mit der Aussicht auf Frieden, falls die »legitimen Forderungen« der Sudetendeutschen erfüllt würden. »Ich habe Herrn Chamberlain versichert, dass das deutsche Volk nichts anderes will als den Frieden … Und ich habe ihm weiter versichert, dass in dem Augenblick, in dem die Tschechoslowakei ihre Minderheitenprobleme friedlich und nicht durch Unterdrückung löst, ich dann am tschechischen Staat nicht mehr interessiert bin. Und das wird ihm garantiert! Wir wollen gar keine Tschechen! Das Sudetengebiet ist unsere letzte territoriale Forderung in Europa!«, verkündete Hitler am 26. September 1938 im Berliner Sportpalast, um sogleich eine Drohung nachzuschieben: Der tschechoslowakische Staatspräsident müsse »dieses Angebot entweder akzeptieren und den Deutschen endlich die Freiheit geben, oder wir werden diese Freiheit uns selbst holen … Herr Beneš mag jetzt wählen.«

Hitler wusste, dass die Wahl längst nicht mehr in der Macht Prags lag – tatsächlich war die Moldau-Republik seit Beginn der

Krise zum Bauer im Schachspiel der europäischen Großmächte mutiert. Hitler zeigte sich entschlossen, die Kriegspartie zu eröffnen, wenn seine Forderungen nicht erfüllt würden. Paris und London dagegen konzentrierten sich auf ihr vorrangiges Interesse, unter allen Umständen einen Waffengang zu vermeiden. Denn England und Frankreich mussten nun konstatieren, dass Hitler allen Friedensbeteuerungen zum Trotz seine fünf Jahre an der Macht genutzt hatte, eine Kriegsmaschinerie aufzubauen, der ihre Armeen nicht gewachsen waren.

Seine Skrupellosigkeit ließ Hitler ein großes Risiko in Kauf nehmen. Damit war er seinen konfliktscheuen Kontrahenten in der Krise überlegen. Frankreich und Großbritannien dagegen suchten einen Anlass, der sich als Legitimation zur Vermeidung eines Waffengangs – auch ihren kriegsmüden Völkern gegenüber – werten ließ, tatsächlich aber den Verrat am tschechischen Verbündeten bedeutete. Dieses Alibi wurde ihnen von Italiens Staatschef geliefert. Der Duce, dessen Armee auf einen europäischen Krieg ebenfalls nicht vorbereitet war, bewog seinen deutschen Weggenossen, die Mobilisierung seiner Wehrmacht zu verzögern und derweil ein internationales Treffen in München einzuberufen. An der Konferenz nahmen neben Hitler und Mussolini der britische Premier Chamberlain und der französische Regierungschef Daladier teil. Paris und London hielten es nicht für angebracht, auf der Anwesenheit eines Vertreters der betroffenen Prager Regierung zu bestehen. So konnten sie sich innerhalb weniger Stunden mit den Achsendiktatoren einigen, Deutschland das Sudetenland zu überlassen. Ungarn und Polen sollten – kleinere – Teile der tschechoslowakischen Beute vorgeworfen bekommen.

Die Tschechoslowakei wurde erst am folgenden Tag von dem Verhandlungsergebnis in Kenntnis gesetzt. Prag blieben nur wenige Tage Zeit, das Sudetenland zu räumen. London und Paris hatten die böhmische Figur der Aussicht auf Frieden geopfert und damit die politische Mechanik der Tschechoslowakei zum Zusammenbruch gebracht.

Während die Tschechen beklommen der Demontage ihres

Staates zusehen mussten, jubelten die Massen in Paris, London, Berlin, Rom und München über die vermeintlich Frieden verheißende Konferenz in der bayerischen Metropole. Die Menschen Europas schrien die angestaute Angst und ihre Erleichterung heraus, dass sie selbst, ihre Männer oder Kinder nicht in den Krieg ziehen mussten.

Doch nüchterne Politiker ließen sich von der allgemeinen Euphorie nicht beirren: »Keineswegs missgönne ich unserem loyalen, tapferen Volke ... den natürlichen, spontanen Ausbruch der Freude und Erleichterung ... aber es soll die Wahrheit erfahren. Es soll wissen, ... dass wir, ohne Krieg, eine Niederlage erlitten haben, deren Folgen uns für eine lange Strecke begleiten werden; es soll wissen, dass wir einen schrecklichen Meilenstein in unserer Geschichte passiert haben, wobei das ganze europäische Gleichgewicht gestört wurde ... Das ist ... bloß der erste Schluck, der erste Vorgeschmack des bitteren Trankes, der uns Jahr für Jahr vorgesetzt werden wird«, erklärte Winston Churchill am 5. Oktober 1938 im Londoner Unterhaus.

Noch während die deutschen Behörden das Sudetenland ins Reich eingliederten und dessen Einwohner sich mit dem Leben im NS-Staat zu arrangieren suchten, ging das Nazi-Regime erneut in die Offensive. Sein nächstes Opfer sollten die deutschen Juden sein.

Treibjagd auf Juden

November 1938

Die »Äußerungen des Volkszorns«, also die antijüdischen Ausschreitungen beim Einmarsch der Wehrmacht in Österreich,
weckten in der Umgebung Hitlers, vor allem bei Joseph Goebbels, den Plan, im »Altreich« mithilfe ähnlicher Aktionen den
Verfolgungsdruck auf die Juden zu erhöhen und sie so zur raschen Auswanderung zu nötigen.

Als erste sichtbare Maßnahme ordneten die Behörden im
Mai 1938 den Abriss der Hauptsynagoge in München an. Hitler wollte das prominente Bauwerk aus seiner »Hauptstadt der
Bewegung« entfernt wissen. Trotz dieser und unzähliger anderer Schikanen lebten noch rund 300 000 Juden in Deutschland, sie waren entschlossen, in ihrer Heimat auszuharren.

Doch über Nacht wurde ihre Lage höchst prekär. Am
9. November 1938 starb der deutsche Diplomat Ernst vom
Rath in Paris an den Folgen der Verletzungen, die ihm der polnische Emigrant Herschel Grynszpan zwei Tage zuvor zuge-
fügt hatte. Die NS-Führung kam gerade zu ihrer jährlich am
9. November stattfindenden Gedenkveranstaltung in München
zusammen, als die Nachricht vom Tod des Botschaftssekretärs
bekannt wurde.

Goebbels gab den Startschuss zu judenfeindlichen Ausschreitungen. Dies geschah im Einvernehmen mit Hitler. »Ich trage
dem Führer die Angelegenheit vor. Er bestimmt: Demonstra-
tionen weiterlaufen lassen. Polizei zurückziehen. Die Juden
sollen einmal den Volkszorn zu verspüren bekommen«, notierte Goebbels.

Am 9. und 10. November wurden 91 Juden ermordet, Tausende misshandelt, Zehntausende jüdische Männer festgesetzt,
fast 200 Synagogen wurden gebrandschatzt, davon 76 völlig

zerstört, unzählige Häuser und Wohnungen von Juden demoliert, 7500 Geschäfte und Dutzende Kaufhäuser verwüstet.

Die vielfach vertretene Behauptung, Hitler und Himmler seien vom Propagandaminister nicht im Voraus informiert worden, stützt sich auf eine Notiz Himmlers in der Nacht zum 10. November. Sie lautet: »Der Befehl kommt von der Reichspropaganda-Leitung und ich vermute, dass Goebbels in seinem mir schon lange aufgefallenen Machtstreben und in seiner Hohlköpfigkeit gerade jetzt in der außenpolitisch schwersten Zeit diese Aktion gestartet hat … Als ich den Führer fragte, hatte ich den Eindruck, dass er von den Vorgängen nichts wusste.«

Himmlers Mutmaßung war unrichtig. Die Notiz des SS-Chefs diente ihm lediglich als Absicherung im permanenten Machtkampf der NS-Kamarilla um die Gunst des Führers. Sowohl Himmler als auch der Propagandaminister kannten die Machtverhältnisse. Goebbels besaß keine Befehlsgewalt über die SA. Er musste sich diese zunächst von Hitler einholen: »Er bestimmt«, bestätigte der Propagandaminister, »entsprechende Anweisungen an Polizei und Partei zu erteilen«, in seinem Tagebuch. Denn ein deutschlandweites synchrones Vorgehen der Sturmabteilungen konnte nur vom Chef der SA angeordnet werden – also von Adolf Hitler. Um eventuelle Hemmungen der SA-Männer gegenüber ihnen bekannten Juden auszuschalten, wurden bei den Ausschreitungen planmäßig ortsfremde »Stürme« eingesetzt.

Die SS hielt sich auf Befehl Himmlers und Heydrichs zunächst aus den Gewaltakten gegen Menschen und Einrichtungen heraus. Doch bald wurden die Infrastruktur und der Sachverstand des schwarzen Korps gebraucht – zunächst, um die arretierten Juden längerfristig festzuhalten. Rund 30 000 Juden wurden in Konzentrationslager eingeliefert, die der SS unterstanden.

In der NS-Führung wurde lebhaft über Sinn und Folgen des Pogroms beraten. Hermann Göring, für die Wirtschaftsplanung zuständig, zeigte sich zunächst empört. »Sie schädigen nicht den Juden, sondern schließlich mich, der ich die Wirtschaft zusammenzufassen habe. Wenn heute ein jüdisches Geschäft zertrümmert wird, wenn Waren auf die Straßen geschmissen werden, dann ersetzt die Versicherung den Juden den Schaden … Es ist irrsinnig, ein jüdisches Warenhaus … anzuzünden … und die Waren, die ich dringend brauche … werden verbrannt und fehlen mir … Da kann ich gleich die Rohstoffe anzünden.« Gegenüber Heydrich zog Göring sein Resümee: »Mir wäre lieber gewesen, ihr hättet 200 Juden erschlagen und hättet nicht solche Werte vernichtet.« Hinzu kam, dass infolge der Exzesse eine Reihe ausländischer Firmen ihre Zusammenarbeit mit deutschen Unternehmen aufkündigten. Einzelne Branchen mussten Exporteinbußen bis zu 30 Prozent hinnehmen, eine fatale Entwicklung für die devisenschwache deutsche Volkswirtschaft.

Doch der unmittelbare materielle Schaden war nun mal angerichtet, und so sann die NS-Führung auf Abhilfe. Die Juden sollten für die ihnen zugefügten Zerstörungen aufkommen. Sie hatten eine Buße in Höhe von einer Milliarde Reichsmark zu entrichten. Das Reich beschlagnahmte die Entschädigungszahlungen der Versicherungen. Gestohlenes Gut wurde den Juden nicht erstattet. Bemerkenswert war die strafrechtliche Ahndung der Pogromnacht-Täter. Da die Aktionen angeordnet waren, wurden Tötungen von Juden, sofern sie von Parteiangehörigen begangen wurden, nicht zur Anklage gebracht. Dagegen schloss die Partei vier Vergewaltiger aus und klagte sie an. Denn die Männer hatten, anders als die Mörder, gegen das »Gesetz zum Schutze des deutschen Blutes und der deutschen Ehre« verstoßen.

Die Ausschreitungen ereigneten sich inmitten der Gesellschaft. Die deutsche Bevölkerung wurde allenthalben Zeuge, ebenso ausländische Journalisten und Diplomaten. Auf diese Weise erfuhren deren Öffentlichkeit und Regierungen von dem staatlich organisierten Pogrom in Deutschland. Die brandschatzenden SA-Leute sowie freischaffende Räuber und Schläger blieben eine kleine Minderheit. Ebenso wie jene, die eine heimliche oder unheimliche Freude empfanden ob der Demütigung der einst vermeintlich übermächtigen Juden. Bei den meisten Deutschen überwog der Abscheu. Viele ausländische Zeitungen drückten ihre Empörung aus. Die demokratischen Regierungen protestierten in gemessenen Worten. Dabei ließ man es in der Regel bewenden.

Der Widerspruch zwischen der Ablehnung der brutalen antijüdischen Ausschreitungen durch die breite Mehrheit der Bevölkerung und deren passive Hinnahme wird noch heute vielfach mit der mangelnden Zivilcourage »der Deutschen« gerechtfertigt.

Dieses Alibi ist ungenügend. Späterer Protest und Auflehnung zeigen, dass die vermeintlich feigen Deutschen durchaus zum aktiven Widerstand fähig und bereit waren und geblieben sind – wenn sie ihre Werte oder gar ihre Existenz beziehungsweise die ihrer Familien bedroht sahen. Dieser Pegel der persönlichen Betroffenheit aber wurde durch das Novemberpogrom nicht überschritten. Die eigene Bequemlichkeit und Furcht wogen schwerer als das Mitleid mit den Juden und der Abscheu vor den Gewalttaten. Manche Deutsche halfen bedrängten Juden, gewährten ihnen heimlich Unterschlupf und bewahrten sie so – zumindest zeitweilig – vor der Verhaftung. Doch die Zahl der Hilfsbereiten war zu gering. Die breite Mehrheit missbilligte das hässliche Geschehen, ließ ihm jedoch freien Lauf.

So mussten die in Deutschland verbliebenen Juden erkennen, dass die Haltung der Duldung, des zwanghaften »Es-wird-schon-nicht-so-schlimm werden«-Optimismus, eine Existenz gefährdende Selbstlüge war. Die Nazis ließen sich nicht beschwichtigen. Sie blieben ihrer Devise »Juda verrecke!« treu und nahmen sie wörtlich. Nun, da sich die deutschen Juden keine Illusionen über die Mord- und Zerstörungsbereitschaft der Nazis und die Gleichgültigkeit der Bevölkerung mehr machen konnten, versuchte deren überwiegende Mehrheit endlich, aus ihrer Heimat zu fliehen. Doch die meisten Staaten weigerten sich, eine nennenswerte Zahl jüdischer Emigranten aufzunehmen.

Seit Juli 1938 tagte im französischen Evian-les-Bains eine internationale Flüchtlingskonferenz, die sich mit dem Schicksal politisch und rassisch Verfolgter, also hauptsächlich Juden, auseinander setzen sollte. Die Lösung des Problems wäre eine Einwanderungserlaubnis für die Bedrohten gewesen. Doch lediglich die winzige Dominikanische Republik war willens, eine größere Anzahl jüdischer Flüchtlinge aufzunehmen. Die übrigen dreißig Teilnehmerstaaten schoben sich gegenseitig die Verantwortung zu, ohne Abhilfe auch nur in Aussicht zu stellen. Das kontinentgroße Einwanderungsland Australien bekundete seine Absicht, innerhalb von drei Jahren (!) 15 000 Flüchtlinge aufzunehmen. Die Regierung der Vereinigten Staaten, deren Präsident Roosevelt die Tagung angeregt hatte, war nicht bereit, ihr Einwanderungskontingent auch nur geringfügig zu erhöhen. Washington nahm Rücksicht auf antisemitische und isolationistische Stimmungen in den USA.

Die Konferenz zog sich hin, blieb jedoch ohne Ergebnis. Berlin beobachtete das Geschehen in Evian aufmerksam. Die Weigerung der Staatengemeinschaft, den bedrohten deutschen Juden zu helfen, bestätigte die Nazis in ihrem Urteil, die Juden seien in aller Welt verhasst. Niemand wolle sie bei sich haben. Goebbels ließ in der NS-Presse die Demokratien verhöhnen, die das Schicksal der »armen Juden« in Deutschland beklagten, jedoch nicht bereit wären, sie bei sich aufzunehmen.

Eine Kausalität zwischen dem Scheitern der Flüchtlingskonferenz von Evian und der Pogromnacht in Deutschland wäre konstruiert. Doch ohne Zweifel fühlten sich Goebbels und Hitler durch die Weigerung der westlichen Demokratien, den bedrängten deutschen Juden beizustehen, ermutigt, ihre antisemitische Politik zu verschärfen.

Umgekehrt hätten energische ausländische Proteste und Hilfsmaßnahmen für die deutschen Juden die NS-Führung vorsichtiger gestimmt. Himmlers Notiz »gerade jetzt in der außenpolitisch schwersten Zeit« beweist, dass selbst die SS die Haltung des Auslands genau beobachtete und ihre Handlungen davon beeinflusst wurden. Auch Goebbels musste zur

Kenntnis nehmen, dass die Befürchtungen des Systematikers Himmler begründet waren: »Auslandspresse ... sehr schlecht. Vor allem die amerikanische«, vermerkte der Propagandaminister am 12. November.

Obgleich sie von den NS-Behörden schikaniert wurden, nur wenige Habseligkeiten retten konnten und die meisten Länder ihnen die Einreise erschwerten – so hatte die Schweiz die deutschen Behörden aufgefordert, Pässe von Juden durch ein rotes »J« kenntlich zu machen, was ihre Träger fortan zu internationalen Parias stempelte –, gelang es in den kommenden zehn Monaten bis zum Beginn des Zweiten Weltkriegs noch rund 120 000 deutschen und österreichischen Juden, ihre Heimat zu verlassen. Die geglückte Flucht in letzter Frist beweist, dass die Mehrheit der deutschen Juden die Bedrohung erst sehr spät erkannte. Bei Kriegsbeginn lebten noch rund 160 000 Juden in Deutschland. Den meisten von ihnen war nun bewusst, dass sie existenziell gefährdet waren – wie sehr, dazu reichte allerdings keine normale Vorstellungskraft aus.

Da die Gewaltaktion des 9./10. November in der deutschen Bevölkerung und im Ausland Widerwillen hervorgerufen hatte, aktiver Widerstand aber von keiner Seite sichtbar wurde, nahm das NS-Regime eine taktische Volte vor. Die Maßnahmen gegen die Juden wurden fortan hinter den Kulissen transformiert und verschärft. Der Aktionismus des öffentlichkeitsbesessenen Joseph Goebbels musste sich fortan auf das Feld der Propaganda beschränken, eine ähnliche Begrenzung erfuhr die undisziplinierte SA. Für die Durchführung harter antisemitischer Maßnahmen zeichnete fortan fast ausschließlich der diskrete Funktionär Heinrich Himmler und sein effektiver SS-Apparat verantwortlich.

Vom verborgenen zum
offenen Feldzug

1938–1939

Bis zum Münchner Abkommen hatte Hitler es verstanden, seine offensive Außenpolitik als Revision des diskriminierenden Versailler Abkommens im In- und Ausland zu legitimieren. Im europäischen Konzert der Großmächte betonte Deutschland stets seine Friedensliebe, um damit seine Ansprüche zu begründen. Mit der ultimativen Forderung nach Abtretung des Sudetenlandes überschritt Hitler erstmals in Mitteleuropa bewusst die Schwelle der völkerrechtlich legitimierbaren außenpolitischen Ziele. Denn die Erfüllung des deutschen Verlangens bedeutete die Zerstörung der Tschechoslowakischen Republik, deren Bestand unter anderem von Frankreich garantiert wurde.

Nur drei Wochen nach dem Einmarsch ins Sudetenland erteilte Hitler der Wehrmacht Geheimorder, »jederzeit« Truppen für eine »Erledigung« der Rest-Tschechei und eine Inbesitznahme des Memellandes bereitzuhalten. Weshalb hatte der Führer seine überlegene Armee nicht im Herbst auf dem Höhepunkt der von ihm inszenierten Sudetenkrise losmarschieren lassen? Hitler beabsichtigte, laut Hoßbach-Protokoll, bereits Ende 1937 die Tschechoslowakei zerschlagen, um sie als Aufmarschgebiet für seinen »großen« Krieg zur Eroberung von Lebensraum im Osten zu nutzen. Diesen Feldzug wollte Hitler jedoch mit freiem Rücken führen. Derweil bemühte er sich, England als potenziellen Verbündeten seines weltanschaulich motivierten Ostfeldzugs zu gewinnen. Somit wollte und konnte er die Friedensofferte Londons im Herbst 1938 nicht rüde zurückweisen.

Hitler stellte daher maximal vertretbare Forderungen und war zunächst erstaunt und dann verärgert, als Chamberlain sie erfüllte und Frankreich auf diese Politik einschwor. »Der Kerl hat mir den Einzug in Prag versiebt«, schimpfte Hitler im kleinen Kreis über Chamberlains schlaues Nachgeben. Zumindest ebenso empört war der Führer über die bei dem Münchner Treffen offensichtliche Friedenswilligkeit der deutschen Bevölkerung, die er zu harten Kriegern formen wollte. Doch solche Zeichen der »Schwäche« konnten Hitler bei der Verfolgung seiner Ziele nicht aufhalten. So traf er nach der Erlangung der ersten Etappe Sudetenland sogleich Vorbereitungen zur Verwirklichung der nächsten Stufe, der Erbeutung der »Rest-Tschechei«, ihres Wirtschaftspotenzials und des strategischen Terrains.

Im Winter 1938/39 erwog Hitler, Polen zu Gebietsannektionen in der Tschechoslowakei zu animieren, um im Gegenzug Danzig und den Korridor nach Ostpreußen abgetreten zu bekommen. Die Geheimgespräche scheiterten jedoch an Warschaus Unwillen, sich ganz in die Arme des braunen Diktators zu werfen. Das war Hitler nicht unrecht. Denn auf diese Weise konnte er die tschechische Beute allein verschlingen.

Im Frühjahr 1939 betrieb Hitler mit der gewohnten Dynamik die Realisierung seines Eroberungsplans. Am 13. März wurde der slowakische Nationalistenführer Jozef Tiso nach Berlin zitiert. Dort drängte ihn Hitler zum Abfall seines Bundeslandes von der Zentralregierung in Prag. Andernfalls, so der Diktator, würde Ungarn die Slowakei annektieren. Prompt proklamierte Tiso am folgenden Tag die Unabhängigkeit der Slowakei.

Die Implosion der ČSR zwang Prag wiederum zum sofortigen Handeln. Der tschechische Staatspräsident Emil Hácha begehrte und erhielt sogleich eine Audienz in Berlin. Doch erst um ein Uhr nachts wurde Hácha zu Hitler vorgelassen. Der deutsche Staatschef war nicht bereit, über Háchas Wunsch nach einer nationalen Eigenständigkeit der Tschechen zu verhandeln. Stattdessen stellte Hitler dem Tschechen ein Ultimatum. Deutsche Truppen würden um sechs Uhr früh in Tschechien einmarschieren. Hitler forderte kategorisch, ihnen keinen Widerstand zu leisten. In diesem Fall könnten die Tschechen mit dem Wohlwollen – also der nicht näher definierten Gnade Berlins – rechnen. Sollten die Tschechen aber Gegenwehr wagen, dann werde diese von der deutschen Armee unbarmherzig niedergekämpft werden. Die Tschechen würden drakonisch bestraft und fortan einem gnadenlosen deutschen Regiment unterworfen werden. Danach malte Göring dem Gast die Bombardierung Prags durch die deutsche Luftwaffe aus. Hácha brach unter dem Druck zusammen und kapitulierte. Er wies die tschechischen Streitkräfte an, den einrückenden deutschen Verbänden keinen Widerstand zu leisten, und unterschrieb anschließend ein Memorandum, in dem er »das Schicksal des tschechischen Volkes und Landes vertrauensvoll in die Hände des Deutschen Reichs« legte.

Auch ein nervenstärkerer Politiker hätte Hitler in dieser Situation nachgeben müssen. Denn die Tschechen wurden von ihren französischen und britischen Verbündeten im Stich gelassen. Allein waren sie der überlegenen deutschen Wehrmacht nicht gewachsen. So besiegelte die Unterschrift Háchas in Berlin nicht nur die Unterwerfung der Tschechoslowakei unter Hitlers Diktat. Das Signum war gleichzeitig eine Kapitulation der westlichen Demokratien. Weniger als ein halbes Jahr zuvor hatten sie in München die Amputation der ČSR sanktioniert, um Hitler zu beschwichtigen und gemeinsam mit dem deutschen Diktator den Bestand des Torsos garantiert.

Hätten London und Paris Hitler nun mit Krieg drohen und diesen notfalls eröffnen sollen? Die Geschichte ist voller Fragen und hypothetischer Antworten. Hitler beklagte nach 1942 wiederholt, dass er sich 1938 in München durch das Nachgeben Chamberlains – Daladier nahm er mit Recht nicht ernst, den nicht kriegsbereiten Verbündeten Mussolini erwähnte er ebenfalls nicht – gezwungen sah, den Krieg aufzuschieben, obwohl der richtige Zeitpunkt gekommen war. Das waren retrospektive Ausflüchte im Angesicht der Niederlage.

Chamberlain durchschaute Hitler seit Sommer 1938. Großbritannien gewann durch das Münchner Abkommen Zeit zur Nachrüstung. Sie wurde teuer erkauft – nicht allein durch die

Opferung der Tschechoslowakei, sondern auch, was im europäischen Konzert entscheidender war, durch die psychologische Niederlage der Westmächte. Die Kapitulation von München verlieh dem deutschen Diktator ein dynamisches Moment und die Aura des Triumphators. Deren mentale Kraft band die Deutschen noch enger an ihren Führer. Diese Verbindung sollte sich bis weit in den Zweiten Weltkrieg als wirksam und siegstiftend erweisen. Ihren ersten Erfolg entfaltete diese Macht bei der Zerstörung der Rest-Tschechoslowakei. Insofern wäre eine politische und notfalls militärische Unterstützung Prags durch London und Paris im Frühjahr 1939 trotz taktischer und strategischer Nachteile sinnvoll gewesen. Sie hätte die seit der Münchner Konferenz vom 29. September 1938 anhaltende psychologische Unterlegenheit der Demokratien gegenüber Hitler beenden können, die in eine Paralyse mündete. Da dies nicht geschah, besaß Hitler freie Bahn. Er nutzte sie.

Am 15. März 1939 um sechs Uhr morgens, gerade zwei Stunden nachdem Hácha seine Unterwerfung besiegelt hatte, marschierten deutsche Soldaten in die Tschechoslowakei ein. Ihnen wurde, wie verabredet, kein Widerstand geleistet, und so besetzte die Wehrmacht bereits wenige Stunden später die Hauptstadt. Am Abend traf Hitler in Prag ein und nahm den Hradschin in Besitz. Am folgenden Tag wurde das Protektorat Böhmen und Mähren errichtet. Es war nunmehr Teil des Deutschen Reichs, an seiner Spitze stand ein von Hitler eingesetzter Reichsprotektor. Mehr als sieben Millionen Tschechen kamen unter deutsche Herrschaft. Die Hitler-Diktatur hatte ihren militärischen Eroberungsfeldzug in Europa begonnen. Berlin setzte dabei seine Armee als Drohinstrument ein, vermied aber einen offenen Krieg. London und Paris protestierten scharf. Adolf Hitler und seine Mannschaft waren aufgrund ihrer Anmaßung, aber auch durch die bisherige Politik Großbritanniens und Frankreichs überzeugter denn je, die westlichen Demokratien neutralisiert zu haben.

Der Verlauf der Ereignisse bestätigte scheinbar die Wahrnehmung der Nazi-Führung. Tatsächlich aber leiteten London und

Paris eine Kehrtwende ein, die tiefer reichte als offizielle Protestnoten. Der britische Premier, der bislang als Anwalt einer Verständigung mit Hitler aufgetreten war, meldete am 17. März 1939 erstmals öffentlich Zweifel an den Grundlagen seiner Politik an: »Steht hinter diesem Vorgehen [Hitlers] tatsächlich der Versuch, die Welt mit einer Gewaltherrschaft zu überziehen?«, fragte Chamberlain. Die Antwort darauf gab er am folgenden Tag auf einer Sitzung der Regierung. Das Kabinett beschloss unter seiner Führung eine weitere Intensivierung der Verteidigungsanstrengungen sowie eine Eindämmung eventueller nachfolgender Expansionsschritte Deutschlands. Der britische Außenminister Lord Halifax äußerte, er könne verstehen, dass Hitler Gefallen an unblutigen Triumphen gefunden habe. Doch bei seinem nächsten Unternehmen werde er gezwungen sein, Blut zu vergießen. Auch die französische Regierung raffte sich endlich zu einer Erhöhung ihres Wehretats auf.

In Berlin aber nahm man die Deklamationen der Demokraten, Hitler Widerstand leisten zu wollen, nicht ernst. Als London in einer scharfen amtlichen Erklärung feststellte, das Münchner Abkommen sei gebrochen, England erkenne die Neuordnung in Böhmen und Mähren nicht an, notierte Goebbels am 19. März in sein Tagebuch: »Aber das ist wohl nur Theaterdonner. Was wollen denn diese Demokraten noch außer protestieren? Das ist nur hysterisches Geschrei post festum, das uns ganz kalt lässt.« Die Kälte war Ignoranz. Gefangen in ihrem Weltbild und ermutigt durch die Schwäche der Demokraten zunächst in Deutschland und später in Europa, war die NS-Führung davon überzeugt, ihre weit reichenden Pläne ungehindert verwirklichen zu können.

Wäre Adolf Hitler im Frühjahr 1939 gestorben, so der Publizist Sebastian Haffner, hätten ihn die Deutschen als ihren größten Staatsmann verehrt. Dieses plausibel erscheinende Argument verliert bei genauerem Nachdenken an Überzeugungskraft. Deutschland stand aufgrund seiner immensen Aufrüstung am Rande des Bankrotts. Krieg oder Verarmung hießen die Alternativen. Die Unterdrückung der mehr als sieben Millionen Tschechen hätte früher oder später zu tief greifenden Konflikten geführt. Diese sozialen und wirtschaftlichen Konsequenzen hätten den momentanen Glanz der Erfolge Hitlers auf Dauer verblassen lassen. Doch Adolf Hitler blieb am Leben und setzte seine Politik weiterhin mit der gewohnten Dynamik und Konsequenz um.

Durch seinen erneuten Triumph bestärkt, suchte Hitler sogleich die nächste Herausforderung. So erzwang er eine Woche nach der Liquidierung der Tschechoslowakei die Abtretung des überwiegend von Deutschen bewohnten Memellandes durch Litauen an das Reich. Wie ein Jahr zuvor in Österreich wurden Hitler und die deutschen Soldaten in dem kleinen Gebiet freudig von der Bevölkerung empfangen.

Parallel dazu forderte Reichsaußenminister Joachim von Ribbentrop von Polen die Rückgabe der freien Stadt Danzig sowie eine exterritoriale Verbindung durch den polnischen Korridor. Im Gegenzug offerierte er Warschau eine Verlängerung des deutsch-polnischen Nichtangriffspaktes von 1934 um fünfundzwanzig Jahre. Der polnische Ministerpräsident Jozef Beck reagierte panisch mit einer umgehenden Generalmobilmachung. Den britischen Vorschlag eines Konsultativabkommens zwischen Polen, Großbritannien, Frankreich und der Sowjetunion lehnte Beck strikt ab. Der Regierungschef befürchtete, dass Moskau die Notlage Warschaus nutzen wollte, um das Nachbarland unter Druck zu setzen oder zu unterwerfen. Die Sorge Becks kam nicht von ungefähr. Das Bedürfnis nach Revanche für die Niederlage der UdSSR gegen Polen im Jahre 1920, für die Stalin als Politkommissar verantwortlich gemacht wurde, überschnitt sich mit dem Großmachtinteresse der Sowjetunion, Polen als strategisches Vorfeld gegenüber Deutschland zu beherrschen.

Anfang März 1939 machte Stalin in einer Rede deutlich, dass ideologische Differenzen die Beziehungen zwischen Deutschland und der UdSSR nicht zwangsläufig belasten müssten. Die Offerte Moskaus an Berlin alarmierte Warschau. Auch London war über einen möglichen Interessenausgleich zwischen den Diktaturen in Berlin und Moskau beunruhigt. Um Deutschland vor einem Angriff auf sein östliches Nachbarland abzuschrecken und gleichzeitig Polen zu sichern, erklärte Premierminister Chamberlain am 31. März vor dem Unterhaus, Großbritannien und Frankreich würden sich im »Fall irgendeiner Aktion, die klarerweise die polnische Unabhängigkeit bedroht, … verpflichtet fühlen, der polnischen Regierung alle in ihrer Macht stehende Hilfe sofort zu gewähren«. Anders als ein halbes Jahr zuvor war London nunmehr entschlossen, Hitler kein neues Opfer mehr vorzuwerfen. Um ihre feste Haltung zu demonstrieren, verabredete die britische Regierung wenige Tage später einen Beistandspakt mit Polen.

Hitler, der sich durch die zurückliegenden Erfolge und die Stärke der eigenen Armee zunehmend in seiner offensiven Ostpolitik bestätigt wähnte, ignorierte die Signale der neuen englischen Standfestigkeit. So drohte er Anfang April beim Stapellauf des Schlachtschiffs *Tirpitz*, das deutsch-britische Flottenabkommen von 1935 zu kündigen, und machte damit die Möglichkeit eines Kriegs mit dem Vereinigten Königreich deutlich: »[Das Flottenabkommen] basiert auf dem heißen Wunsch, … nie in einen Krieg gegen England ziehen zu müssen … Wenn in England dieser Wunsch nicht mehr besteht, dann ist die praktische Voraussetzung für dieses Abkommen damit beseitigt. Deutschland würde auch das ganz gelassen hinnehmen! Wir sind deshalb so selbstsicher, weil wir stark sind. Wer Macht nicht besitzt, verliert das Recht zum Leben!«

Der Appell an die eigene Stärke zielte darauf ab, das Selbstwertgefühl der Deutschen zu stärken, während die Vernichtungsdrohung die polnische Regierung, aber auch London, einschüchtern sollte. Ein halbes Jahrzehnt fortwährender unblutiger Siege über Demokraten vermittelte Hitler die Überzeugung, ihnen im Machtkampf quasi natürlich überlegen zu sein. Der Führer suchte geradezu das Kräftemessen mit den Demokraten, um sie durch seine demonstrierte Superiorität zu paralysieren. So verlangte Hitler im gleichen Zeitraum von seinem Außenminister Ribbentrop, zu der bevorstehenden

Feier seines fünfzigsten Geburtstags zahlreiche ausländische Gäste zu laden, »unter ihnen möglichst viele feige Zivilisten und Demokraten, denen ich eine Parade der modernsten aller Wehrmachten vorführen werde«.

Als die Grenadiere am 20. April 1939 mit klingendem Spiel in Berlin an ihrem Führer vorbeizogen, hatte dieser seiner Wehrmacht bereits die Weisung zum »Fall Weiß«, den Überfall auf Polen, erteilt. Dabei wurde die Armee angewiesen, »die militärischen Vorbereitungen zu treffen … [um sich] ungeachtet des geltenden Vertrages« für »eine endgültige Abrechnung« bereitzuhalten. »Ziel [sei] dann, die polnische Wehrkraft zu zerschlagen und eine den Bedürfnissen der Landesverteidigung entsprechende Lage im Osten zu schaffen.« Die Durchführung habe bis zum 1. September gewährleistet zu sein.

In Europa, ja weltweit herrschte ein Klima der Kriegsangst und Aggression. Am 7. April marschierte Italiens Armee in das Entwicklungsland Albanien ein. Der Duce wollte sich und seinen Untertanen beweisen, dass er an Entschlossenheit seinem Berliner Kompagnon in nichts nachstand. Unterdessen führte Japan seinen seit 1937 währenden Eroberungskrieg gegen China mit steigender Intensität fort. Die Antikominternführungen Hitler, Mussolini und die japanische Regierung unter der Dominanz der expansionistischen Militärs meinten wie alle Angreifer, der Mut des Losschlagens und unbeugsame Entschlossenheit würden ihnen den Sieg über ihre zaghaften Gegner gewährleisten.

Die angloamerikanischen Demokratien erkannten erst spät das Ausmaß der Gefahr. Doch seit 1939 versuchten sie, den angriffswilligen Mächten deutlich zu machen, dass sie entschlossen waren, sich und ihre Verbündeten zu verteidigen. So führte Großbritannien am 26. April die Allgemeine Wehrpflicht ein.

Zwei Tage später betonte Hitler vor dem Reichstag erneut Deutschlands Friedenswillen. Auffallend war, dass er dabei auf seine gewohnten Ausfälle gegen die Sowjetunion verzichtete. Die britische Regierung hatte den permanenten Antibolschewismus Berlins als eine feste Größe in ihrer *balance-of-power-*

Rechnung. Da diese feindseligen Manifestationen ausblieben, war man in London sogleich alarmiert über dieses »unheimliche Schweigen«. Die Ursache lag auf der Hand. Hitler erwog zumindest Stalins Offerte zu einem Ausgleich der deutsch-sowjetischen Interessen. Gelang dem deutschen Staatschef eine Einigung mit Moskau, dann hatte er den Rücken frei für ein expansives Vorgehen. Durch eine möglichst breite Bündnispolitik suchte Hitler sich optimale politische Voraussetzungen zu schaffen, um seine weit gesteckten Ziele zu erreichen. So unterzeichneten Berlin und Rom Ende Mai einen »Stahlpakt«, der eine gegenseitige militärische Beistandsverpflichtung vorsah. Doch bereits nach wenigen Tagen bat Mussolini Hitler, noch mehrere Jahre von einem Krieg abzusehen, denn Italien sei auf absehbare Zeit dazu noch nicht in der Lage. Er hätte hinzufügen müssen: gegen ebenbürtige Gegner. Damit enthüllte der Duce ungewollt ein entscheidendes Motiv seiner Kriege in Abessinien und Albanien. Die Eroberung dieser militärisch zurückgebliebenen Länder sollte die militärische Schwäche Italiens überspielen.

Hier wird ein entscheidender Unterschied im Charakter und entsprechend in der Diktatur Mussolinis und Hitlers deutlich. Dem Italiener dienten Kriege als Paraden der eigenen Macht. Mussolini predigte Kampf – sein Motto lautete: »Credere, obbedire, combattere« (glauben, gehorchen, kämpfen) – und drohte mit Krieg. Dabei wollte er die eigene Existenz jedoch nicht aufs Spiel setzen. Das unsichere deutsche Volk war in diesem Punkt dem Duce nicht unähnlich. Man wollte Macht demonstrieren, aber nicht dafür einen Krieg riskieren. Für Hitler dagegen bedeutete das Leben Krieg. Ein unerbittlicher Kampf um Triumph oder Untergang. Er sah seine Mission darin, die Deutschen zu todesmutigen Kriegern zu erziehen, die unter seinem Banner fochten. Dazu gab es nur einen Weg. Hitler ließ sich nicht vom Zurückzucken des italienischen Freundes beirren. Er verschärfte im Gegenteil die Spannungen mit Polen systematisch. Dabei diente ihm der Konflikt um Danzig und um den Korridor als propagandistisches Alibi.

Ende Mai erläuterte Hitler den Kommandeuren der Wehrmacht offen, Danzig sei nicht »das Objekt, um das es geht«. Ziel sei vielmehr, wie gehabt, die »Erweiterung des Lebensraums im Osten«. Hitler wollte einen »gleichzeitigen Konflikt mit dem Westen« vermeiden. Gelänge dies nicht, »dann ist es besser, den Westen anzufallen und dabei Polen zugleich zu erledigen«.

Entgegen früheren Gelegenheiten bezeichnete Hitler die Sowjetunion nunmehr nicht als den eigentlichen Feind. Stattdessen sagte er seinen Generälen einen Krieg gegen die Westmächte voraus, der zehn bis fünfzehn Jahre währen könnte. Alle Befehlshaber hatten aktiv im Weltkrieg gekämpft und erlebt, dass Deutschland nach vier Jahren zusammengebrochen war. Doch keiner von ihnen wagte nun, seinem Führer zu widersprechen. Die Haltung der Generäle spiegelte sich cum grano salis in der Einstellung des deutschen Volkes.

In den folgenden Monaten eskalierte die deutsch-polnische Auseinandersetzung, wobei die Regierung Beck aus Stolz und mangelnder Flexibilität wenig tat, um die Spannungen zu vermindern. Doch die Politik des östlichen Nachbarn zählte für Hitler wenig. Entscheidend war für ihn vielmehr sein Ziel, Polen zu liquidieren. Kapitulierte Warschau nach dem Muster Prags, dann blieb Polen ein Krieg erspart, sonst musste es mit Gewalt unterworfen werden.

Unterdessen sondierten die Diplomaten Hitlers und Stalins die Möglichkeit und den Umfang einer Übereinkunft zwischen beiden Ländern. Parallel dazu lotete Moskau gegenüber Paris und London die Chancen eines militärischen Arrangements mit diesen Ländern aus. Später wurden die Westmächte beschuldigt, nicht schnell genug gehandelt zu haben.

Der Vorwurf ist töricht. Denn eine Diktatur, insbesondere ein von einer Person beherrschtes Regime, ist aufgrund seiner zentralen Machtstruktur allemal schneller entscheidungsfähig als demokratische Systeme, die vielfältigen Kontrollen unterworfen sind und Parlament, Presse und Öffentlichkeit Rechenschaft schulden. Daraus ergibt sich kurzfristig ein entscheidender machtpolitischer Vorteil einer Diktatur gegenüber

Demokratien in einer Krise. Der Herrscher besitzt einen ungleich größeren Handlungsspielraum als ein ethischen Normen und legalen und politischen Überprüfungen unterworfenes freiheitliches Regime. Alle Beteiligten wussten, dass Stalin den größtmöglichen Machtgewinn aus dem Interessengegensatz des nationalsozialistischen Deutschlands und der westlichen Demokratien zu ziehen suchte. Hitler zögerte. Der Preis einer Einigung mit Stalin war zwangsläufig eine Stärkung der Sowjetunion. Ihre Zerstörung und Eroberung aber waren Dogma und Endziel der Hitlerschen Politik.

Was bewog Hitler zum Wechsel seiner Prioritäten? Rational hoffte der Führer, Großbritannien durch ein Bündnis mit Moskau zu paralysieren. London, zumal der von ihm als Schwächling apostrophierte Premierminister, würde nicht wagen, gegen Hitler vorzugehen, wenn es diesem gelang, die Sowjetunion als potenziellen Hauptfeind mit diplomatischen Mitteln, also ohne eigene Verluste, auszuschalten. Dieser politische Meisterzug würde Hitler mit großer Wahrscheinlichkeit erlauben, Polen ohne die Gefahr eines Krieges gegen England zu erobern. Danach wäre, so wollte Hitler glauben, London gezwungen, sich mit dem gestärkten Deutschland zu arrangieren, und würde dessen Führer damit erneut in die Lage versetzen, sein Ideal der Eroberung von Lebensraum im Osten zu verwirklichen. Sollte England, und in seinem Schlepptau Frankreich, aber starrköpfig bleiben und gegen Deutschland Krieg führen wollen, dann musste sich das Reich eben auf einen langwierigen Waffengang gegen die Westmächte einrichten. Über das Verhalten der Sowjetunion in einem solchen Krieg, der Moskau die Möglichkeit gegeben hätte, dem Deutschen Reich zu einem günstigen Zeitpunkt in den Rücken zu fallen oder Berlin zumindest zu erpressen, äußerte sich Hitler aus gutem Grund nicht – das für Deutschland bedrohlichste Szenario hatte der Führer ausgeblendet.

Dies führt uns zurück zu Hitlers Charakter. Hitler war ein Hasardeur. Zeit seines politischen Lebens war er bereit, für einen kurzfristigen Gewinn die langfristige Perspektive hintanzustellen. Doch anders als ein besessener Spieler, dem es in erster Linie um den Nervenkitzel geht, verlor Hitler dabei nie seine Ziele aus dem Sinn: die Eroberung von Lebensraum im Osten und die Feindschaft gegen die Juden.

Mitte Juli nahm Moskau die deutsch-sowjetischen Wirtschaftsverhandlungen wieder auf. Bereits einen Monat später unterzeichneten beide Staaten ein Handelsabkommen. Die dabei offensichtlich gewordene Kooperationsbereitschaft der UdSSR war ein eindeutiges Signal an Berlin. Hitler musste sich entscheiden. Er tat es und ließ im Kreml anfragen, ob die UdSSR zu einem Nichtangriffspakt bereit sei. Moskau reagierte positiv. Hitler, der sich bereits auf einen Angriff gegen Polen festgelegt hatte, war nun zur sofortigen Verständigung mit Stalin entschlossen. Er sandte umgehend Außenminister von Ribbentrop in die UdSSR. Am 22. August 1939 berief er seine Generäle zum Befehlsempfang auf den Obersalzberg. Dabei betonte Hitler, wie eng er Deutschlands Zukunft und damit die Frage Krieg oder Frieden mit seinem persönlichen Schicksal verknüpft sah: »Wesentliches hängt von mir ab, von meinem Dasein, wegen meinen politischen Fähigkeiten. Dann die Tatsache, dass wohl niemand wieder so wie ich das Vertrauen des ganzen deutschen Volkes hat. In der Zukunft wird es wohl niemals wieder einen Mann geben, der mehr Autorität hat als ich. Mein Dasein ist also ein großer Wert-Faktor.«

Als weitere Größen nannte der Führer die prekäre wirtschaftliche Situation des Reichs, das internationale Kräfteverhältnis, Deutschlands überlegene Rüstung sowie die Schwäche der politischen Führung Großbritanniens und Frankreichs. Hitlers Prämisse, nie zuvor habe ein deutscher Politiker eine derartige politische Autorität besessen wie er, war unbestreitbar richtig. Ebenso seine Beurteilung der durch seine Politik bedingten ökonomischen Notsituation Deutschlands. Auch die Einschätzung der gegenwärtigen militärischen Überlegenheit Deutschlands und der politischen Defizite Londons und Paris waren richtig. Doch Hitlers Wertung »Unsere Gegner sind kleine Würmchen. Ich sah sie in München« zeugt neben seiner Menschenverachtung von Selbstüberschätzung. Daher war seine Schlussfolgerung »Niemand weiß, wie lange ich noch lebe. Deshalb Auseinandersetzung besser jetzt« fatal. Denn das strategische Gewicht Deutschlands reichte auf Dauer nicht aus, um eine militärische Auseinandersetzung mit Großbritannien und Frankreich zu bestehen – selbst wenn man Hitlers unbestreitbare Führungsstärke berücksichtigte.

Die Spitze der Wehrmacht fürchtete im Gegensatz zu Hitler, in einem lang anhaltenden Krieg gegen die Westmächte zu unterliegen – doch kein General traute sich, dies seinem Führer ins Gesicht zu sagen. Man mag das als einen Beweis für Hitlers Autorität werten. Es war aber vielmehr ein Zeichen der mangelnden Courage der Militärs. Am folgenden Tag, dem 23. August 1939, unterzeichnete Reichsaußenminister von Ribbentrop im Kreml in Gegenwart Stalins den avisierten Nichtangriffspakt mit der UdSSR. In einem geheimen Zusatzabkommen vereinbarten beide Diktaturen die Aufteilung Ostmitteleuropas. Nach der Opferung der Tschechoslowakei hätten die Westmächte diesen Preis, die Staaten Ostmitteleuropas Stalin auszuliefern, nicht zahlen können und wollen. Damit wären Paris und London ihrer demokratischen Legitimation verlustig gegangen.

Der Abschluss des Nichtangriffspakts mit Moskau versetzte Hitler in euphorische Stimmung. Er war jetzt »felsenfest überzeugt«, Großbritannien und Frankreich würden es nun nicht mehr wagen, auf einen deutschen Angriff gegen Polen ihrerseits mit einem Krieg gegen das Reich zu antworten. Tatsächlich waren Paris und London über das Arrangement zwischen Berlin und Moskau, dessen ganzes Ausmaß sie nicht kannten, schockiert. Die britische Regierung versuchte dennoch, Hitler von einem Krieg abzuhalten, indem sie ihn von einem Überfall auf Polen abzuschrecken suchte. Das Vereinigte Königreich würde dies als casus belli ansehen, warnte Premier Chamberlain in einem Schreiben, das der britische Botschafter Hitler auf dem Obersalzberg überbrachte. Ein »Krieg zwischen unseren beiden Völkern [würde] die größte Katastrophe darstellen, ... die überhaupt eintreten könnte«, drohte der allzu lange geduldige Engländer dem deutschen Führer.

Doch Hitler dachte nicht mehr daran, seine Entschlüsse von Chamberlain beeinflussen zu lassen. Bereits Tage zuvor sprach er im internen Kreis die Befürchtung aus, »dass mir noch im letzten Moment irgendein Schweinehund einen Vermittlungsplan vorlegt«. Der kriegswillige Diktator verkannte die britische Haltung. Chamberlain war nicht länger bereit, in Verhandlungen nachzugeben. Er wollte Hitler lediglich auf die Konsequenz des deutschen Handelns hinweisen. Doch der Nichtangriffspakt mit der Sowjetunion vermittelte dem Führer ein Gefühl der Unüberwindbarkeit. Daher ließ er Chamberlain ausrichten, London habe ihn zu dem Abkommen mit Moskau gezwungen. Nun könne lediglich eine radikale Neuorientierung der britischen Politik zugunsten Deutschlands noch das Schlimmste verhindern. Hitler war überzeugt, mit dieser Botschaft Chamberlain stürzen oder zumindest einschüchtern zu können.

Dies war die erste einer Reihe gravierender Fehleinschätzungen der britischen Haltung durch Hitler. Denn Chamberlain und sein Außenminister bekräftigten vor dem Unterhaus ihr Festhalten am Verteidigungspakt mit Polen. Dies veranlasste wiederum Hitler, der Peitsche seiner Drohung das vermeintliche Zuckerbrot eines deutsch-britischen Arrangements nach seinen Vorstellungen folgen zu lassen. Der Führer forderte, London solle Deutschland die »polnische Frage« unbehelligt erledigen lassen. Danach würde er für den Fortbestand des Empire eintreten. Hitler begriff ebenso wenig wie einst Kaiser Wilhelm II. bei seinem notorischen *Daily-Telegraph*-Interview, dass die Briten dies als deutsche Anmaßung empfanden. Der preußische Monarch hatte 1908 lediglich von seiner Freundschaft zu den Engländern schwadroniert. Hitler dagegen war 1939 zum Krieg gegen ein Land entschlossen, das unter britischem Schutz stand, und verlangte von London eine Blankovollmacht, um dem Vereinigten Königreich im Gegenzug eine selbstherrliche Bestandsgarantie zu offerieren. Was Hitler als

Lockmittel anpries, verstanden die stolzen Briten als Schmähung.

Am Abend des 25. August 1939 kündigte Mussolini den drei
Monate zuvor geschlossenen Stahlpakt. Der Duce fürchtete,
durch die unbedingte gegenseitige Bündnisgarantie in den sich
immer rascher drehenden Strudel des drohenden Krieges gerissen zu werden. Italien sei nicht in der Lage, das Reich wirksam militärisch zu unterstützen, ließ er Hitler mitteilen. Statt
seinem Freund in Nibelungentreue beizustehen, war Mussolini bereit, den »Schweinehund« zu geben: Gemeinsam mit dem
britischen Botschafter in Berlin Neville Henderson versuchte
der Duce, in letzter Minute eine Verständigung zu vermitteln,
um den Ausbruch eines Krieges zwischen Deutschland und
Großbritannien zu verhindern. Selbst Hermann Göring war
bemüht, via Schweden ein deutsch-britisches Arrangement in
die Wege zu leiten. Die Anstrengungen blieben vergeblich.
Hitler war »felsenfest« entschlossen, »Polen zu erledigen«.

Blankowechsel für den Krieg

1939

Nach einem von der SS inszenierten Überfall vermeintlicher polnischer Freischärler auf den deutschen Sender Gleiwitz ließ Hitler die Wehrmacht in der Morgendämmerung vom 1. September 1939 Polen angreifen. Die Kriegsstärke der deutschen Armee betrug dabei 2,8 Millionen Soldaten, gegliedert in 102 Divisionen. Exakt jene Zahl hatten Offiziere der Heeresleitung bei ihren Planungen zur Zeit der Weimarer Demokratie angestrebt. Hitler hielt wenige Stunden nach Beginn der Kampfhandlungen vor dem Reichstag eine bemerkenswerte Rede: »Polen hat nun heute Nacht zum ersten Mal auf unserem eigenen Territorium auch durch reguläre Soldaten geschossen… Und von jetzt ab wird Bombe mit Bombe vergolten.«

Hitler log den Überfall der Wehrmacht auf Polen zum Verteidigungskrieg um, weil er London und in dessen Schlepptau Paris kein Alibi zum Bündnisfall und damit zum Waffengang gegen Deutschland liefern wollte. Doch der Führer verstand, dass Großbritannien und Frankreich ihre Entscheidungen nicht vom Wortlaut seiner Rede abhängig machen, sondern gemäß ihren nationalen Interessen handeln würden.

Der primäre Adressat der Führerrede war vielmehr das deutsche Volk. Hitler wusste, dass die Deutschen bislang nicht kriegswillig waren. Daher versuchte er, zumindest seinen Landsleuten zu suggerieren, sie müssten sich verteidigen. Fünfundsiebzig Millionen Deutsche mit der modernsten Wehrmacht der Welt gegen zwanzig Millionen Polen mit einem anachronistischen Heer – selbst überzeugte Nationalsozialisten fühlten sich 1939 nicht durch Polen bedroht. Aus diesem Grund versuchte Hitler, einen polnischen Angriff auf deutsches Territorium vorzutäuschen. Bemerkenswert bleibt Hitlers Aussage, fortan »Bombe mit Bombe« vergelten zu wollen. Indem er sich eines vermeintlich alttestamentarischen Rachegelübdes bediente, gab Hitler eine entlarvende Projektion seines Judenhasses preis. Am Ende gelobte er: »Ich habe damit wieder jenen Rock angezogen, der mir selbst der heiligste und teuerste war. Ich werde ihn nur ausziehen nach dem Sieg oder – ich werde dieses Ende nicht mehr erleben.«

Anders als bei den jubelnden NS-Abgeordneten des Reichstags lösten Hitlers Worte unter den meisten Hörern am Volksempfänger Beklommenheit aus. Die Deutschen spürten, mehr als sie wussten, dass ihr Führer im anbrechenden Krieg neben seinem Leben auch das Schicksal seines Volkes einsetzte. Trotz dieser Ahnung und der Furcht vor einem langen Waffengang folgten die Deutschen ihrem Führer ohne Wenn und Aber in den Krieg.

Die Regierungen in London und Paris reagierten auf den militärischen Angriff der Wehrmacht gegen Polen mit Ultimaten an Berlin, umgehend die Kampfhandlungen einzustellen und die Truppen aus dem Nachbarland zurückzuziehen – andernfalls müssten ihre Länder Deutschland den Krieg erklären. Hitler ließ den Briten und Franzosen keine Wahl, denn anders als zuvor gegenüber Österreich und der Tschechoslowakei hielt er es nunmehr nicht einmal für angebracht, die Regierung Polens zu einem Schutzersuchen an Deutschland zu erpressen. Ihr stolzer Patriotismus und die vermeintliche Sicherheit der Beistandsvereinbarungen mit London und Paris hätten es den Polen ohnehin verboten, sich auf diese Nötigung einzulassen.

Hitler hatte sich durch die zurückliegenden Erfolge und die Absicherung des Nichtangriffspakts mit Moskau in eine Gemütslage der Unüberwindbarkeit gesteigert, in der es ihm würdelos und unnötig vorgekommen wäre, seine Siege auf diplomatischem Parkett oder im Hinterzimmer zu erringen. Der Führer wollte seine Triumphe fortan auf dem »Feld der Ehre« erkämpft wissen. Die verschüchterten Demokratien sollten sich aus diesen Schlachten gefälligst heraushalten.

Mit seinem offenen Angriff zwang Hitler London und Paris geradezu, ihm den Krieg zu erklären. Die Ultimaten Großbritanniens und Frankreichs hätte Hitler warnen müssen, dass seine Gegner mehr waren als »kleine Würmchen«. Doch der Führer ließ deren letzte Fristsetzung mutwillig verstreichen – damit befand sich Berlin im Krieg mit Europas traditionellen Militärmächten. Es gibt Zeugnisse, die belegen, dass Hitler insbesondere den Waffengang mit England fürchtete. Noch Ende Juli hatte er gegenüber Admiral Dönitz geäußert, ein Krieg gegen Britannien würde das »Finis Germaniae« bedeuten. Und nach der Kriegserklärung Londons klagte der Führer gegenüber seinem Stellvertreter Rudolf Heß: »Mein ganzes Werk zerfällt nun. Mein Buch ist zu nichts geschrieben worden.«

Allen öffentlichen Beteuerungen und privaten Befürchtungen zum Trotz suchte Hitler diesen bewaffneten Konflikt, um seine Ziele verwirklichen zu können, die den Krieg zur Voraussetzung hatten.

Der Waffengang zwischen Deutschland und Polen sowie dessen Verbündete Großbritannien und Frankreich schien das machiavellistische Machtkalkül Stalins zu bestätigen. Unmittelbar nach der Unterzeichnung des Nichtangriffspakts hatte der KP-Generalsekretär gegenüber seinem Funktionär Nikita Chruschtschow geprahlt, Hitler glaube, er habe ihn übertölpelt. Tatsächlich aber habe »ich ihn reingelegt«. Der sowjetische Diktator wollte in Ruhe zusehen, wie sich die kapitalistischen Mächte, Demokratien und Faschisten gegenseitig zerstörten und ausbluteten, um am Ende die von Opa Marx und Papa Lenin prophezeite Ernte einzufahren und den historisch unvermeidlichen Endsieg des Sozialismus unter seiner Führung zu erringen. Genosse Stalin sollte ein braunes Wunder erleben.

Die Deutschen folgten Adolf Hitler in den ungewollten Krieg. Denn die Treue zu ihrem Führer, zumindest ihre Furcht vor dem Diktator – bei vielen Deutschen war es eine unentwirrbare Mixtur aus Bangen, Loyalität und Liebe zu Hitler – war größer als ihre Angst vor dem Krieg. Die Bindung der Deutschen an den Führer war stabil wie ein aus mehreren Drähten geflochtenes Seil.

Die Niederlage im zurückliegenden Weltkrieg wurde im deutschen Bürgertum nicht als Chance zur Revision eines irrationalen Politikverständnisses genutzt. Die nationale Demütigung gedieh vielmehr zum Treibsatz eines revanchistischen Chauvinismus, dessen Ausgeburt Adolf Hitler war und zu dessen Trommler er und seine Partei aufstiegen.

Ab Herbst 1938 konnten die Deutschen sehen, dass die nationalen und außenpolitischen Erfolge Hitlers ihren Preis hatten. Innenpolitisch ging das NS-Regime von antisemitischen Gesetzen und Diskriminierungen zur offenen Gewalt über.

Der allgemeine Konsens über einen inneren Frieden, den man dem Führer zugute hielt, wurde durch ihn und seine engsten Mitarbeiter sowie die SA gebrochen. Gleichzeitig steuerte Hitler nach dem Münchner Abkommen sein Land in einen Krieg, dessen Gefahren die Deutschen aus persönlichem Erleben, zumindest aber aus den Erzählungen ihrer Familien kannten. Dennoch folgten sie ihrem Führer in den Krieg.

Die Zustimmung, zumindest die Hinnahme der Hitlerschen Außenpolitik durch die Deutschen beruhte auf einer Selbstlüge, die der NS-Chef nach Kräften bestärkte. Hitler symbolisierte wie kein anderer das nationalistische Ressentiment breiter Schichten – schuld an der eigenen Misere waren die Verschwörungen und Dolchstöße der äußeren und inneren Feinde. Die Deutschen gewährten Hitler einen Blankowechsel zur Revision ihrer demütigenden Niederlage.

Doch damit hob, ohne dass dies der Bevölkerung bewusst wurde, ein Dissens zwischen den Deutschen und ihrem Führer an. Denn die von der breiten Mehrheit angestrebte Wiederherstellung der deutschen Stellung vor dem Ersten Weltkrieg war für Hitler lediglich eine Etappe auf dem Weg zur Weltherrschaft.

Die Deutschen wünschten die Revision, Hitler die Revolution. Den Deutschen verlangte es nach einer Machtpolitik, die ihnen ohne Krieg erlauben würde, die Diskriminierungen von Versailles abzuschütteln und die verlorenen Territorien wiederzuerlangen. Adolf Hitler dagegen wollte neuen Lebensraum erobern. Der Krieg war ihm zugleich taktisches Mittel und strategisches Ende, durch ihn sollte die deutsch-arische Rasse gestählt und zur Weltherrschaft befähigt werden. Dies bedeutete einen Zielkonflikt zwischen Volk und Führer. Hitler wusste, dass die überwiegende Mehrheit der Deutschen Ruhm und Selbstbestätigung suchte, einen Krieg jedoch unter fast allen Umständen vermeiden wollte.

Hitler dachte Großbritannien die Rolle des Edelvasallen Deutschlands zu. Die Insel sollte ihre Macht im Empire entfalten, während Deutschland den europäischen Kontinent bis tief in den Osten hinein beherrschen würde. Diese Vorstellungen und Pläne bewiesen, dass Hitler die britischen Interessen nicht begriffen hatte. London suchte um jeden Preis zu vermeiden, dass eine Macht in Kontinentaleuropa die Oberhand gewann. Das war die Grundlage der *balance-of-power*-Politik Whitehalls, die Großbritannien in Koalitionskriege gegen Napoleon und das wilhelminische Deutschland eintreten ließ. Hitlers England-Politik musste zwangsläufig scheitern, weil London, unabhängig davon, wer gerade als Premier amtierte, unter keinen Umständen bereit war, eine deutsche Hegemonie in Europa hinzunehmen.

Adolf Hitler nahm den Kriegseintritt der Weltmächte in Kauf, da er sich und seine Wehrmacht auf dem Höhepunkt ihrer Macht wähnte. Diese militärischen und persönlichen Vorteile würden in wenigen Jahren verspielt sein, denn die Briten hatten begonnen – nicht zuletzt wegen der aggressiven Politik des Führers – massiv nachzurüsten.

Die deutschen Soldaten zogen widerspruchslos in Hitlers Krieg, obwohl sie kein Interesse daran hatten. Ihre Generäle aber wussten, dass das deutsche Potenzial nicht ausreichte, einen langwierigen Waffengang gegen die britisch-französische Koalition siegreich zu bestehen. Die Deutschen, einschließlich ihrer militärischen Führung, hatten Hitler zu ihrem Führer gemacht, dem sie mehr vertrauten, den sie mehr fürchteten und liebten als die eigenen rationalen Erwägungen und mit dem sie sich identifizierten. Daher machten sie Hitlers Krieg zu dem ihren.

Das kriegerische Geschehen in Europa bietet mit zwei Ausnahmen wenig Überraschendes. Und selbst der Verlauf des Frankreichfeldzugs von 1940 und die ersten Monate des Russlandkriegs, sind, wenn man ihren Hintergrund kennt, nachzuvollziehen. Dass Deutschlands schlagkräftige Wehrmacht unschwer über die Heere Polens, Dänemarks, Hollands, Belgiens, Jugoslawiens, Griechenlands und vergleichbarer kleinerer Staaten triumphieren würde, war vorauszusehen.

Der Krieg gegen Polen dauerte nur vier Wochen. Bereits in den ersten Stunden wurde deutlich, dass Warschaus Armee keine Chance gegen den modernsten Militärapparat der Welt besaß. Die polnischen Kavallerieschwadronen wurden von den deutschen Panzerverbänden zerrieben. Die Schlachten verdienten ihren Namen. Der Vormarsch der Wehrmacht war unaufhaltsam. Nachdem Stalin dem Ausbluten des polnischen Heers gut zwei Wochen zugesehen hatte, ließ er seine Rote Armee, wie zuvor mit Berlin vereinbart, in Ostpolen einmarschieren. Zehn Tage später griff die Wehrmacht Warschau an – der kommandierende polnische General zog die Konsequenzen und kapitulierte.

Der Blitzsieg im Blitzkrieg gegen Polen wurde zum Muster für eine Serie von Triumphen der deutschen Wehrmacht in den folgenden zwei Jahren. Die Erfolge hatten ihre Ursache primär in der qualitativen und quantitativen Dominanz der deutschen Streitkräfte über die Armeen ihrer Gegner.

Bereits während des Polenfeldzugs wurde darüber hinaus deutlich, dass die überlegene Führung Hitlers einen ebenso hohen Anteil am Sieg hatte wie die Unfähigkeit seiner Gegner an deren Niederlagen. Während Hitler sich über die Einwände seiner Generäle und die Ängste der Bevölkerung hinwegsetzte, ertranken auf der Gegenseite die Führungen Großbritanniens und Frankreichs im Meer von Bedenken und Furcht. Die Regierung Seiner Majestät und in deren Schlepptau die verbündeten Franzosen rafften sich eben noch dazu auf, Deutschland nach dessen Überfall auf Polen formal den Krieg zu erklären. Dabei ließen sie es bewenden. Den demokratischen Regierungen in London und Paris fehlten der Mut und die Entschlossenheit, ihre Armeen Deutschland in den Rücken fallen zu lassen, während die Wehrmacht ihrerseits in Polen kämpfend gebunden war. Dadurch blieb dem Reich der gefürchtete Zweifrontenkrieg erspart.

Die mangelnde Courage der Demokraten war wiederum eine entscheidende Voraussetzung des raschen Siegs der Wehrmacht über das polnische Heer. Die Soldaten, die Presse und die Öffentlichkeit, insbesondere in Großbritannien, gestanden sich die eigene Impotenz ein und nannten den faktischen Nichtkrieg im Westen einen *phoney war,* einen Schwindelkrieg.

Unterdessen erhielt die Bewunderung der Deutschen für ihren Führer enormen Auftrieb. Ehe sie sich's versahen, war der Krieg, den sie nicht gewollt hatten, mit einem Triumph beendet. Die physische Teilung Deutschlands am Danziger Korridor und damit die letzte Amputation infolge des Versailler Vertrags war durch die Führungskraft Hitlers aufgehoben worden. Weder der befürchtete Zweifrontenkrieg noch der panisch erwartete, verlustreiche Stellungskampf waren eingetreten. Auch dafür zollten die Deutschen ihrem Führer Anerkennung. Deutschland hatte einen leichten Sieg errungen. Die eigenen Verluste, 11 000 Tote, 4000 Vermisste, 30 000 Verwundete wurden hingenommen − über die langfristigen Konsequenzen eines Kriegs zerbrach man sich nicht den Kopf, das überließ man vertrauensvoller denn je dem Führer.

Adolf Hitler hatte seit fünfzehn Jahren diesen Krieg als Verwirklichung seines Strebens nach dem neuen germanischen Kriegervolk, das seinen Lebensraum im Osten erobert, gewollt. Die unverstellte Gewalt des offenen Kriegs gab Hitler die Gelegenheit, seine Vorhaben »rücksichtslos und mit harter Hand« in die Wirklichkeit umzusetzen. Die deutsche Ostgrenze wurde zwischen hundert und zweihundert Kilometer tief ins ehemalige polnische Territorium getrieben. Polen wurde im Einvernehmen mit Moskau als selbstständiger Staat liquidiert. Das deutsch besetzte Gebiet wurde geteilt: in die deutschen Gaue Danzig, Westpreußen, Warthegau sowie das Generalgouvernement.

SS-Chef Heinrich Himmler, dessen Einsatzgruppen der Wehrmacht gefolgt waren, wurde zum Siedlungskommissar ernannt. Seine Aufgabe war, dafür zu sorgen, dass die neudeutschen Gaue, in denen bis zu 90 Prozent Polen lebten, germanisiert wurden. Das sollte durch eine rücksichtslose »volkstumspolitische Flurbereinigung« innerhalb eines Jahrzehnts geschehen. Zu diesem Zweck wurde die polnische Oberschicht – Akademiker, Pfarrer, Unternehmer – von SS-Einsatzgruppen umgebracht oder ins Generalgouvernement verschleppt. Juden wurden separat zusammengetrieben und ebenfalls ins Generalgouvernement deportiert. Die rasche Ablösung der Militärverwaltung durch die NS-Gauleitungen ermöglichte ein ungehemmtes Vorgehen, das durch keine völkerrechtlichen Vorschriften begrenzt wurde. Heinrich Himmler wurde neben seiner Aufgabe als Siedlungskommissar auch zum Reichskommissar zur Festigung des deutschen Volkstums bestimmt. Seine SS hatte das Sagen, die örtlichen Gauleiter wiederum versuchten, die SS an Härte zu übertreffen. So entstand ein verhängnisvoller Wettlauf der Radikalität.

Was für die deutschen Gaue zutraf, galt umso mehr für das Generalgouvernement, an dessen Spitze der Parteijurist Hans Frank gestellt wurde. Dessen Aufgabe war die Zerschlagung der polnischen Nation. Noch radikaler als in den neudeutschen Gebieten wurde hier die polnische Führungsschicht aus ihren Positionen und Unternehmen gejagt, ermordet oder ab Frühjahr 1940 in das gerade entstandene Groß-Konzentrationslager Auschwitz eingesperrt. Das Generalgouvernement sollte Deutschland als Arbeitskräfte-Reservoir dienen.

Auf der untersten Stufe standen die Juden. Die aus den eingedeutschten Gauen abgeschobenen Juden wurden in Ghettos gepfercht. Wiederholt, jedoch noch weitgehend unkoordiniert, verübten SS-Einsatzgruppen Massaker an Juden. Der Antisemitismus der SS-Männer wurde unentwegt geschürt. Dabei wirkten neben Goebbels' Propagandaministerium per Rundfunk und Film auch diverse Nazi-Postillen vom *Völkischen Beobachter* über Streichers *Stürmer* bis zum SS-Organ *Das schwarze Korps*. Die stetig angeheizten Aggressionen führten in Verbindung mit der unbegrenzten Macht der SS zu einem Unterdrückungsregime und einer Hassobsession, die nach den Worten Ian Kershaws zu einem »Übungsplatz« für den bevorstehenden Völkermord wurde.

Euthanasie und vorsichtiger Protest

1939–1945

Während ab Oktober 1939 die siegreichen Kampfdivisionen eilig an die Westfront verlegt wurden, erteilte Adolf Hitler den Befehl zur Tötung Wehrloser, der so genannten Euthanasie. Das Wort griechischen Ursprungs, das »schöner Tod« oder »leichtes Sterben« bedeutet und Sterbehilfe für unheilbar Kranke bezeichnen sollte, war eine verbale Mimikry eines systematischen Massenmords.

Adolf Hitler war ein kompromissloser Verfechter des Sozialdarwinismus. Leben bedeutete ihm permanenten Existenzkampf, die Auslese des Starken durch die Vernichtung der Schwachen. »Ein stärkeres Geschlecht wird die Schwachen verjagen, da der Drang zum Leben ... alle lächerlichen Fesseln einer so genannten Humanität der Einzelnen ... wieder zerbrechen wird, um an seine Stelle die Humanität der Natur treten zu lassen, die die Schwäche vernichtet, um der Stärke Platz zu schenken«, legte er in *Mein Kampf* dar.

In seiner Rede auf dem Nürnberger Parteitag von 1929 hatte Hitler deutlich gemacht, dass sein Rassismus sich keineswegs auf die Juden beschränkte. Der NS-Chef war vielmehr entschlossen, die germanische Rasse zu stärken, indem er für die »Beseitigung« der Schwachen eintrat. Ein Jahr später hatten die *Nationalsozialistischen Monatshefte* den »Tod ... unwerten Lebens« propagiert. Hitlers Begleitarzt Karl Brandt bekannte während der Nürnberger Kriegsverbrecherprozesse 1945–1946, dass sein prominenter Patient bereits vor 1933 die Euthanasie befürwortet und sich als Kanzler entschlossen gezeigt hatte, sie zu verwirklichen.

Ähnlich wie in der »Judenfrage« sah Hitler sich jedoch gezwungen, zunächst zu taktieren. Hier wie dort machte er sich aber unverzüglich ans Werk, seine Vorstellungen Stufe um Stufe durchzusetzen. Bereits am 14. Juli 1933 erließ die Reichsregierung das »Gesetz zur Verhütung erbkranken Nachwuchses«. Fortan wurde jeder, bei dem angeborener Schwachsinn, Schizophrenie, manisch-depressiver Irrsinn, erbliche Blindheit, Taubheit, Epilepsie und schwere körperliche Missbildungen diagnostiziert wurden, zur Zwangssterilisation gezwungen. Da diese Kriterien vielfach ein diffuses Krankheitsbild beschreiben, gerieten die Diagnosen zum Fallbeil. Der Willkür waren Tür und Tor geöffnet. Unmittelbar nach Erlass des Gesetzes wurden die Zuschüsse für Patienten in Pflegeanstalten drastisch reduziert.

Ab 1934 wurden die legalisierten zwangsweisen Sterilisationen massenhaft durchgeführt. Die Kirchen erhoben keinen Protest gegen die forcierten Unfruchtbarmachungen von Blinden und Tauben. Sie blieben ebenfalls stumm, als die Reichsregierung am 26. Juni 1935 eine Ausweitung des Sterilisationsgesetzes beschloss, das auch Schwangerschaftsabbrüche aufgrund »rassenhygienischer« Indikation vorsah. Im gleichen Zeitraum wurde Reichsärzteführer Wagner von Seiten der Parteileitung verbindlich zu verstehen gegeben, dass Hitler die »Euthanasiefragen aufzugreifen und durchzuführen« gedachte, sobald Deutschland sich in einem bewaffneten Konflikt befände: »Das Problem der Heil- und Pflegeanstalten [sei] in einem eventuellen Kriegsfalle radikal zu lösen.«

1936 wurde die Verlegung fast aller psychisch Kranken von kirchlichen Einrichtungen in staatliche Anstalten beschlossen und vollzogen. Die Kirchen ließen auch dies ohne Einspruch geschehen. Derweil startete die Reichsregierung eine Propagandakampagne. Die angeblich immensen Pflegekosten wurden beklagt, vereinzelt aufwändige Unterbringung wurde zum allgemeinen Luxus umgelogen und mit den armseligen Lebensverhältnissen vieler »nützlicher« Volksgenossen verglichen. Der Film *Erbkrank* (1937) war ein flammendes Plädoyer für die Euthanasie. Im nächsten Jahr folgte der Streifen *Opfer der Vergangenheit* mit der gleichen Aussage. Die Bevölkerung sollte davon überzeugt werden, dass die Euthanasie eine Erlösung für die betroffenen Patienten, ihre Familien und die Volksgemeinschaft sei. So wurde ein Volk systematisch auf den Massenmord eingestimmt, ohne dass dies den meisten Menschen bewusst war.

Als Hitler sich im Sommer 1939 endgültig für einen Krieg entschieden hatte, beauftragte er den Staatssekretär für Gesundheitswesen im Reichsinnenministerium Leonardo Conti mit dem Vollzug der Euthanasie. Der Reichsleiter der NSDAP Philipp Bouhler und Karl Brandt wurden ermächtigt, zuverlässige Anstaltsleiter der Psychiatrie und Neurologie zusammenzufassen, um die späteren Tötungsaktionen zu vollziehen. Den Beteiligten wurde präventiv Straffreiheit zugesagt. Das Ärzte- und Organisationsgremium entschied sich bereits im Juli 1939 dafür, die anstehenden Massentötungen mithilfe von Kohlenmonoxyd zu verüben. Einen Monat später, am 18. August, erging seitens des Reichsministeriums des Inneren ein »streng vertraulicher« Runderlass »an die außerpreußischen Landesregierungen &c.«, der die verbindliche Meldung behinderter Neugeborener durch Ärzte und Hebammen an Amtsärzte bestimmte.

Mit Kriegsbeginn folgte eine Anweisung, die Zwangssterilisationen zu beenden – sie würden bald überflüssig sein. In der zweiten Septemberhälfte 1939 wurde der Patientenbestand sämtlicher Heil- und Pflegeanstalten erfasst. Am 29. September, zwei Tage nach dem Ende des Polenfeldzugs, begann im Krankenhaus von Kocborow bei Bromberg die systematische Ermordung psychisch kranker Menschen. Erst einen Monat später verfasste Adolf Hitler eine so genannte Euthanasie-Ermächtigung und datierte diese auf den Kriegsbeginn am 1. September zurück. Auf seinem persönlichen Briefpapier unterschrieb Hitler eine kurze Erklärung:

Reichsleiter Bouhler und Dr. med. Brandt sind unter Verantwortung beauftragt, die Befugnisse namentlich zu bestimmender Ärzte so zu erweitern, dass nach menschlichem Ermessen unheilbar Kranken bei kritischster Beurteilung ihres Krankheitszustandes der Gnadentod gewährt werden kann.

Adolf Hitler

Wenige Tage nach diesem Brief setzten auch im Reichsgebiet als Euthanasie getarnte Massenmorde ein. Zunächst wurden mehr als fünftausend Kinder umgebracht. Diese Aktion wurde als Maßnahme des »Reichsausschusses zur wissenschaftlichen Erfassung erb- und anlagebedingter Leiden« getarnt. Die Tötungen hoben in den Landesanstalten Brandenburg, Hartheim und Pirna-Sonnenstein an. Sie wurden über das gesamte Reich ausgedehnt. Man subsumierte die Morde als »Desinfektionen«. Sie fanden zunächst in fest installierten Gaskammern statt. Das Giftgas war Kohlenmonoxid. Bald gab man sich immer weniger Mühe, die Tötungen wie vorgesehen diskret auszuführen. Die Patienten wurden erschossen, mit Spritzen umgebracht, zu Tode gehungert oder aus Fenstern gestürzt.

Adolf Hitler machte im kleinen Kreis wiederholt deutlich, dass er sich nicht damit begnügen wollte, den Krieg als Mittel zur Eroberung zu nutzen. Der Schlachtenlärm sollte ebenfalls die Todesschreie der Opfer des Massenmordes an den Behinderten übertönen. Typisch für Hitlers Regierungsstil war, dass er allein die strategische Entscheidung traf, als versierter Krimineller jedoch davon absah, einen eindeutigen, rechtlich fassbaren Mordbefehl zu erteilen. Sein zurückdatiertes persönliches Schreiben hätte ohne weiteres als Propaganda-Pamphlet einer Euthanasie-Kampagne getaugt – nicht nur in Zeiten des Joseph Goebbels.

Darüber hinaus legte Hitler die Durchführung seiner Anweisung in die Hände bewährter Erfüllungsgehilfen, vermied jedoch bewusst eine klare Kompetenzverteilung. Auf diese Weise konnte er davon ausgehen, dass die konkurrierenden Beauftragten, hier NS-Reichsleiter Bouhler, dort SS-Arzt Brandt, in einen stimulierenden Wettstreit zur Umsetzung seines Willens treten würden.

Der bewusst verschwommen formulierte »Euthanasie-Befehl«: »nach menschlichem Ermessen« und der Vollzug der Aktion waren streng geheim – dies zeigt, Hitler begriff, dass sein Unterfangen nach herkömmlichem positivem Recht verbrecherisch war. Doch Hitler und seine Schergen wähnten sich über das traditionelle Gesetz erhaben. Der Jurist und Rechtsphilosoph Carl Schmitt versuchte bereits 1934, diese prinzipielle Haltung zu legitimieren. Der Führer setze Recht, dekretierte der angesehene Wissenschaftler und Publizist.

Die von Hitler verfügte Geheimhaltung ließ sich bei dem Ausmaß des Massenmordes jedoch nicht vollständig gewährleisten. Durch Pannen sickerte durch, dass geistig Behinderte getötet wurden. So erhielt eine Familie zwei Urnen, die jeweils angeblich die Asche ihres Angehörigen enthielten. Begleitpersonal plauderte aus, dass die Abtransportierten umgebracht wurden. Verwandte informierten ihre Kirchen und mittels Traueranzeigen die Öffentlichkeit. Im Sommer 1940 erstattete der Brandenburger Vormundschaftsrichter Kreyssig Anzeige gegen Reichsführer Bouhler. Kreyssig wurde von Reichsjustizminister Franz Gürtner daraufhin mit der Begründung entlassen, er sei unfähig gewesen, den Willen des Führers als Rechtsquelle anzuerkennen. Auf diese Weise wurde Hitlers Verantwortung für die Euthanasie durch die Reichsregierung indirekt bestätigt.

Die Proteste ließen sich nicht vollständig unterdrücken. So empörte sich der württembergische Landesbischof Wurm in seinem Schreiben vom September 1940 an Reichsinnenminister Wilhelm Frick über die »planmäßige Ausrottung der Geisteskranken, Schwachsinnigen und Epileptischen«. Bemerkenswert sind die anschließenden Fragen des Bischofs: »Weiß der Führer von der Sache? Hat er sie gebilligt?« Bischof Wurm hatte gewiss noch in Erinnerung, dass Hitler im Sommer 1934 die Verantwortung für die Mordaktion an der SA-Führung sowie an Oppositionellen übernommen hatte. Wie konnte er da annehmen, Hitler wisse nichts von dem Massenmord in staatlichen Anstalten? Beim Kirchenfürsten war dieselbe autosuggestive Schizophrenie am Werk wie bei vielen Volksgenossen: Untaten wurden untergeordneten Parteifunktionären oder Parteisoldaten der SA und später der SS zugeordnet, ihr Befehlshaber, dem Führer Adolf Hitler, indessen allein Erfolge und Wohltaten zugeschrieben. Diese glorifizierende Enthebung

Hitlers aus den Niederungen der Verantwortung auch für kriminelle Aktionen bestärkte Angehörige, einzelne Priester und kirchliche Institutionen zumindest gegen den Umfang der Euthanasie Stellung zu nehmen – ohne deren Prinzip grundsätzlich abzulehnen oder gar die Position des Führers infrage zu stellen.

Im Sommer 1940 schlossen sich der Freiburger Erzbischof Gröber sowie der Vorsitzende der deutschen Bischofskonferenz Kardinal Bertram dem Protest gegen die Euthanasie an. Sie äußerten ihren Einspruch in diskreten Briefen an die zuständigen Reichsministerien. Der Zeitpunkt des Protestes war nicht zufällig. Nach dem Triumph über Frankreich wurden die Euthanasie-Morde intensiviert. Im August 1940 wurden mehr als 5700 Menschen in vier Anstalten mit Giftgas umgebracht.

Während des gleichen Monats sondierten die katholische Bischofskonferenz sowie die Innere Mission bei der Reichsregierung, auf welche Personenkreise die Euthanasie begrenzt werden sollte. Ein eklatanter Widerspruch zu dem Lebensgebot des Katholizismus. Doch die Kirche versuchte zu retten, was und wen sie konnte – ohne das NS-Regime gegen sich aufzubringen, das die Mordtaten anordnete. Die Kurie in Rom akzeptierte diese Haltung stillschweigend. Auch die evangelische Kirche war an einem einvernehmlichen Auskommen mit den nationalsozialistischen Behörden interessiert. Die Protestanten verfolgten eine ähnliche Beschwichtigungstaktik wie die Katholiken. In ihren Papieren und in den Verhandlungen schlossen sie das prinzipielle Recht des Staates zur Tötung der Kranken nicht kategorisch aus. Die beiden Konfessionen waren entschlossen, sich mit dem übermächtigen NS-Regime zu arrangieren. Auf diese Weise hofften sie, ohne eigenes Risiko, möglichst viele Behinderte vor der Zwangstötung bewahren zu können.

Als Ergebnis der Gespräche zwischen den Glaubensgemeinschaften und dem NS-Staat, an denen auch Himmlers Stellvertreter und SD-Chef Reinhard Heydrich teilgenommen hatte, entstand Ende August 1940 der Entwurf eines Euthanasie-Gesetzes samt dessen Durchführungsbestimmungen. Doch Adolf Hitler erkannte, anders als seine Mitarbeiter und die beteiligten Ministerialbeamten, die durch diese Legalisierung drohende Beeinträchtigung seiner singulären Stellung als unfehlbarer Führer. Ein entsprechendes Gesetz hätte das offizielle Eingeständnis der Euthanasie bedeutet. Dies hätte das Ansehen des Führers besonders bei gläubigen Menschen und Humanisten geschmälert. Hitlers Herrschaft aber gründete sich vor allem auf die freiwillige Loyalität der Deutschen. Daher wog sein Renommee für ihn ungleich schwerer als rechtsverbindliche Normen. Diese enthielten stets Einschränkungen, auf die sich Gegner, Mäßiger und Juristen berufen konnten. Hitler, der sich als Quelle des Rechts verstand, konnte keine Begrenzungen wollen. Statt die Euthanasie zu legitimieren, wurde sie lediglich besser getarnt. Im Herbst 1940 wurden daher so genannte Zwischenanstalten installiert. Sie dienten der logistischen Verteilung der Opfer sowie der Verschleierung der Massenmorde. Erst aus diesen temporären Stationen wurden die Opfer zu den Tötungsstätten gebracht.

Im September 1940 begann die systematische Ermordung behinderter jüdischer Kinder. Dies beweist den hohen Organisationsgrad und das effektive Vorgehen der für die Euthanasiemorde zuständigen Berliner Zentrale T4. Die Behinderten waren erfasst, sie konnten und wurden bei Bedarf gruppenweise deportiert und umgebracht.

Der 1941 endlich einsetzende öffentliche Protest prominenter Priester durchbrach die fast vollständige Geheimhaltung der Massenmorde. So erfuhr auch der britische Nachrichtendienst von der Aktion. Nun wurden via BBC-Auslandsprogramm die deutschen »Feindsender«-Hörer von den Verbrechen informiert. Ende Juli 1941 legten die deutschen Bischöfe in einem Hirtenbrief in verklausulierten Wendungen ihre Ablehnung der Euthanasie dar. Lediglich der Münsteraner Bischof August von Galen fand den Mut zu einer unumwundenen Sprache. In einer gesonderten Erklärung betonte er seinen »an Sicherheit grenzenden Verdacht«, dass die vielen Todesfälle von Geisteskranken »nicht von selbst eintreten, sondern absichtlich herbeigeführt werden«. Von Galen ließ es nicht bei diesem Hinweis bewenden. In seiner Predigt am 3. August gab der Bischof bekannt, nunmehr habe er definitiv Kenntnis, dass auch aus westfälischen Pflegeheimen Todestransporte von Kranken stattfänden. Darauf habe er bei der Staatsanwaltschaft in Münster Anzeige erstattet. Anders als seine Amtskollegen prangerte Galen die Euthanasie wortmächtig an und machte die Konsequenzen deren stillschweigender Hinnahme deutlich: »Wenn einmal zugegeben wird, dass Menschen das Recht haben, ›unproduktive‹ Menschen zu töten, … dann ist der Mord an uns allen … freigegeben.«

Die Predigt hatte eine gewaltige Wirkung. Von Galens Worte wurden von Angehörigen aufgezeichnet, vervielfältigt und verteilt. Seine Aussagen fanden wiederum den Weg nach London. Die BBC verbreitete die Predigt, britische Militärmaschinen ließen Flugblätter mit den Worten des Bischofs über Deutschland regnen, wo allenthalben Menschen um das Schicksal ihrer behinderten Angehörigen bangten.

Von Galens Beispiel ermutigte weitere Priester zum Protest gegen die Euthanasie. Der Trierer Bischof Bornewasser und der Berliner Dompropst Lichtenberg prangerten die Tötungen an. Die NS-Führung reagierte differenziert auf die Proteste. Die renitenten Bischöfe blieben unbehelligt. Zur gleichen Zeit starb der bereits früher inhaftierte Probst Lichtenberg auf dem Transport ins Konzentrationslager Dachau.

Der kirchliche, aber auch der private Widerstand hatten relativen Erfolg. Am 24. August, drei Wochen nach von Galens Predigt, verfügte die Reichsregierung eine Einstellung der Euthanasie. Durch offiziöse Propaganda wurde gestreut, dem Führer sei das Tötungsprogramm nicht bekannt gewesen. Sobald er davon erfuhr, habe er die Aktion untersagt. Bis dahin waren mehr als 70 000 Menschen ermordet worden.

Das Regime besaß gute Gründe für sein prinzipielles Nachgeben. Die Wehrmacht war 1941 in die Sowjetunion einmarschiert. Deutschland sollte seine gesamte Kraft auf den Sieg in diesem Krieg konzentrieren. In einer solchen Situation musste alles vermieden werden, was zu einem Nachlassen der Loyalität der Bevölkerung gegenüber Hitlers Herrschaft hätte führen können.

Die Anweisung zur Einstellung der Euthanasie war ein prinzipieller Sieg der Gegner dieser spezifischen Mordaktion – mehr nicht. Denn die Tötungen, deren Legalität nie offiziell verkündet worden war, gingen mit noch größerer Heimlichkeit weiter. Die Euthanasie-Zentrale T4 steuerte nach wie vor das Mordprogramm und legte fortan noch mehr Wert auf Diskretion, Effektivität und die Auswahl der Opfer. Zu den Tarnmaßnahmen zählte, dass man die Vergasungen in der berüchtigten Anstalt Hadamar beendete. Auch die Versendung so genannter »Trostbriefe« an die Angehörigen, die aufgrund ihrer zwangsläufigen Schematisierung mehr enthüllten als verschleierten, wurde eingestellt. Unmittelbar nach dem Überfall auf die UdSSR begannen die Sondereinsatzgruppen der SS, die den kämpfenden Einheiten folgten, mit der Ermordung von Behinderten vor Ort. Dabei wurde auch in der Euthanasie geschultes Fachpersonal aus Deutschland herangezogen. Im November 1942 erging die Verfügung, alle Psychiatriepatienten in Deutschland zu erfassen. Im folgenden Jahr wurden verantwortliche Ärzte in Heil- und Pflegeanstalten ermächtigt, in ihren Häusern nach eigenem Ermessen Patienten töten zu lassen. Der fast ungebremste Fortgang des Mordprogramms parallel zu der sich immer deutlicher abzeichnenden militärischen Niederlage Deutschlands ermutigte die deutschen Bischöfe, Ende September 1943 in einem Hirtenbrief die Euthanasie zu verurteilen. Die Synode der Bekennenden Kirche beschloss eine ähnlich lautende Erklärung.

Das NS-Regime reagierte auf diese Protestschreiben lediglich mit intensivierter Verschleierung. Kein unterzeichnender Kirchenfürst wurde verhaftet. Die Tötungsaktionen gingen unter größtmöglicher Geheimhaltung weiter. In Hadamar wurden nach der Pause von 1941 bis 1943 erneut Patienten umgebracht. In der Anlage des Klosters Irrsee bei Kaufbeuren wurde im November 1944 ein Krematorium errichtet, um die Leichen der fortlaufenden Tötungsaktionen beseitigen zu können. Noch Ende Mai 1945, als Deutschland bereits bedingungslos kapituliert hatte und das Land von alliierten Truppen besetzt war, wurde in Irrsee ein behindertes Kind ermordet – die amerikanischen Soldaten wurden mittels »Typhus«-Schilder vom Betreten der Anstalt abgeschreckt.

Adolf Hitler hatte sich zum Anwalt der Bestrebungen, »lebensunwertes Leben auszumerzen«, gemacht. Er wurde dabei von Wissenschaftlern und Ärzten unterstützt. Ohne damit in der Öffentlichkeit hervorzutreten, setzte Hitler sein Vorhaben durch. Die Zwangssterilisierungen waren erste konkrete Maßnahmen in Richtung Euthanasie. Dennoch wurden diese Schritte ohne nennenswerten gesellschaftlichen Einspruch durchgesetzt. Menschenverachtende Eugenik blieb keineswegs auf das Nazi-Regime beschränkt. So waren Zwangssterilisationen noch bis 1976 bzw. 1985 in demokratischen Staaten wie Schweden und den USA legal. Sie wurden an Behinderten vollzogen, ohne dass Presse und Öffentlichkeit dagegen protestiert hätten.

Nach Protesten von Angehörigen der Behinderten, denen sich einzelne Pastoren und schließlich sehr zögerlich auch die Kirchenorgane anschlossen, lenkte der Nazi-Staat zumindest vordergründig ein. Auch für Hitler hatte das Überleben des Regimes Vorrang gegenüber ideologischen Zielsetzungen und aus ihnen resultierenden Verbrechen.

Hitler und die Seinen konnten also durchaus zu einer Revision ihrer verbrecherischen Maßnahmen gezwungen werden. Voraussezung dafür war, dass ein nennenswerter Teil der Bevölkerung Widerstand leistete.

Volk und Führer triumphieren

1940

Der entscheidende Triumph in der ersten Phase des Kriegs war der gewonnene Blitzkrieg gegen Frankreich. Dadurch erlangte Hitler seine mythische Stellung als unumstrittener Führer und Feldherr der Deutschen. Adolf Hitler entsprach – zumindest im Feldzug gegen Frankreich – dem Idealbild Carl von Clausewitz' vom politischen Führer, dem ein »mächtiger, eiserner Wille« zu eigen sei und der zugleich als Feldherr agiere.

In der Vorkriegsphase hatte Hitler auf den Aufbau schneller, beweglicher Panzerarmeen, einer effektiven Luftwaffe und flexibler Fallschirmjägerverbände gedrängt. Als der Krieg anstand, setzte er durch, dass der riskante Offensivplan des Generals Erich von Mannstein Grundlage des West-Feldzugs wurde. Diese Entscheidungen trugen wesentlich zum raschen und grandiosen deutschen Sieg bei. Volles Gewicht aber erlangten sie erst in Verbindung mit der Kriegsmüdigkeit der französischen Bevölkerung sowie dem Defätismus der Pariser Politik und der Armee.

Frankreich war demografisch und vor allem mental vom vergangenen Weltkrieg traumatisiert. Die Deutschen beklagten den Diktatfrieden von Versailles, übersahen dabei jedoch, dass dieser weitgehend der französischen Unsicherheit entsprang. Die Franzosen wollten durch die Zerschlagung des deutschen Generalstabs, der Minimierung der deutschen Armee, der Industriekapazitäten und der Amputation von Bevölkerungszahl und Territorium gewährleisten, dass die Kriegsfähigkeit des teutonischen Nachbarn ein für alle Mal zerschlagen wurde. Doch spätestens der Bau der Maginot-Linie zwischen 1929 und 1932 bewies, dass Frankreich trotz der damaligen Überlegenheit seines Militärs die mentale Bereitschaft zur Offensive eingebüßt hatte. Ein weiterer, armeeinterner Hinweis für die defensive Einstellung der gallischen Streitkräfte war, dass in den dreißiger Jahren das von Oberst Charles de Gaulle entwickelte Konzept zur Schaffung offensiver Panzerarmeen vom französischen Generalstab verworfen wurde – anders als in Deutschland, wo Hitler entsprechende Vorstellungen von Oberst Heinz Guderian förderte.

Aufgrund des »mächtigen, eisernen« Offensivwillens Hitlers und seiner Fähigkeit, diesen auf seine Truppen zu übertragen, war Deutschland hinsichtlich Truppenstärke und Bewaffnung den Franzosen von Anfang an weit überlegen. Dabei wurde zunächst ein grundsätzlicher Irrtum Hitlers übersehen, der erst in der späteren Phase des Kriegs zunehmende Wichtigkeit erlangen sollte. Der ehemalige Westfrontsoldat Adolf Hitler war von seinem Kriegserlebnis so stark geprägt, dass er ebenso wie seine Generäle – und übrigens auch Stalin – überzeugt war, das nächste Völkerringen werde erneut am Rhein entschieden werden.

Unmittelbar nach Einstellung der Kampfhandlungen in Polen begann daher die Wehrmacht mit der Dislokation ihrer Kampfverbände in Stellungen in und um den Westwall. Ursprünglich hatte Hitler geplant, seine Divisionen nach Beendigung des Polenkriegs sofort gegen Frankreich marschieren zu lassen. Doch Verschleiß, schlechtes Wetter, vor allem aber Bedenken seiner Generäle und eigene Ängste hatten den Führer immer wieder zurückschrecken lassen, den Angriffsbefehl zu erteilen. Insgesamt wurde der Beginn des Westfeldzugs 29-mal (!) verschoben. Die Soldaten der feindlichen Armeen standen sich in ihren Befestigungen und im Hinterland gegenüber und mochten nach einem Dutzend Alarmübungen nicht mehr an den großen Waffengang glauben. Der *phoney war* wurde zum Synonym eines Kriegs, dessen Schlachten auf den Sankt Nimmerleinstag aufgeschoben zu sein schienen. Die Menschen waren erleichtert, denn nach dem Ersten Weltkrieg wussten sie um die langfristige Bedeutung eines europäischen Kriegs: Tote, Vermisste, Verwundete, verwüstetes Land.

In Deutschland kam stärker als bei den Feindmächten die Angst vor Hunger und wirtschaftlicher Not hinzu. Man war dem Führer gehorsam in den Krieg gegen Polen gefolgt und hatte diesen mit geringen Verlusten gewonnen – damit waren die letzten Territorialeinbußen und nationalen Demütigungen beseitigt. Das Deutsche Reich war mächtiger denn je. Umso mehr scheute man einen langfristigen und verlustreichen Krieg gegen die anglofranzösische Entente. Von dem Aufwallen einer chauvinistischen Kriegsbegeisterung war trotz intensiver Propaganda in Deutschland nichts zu spüren. Im Gegenteil. Auch den Deutschen wäre es recht gewesen, wenn der »Schwindelkrieg« rasch durch einen Frieden beendet worden wäre. Schwerer als das aus einer Sättigung des Nationalgefühls herrührende Bedürfnis nach Frieden bei der Bevölkerung und der Armee wog indessen die Loyalität gegenüber dem Führer. Wenn Hitler den Befehl zum Angriff erteilte, dann würden Generäle, Offiziere und Mannschaften trotz ihrer fachlichen Einwände, Besorgnisse und Ängste ihm ohne Zaudern folgen. Hitler wusste das. Dennoch zögerte er, die Offensive zu befehlen, denn auch ihm steckte die Angst vor einem jahrelangen Gemetzel in den Knochen.

Aus seiner Lähmung wurde Hitler wie oft zuvor durch den Gang der Ereignisse befreit. Im Frühjahr 1940 erhielt die deutsche Abwehr Informationen, dass die britische Armee die Besetzung Nordnorwegens plante. Gelang dieses Unterfangen, dann waren Deutschlands Eisenerzimporte aus Schweden gefährdet. Damit drohte eine Reduzierung der Rüstungsproduktion mit lähmenden Auswirkungen auf die Kriegsfähigkeit des Reichs. Um die Initiative zu behalten, befahl Hitler die Operation »Weserübung«, den Angriff auf Dänemark und Norwegen. Kopenhagen kapitulierte kampflos bereits am 9. April 1940, dem Tag des Angriffs. Deutsche Heeresverbände, Luftlandetruppen, Marineeinheiten und die Luftwaffe setzten zum Angriff auf Norwegen an. Erstrangiges Ziel war die Besetzung der England zugewandten Westküste, insbesondere der nördlichen Hafenstadt Narvik, an der die Eisenerzbahn endete. Die

Briten reagierten auf die deutschen Operationen umgehend mit einer Invasion der norwegischen Küste. Es kam zu einem erbitterten Wettlauf nach Narvik und zu harten deutsch-englischen Gefechten. Oslos Truppen kapitulierten vor der Wehrmacht. Die Norweger wollten keinen Stellvertreterkrieg auf ihrem Territorium dulden. Die deutsch-britischen Kämpfe gingen noch Wochen weiter, ehe die Wehrmacht endgültig die Oberhand gewann.

Erst der siegreiche Nordlandfeldzug zerstreute Hitlers Ängste und Bedenken vor den Risiken eines Angriffs auf Frankreich. Tatsächlich bewies das Kriegsgeschehen die deutsche Überlegenheit gegenüber den britischen Streitkräften – selbst die Royal Navy war nicht in der Lage gewesen, durch ihre maritime Vorrangstellung die Operation der deutschen Armee wesentlich zu beeinträchtigen. Bereits im Oktober 1939 war es dem deutschen U-Boot U 47 mit einem gewagten und erfolgreichen Angriff gegen britische Kriegsschiffe in ihrem Heimathafen Scapa Flow gelungen, den Mythos der Unverwundbarkeit der britischen Kriegsmarine zu zerstören.

Der französischen und britischen Regierung sowie den alliierten Militärführungen fehlte nach ihrer Passivität während des Polenfeldzugs der Wagemut, ihre Verbände Deutschland in dem Moment angreifen zu lassen, als die deutschen Militärs sich auf ihre skandinavische Militäroperation konzentrierten. London und Paris ließen ihren Schwindelkrieg weiterköcheln. Damit demoralisierten sie ihre Truppen zunehmend. Doch während die Franzosen die Lähmung des politischen Establishments an der Seine guthießen, besann sich die britische Nation auf ihre Stärke.

Auf Druck der öffentlichen Meinung und der Presse wurde Winston Churchill kurz nach Kriegsbeginn zum Ersten Lord der Admiralität ernannt. Dies markierte den politischen Richtungswechsel in Großbritannien. Der konservative Politiker war von Anbeginn ein vehementer Kritiker der britischen Beschwichtigungspolitik gegenüber dem Dritten Reich gewesen. Churchill hatte sich bereits Ende der zwanziger Jahre mit

Hitler und dessen Weltanschauung auseinander gesetzt. Der Brite durchschaute früh die expansionistische Strategie des NS-Chefs. Er war überzeugt, dass sein Land Hitler entschlossen entgegentreten müsse, um den Machtzuwachs des NS-Reichs zu verhindern, solange dafür noch Zeit sei. Doch der selbstbewusste Politiker konnte seinen Standpunkt in der regierenden konservativen Partei nicht durchsetzen. Er kritisierte das Flottenabkommen mit Berlin, das Hitler innen- und außenpolitische Reputation gewährte, ohne von ihm eine Gegenleistung einzufordern. Churchill kämpfte vehement gegen die Opferung der Tschechoslowakei durch London und Paris auf dem vorgeblichen Friedensaltar der Münchner Konferenz und die stillschweigende Hinnahme der Novemberpogrome in Deutschland sowie den folgelosen Protest Westminsters bei der Zerschlagung der »Rest-Tschechei« im Frühjahr 1939. Obgleich Churchills Haltung von einem Teil der konservativen Presse unterstützt wurde, gelang es ihm nicht, seine Partei oder die Öffentlichkeit zu überzeugen. Erst der deutsche Überfall auf Polen führte zu einem Umdenken in weiten Kreisen Großbritanniens.

Politiker und Bürger begriffen nun, dass man Hitler-Deutschland nur mit Gewalt Einhalt gebieten konnte. Die Kriegserklärung Londons im Verbund mit Frankreich zeigte, dass die Regierung diese Haltung teilte. Doch immer weniger Briten glaubten, dass Premierminister Chamberlain, der die Appeasement-Politik personifizierte, der geeignete Staatsmann sein könnte, das Vereinigte Königreich zu einem Sieg gegen Hitlers Drittes Reich zu führen.

Als Erster Lord der Admiralität mit Kabinettsrang trat Churchill sogleich für eine offensive Kriegspolitik gegen Deutschland ein. Unter anderem befürwortete er die Besetzung Nordnorwegens und das Abschnüren der schwedischen Erzexporte nach Deutschland. Premier Chamberlain unterband diese Invasionspläne, bis Hitlers Wehrmacht den Briten zuvorkam.

Chamberlain sah sich zum Rücktritt veranlasst. Die Ernennung Churchills zu seinem Nachfolger am 10. Mai 1940 bedeutete das endgültige Scheitern der Appeasement-Politik. Es war ein Zufall mit Symbolcharakter, dass Hitler am Tag von Churchills Amtsantritts den Westfeldzug »Fall Gelb« anlaufen ließ. Der neue Premier konnte auf das Geschehen des westeuropäischen Kriegstheaters keinen maßgeblichen Einfluss mehr nehmen. Doch mit Churchill, der einer Regierung der nationalen Einheit vorstand, traf Hitler erstmals auf einen Widersacher, der entschlossen war, das NS-Regime und seinen Führer kompromisslos bis zur vollständiger Niederlage zu bekämpfen.

Eine politische oder militärische Führungspersönlichkeit von Churchills Format fehlte auf französischer Seite. So hatte Hitler zunächst ein relativ einfaches Kriegsspiel. Er stützte sich auf eine hoch motivierte, ihrem Führer loyal ergebene, modern ausgerüstete, gut trainierte und dirigierte Wehrmacht. Auch die Armeen Frankreichs, das britische Expeditionsheer und das belgische Heer waren mit effizienten Waffen ausgestattet und verfügten über mächtige Verteidigungsstellungen. Die alliierte Streitmacht war der deutschen materiell zumindest ebenbürtig, das kombinierte Rüstungspotenzial langfristig überlegen. Deutschland fehlte die zur Offensive notwendige Überlegenheit. Die versierten deutschen Militärs waren unfähig einzuschätzen, was der intuitive Machtpolitiker Hitler spürte: Er überragte aufgrund seiner kompromisslosen Entschlossenheit zum Sieg und der Fähigkeit, von seiner Armee und seinem Volk unbedingte Gefolgschaft einzufordern, die ängstlichen französischen Politiker und Militärs so sehr, dass er die potenziellen deutschen Schwächen mehr als ausglich. Hitler war das deutsche Ass im Krieg gegen Frankreich.

Die alliierten Armeen wurden von der am 10. Mai einsetzenden deutschen Offensive überrascht. Dieser Umstand enthüllt die Stimmung, besonders auf französischer Seite. Da sie selbst es nicht gewagt hatten, Deutschland zur strategisch günstigen Zeit des Polenfeldzugs anzugreifen, hofften die Franzosen, dass sich die Wehrmacht ebenso ängstlich und initiativlos verhalten würde.

Dieser verzagten Haltung der Alliierten stand auf deutscher Seite eine entschlossene Führung gegenüber. Adolf Hitler hatte sich bereits 1939 für den gewagten Sichelschnitt-Plan des Generals von Mannstein entschieden. Dieses Vorhaben, das eine dreigliedrige Offensive vorsah, wurde effektiv in Kriegsszene gesetzt. Dabei führten die deutschen Divisionen zunächst im zentralen Bereich hinhaltende Angriffe auf die Maginot-Linie durch. Die Aufgabe dieser Attacken war in erster Linie, die feindlichen Verbände zu zersplittern und vom Schwerpunkt der deutschen Offensive abzulenken. Denn die entscheidenden Vorstöße wurden nach dem Prinzip eines Sichelschnitts im Norden erzwungen. Eine Heeresgruppe umging die Maginot-Linie, indem sie sich den Vormarsch durch die neutralen Niederlande und das mit Großbritannien alliierte Belgien erzwang. Dies hatte eine Gegenbewegung der französischen Verbände zur Folge, was wiederum von einer weiteren deutschen Heeresgruppe genutzt wurde, die mit ihren Panzerdivisionen vom Süden durch Luxemburg sowie die dicht bewaldeten Ardennen bis zur französischen Kanalküste vorstieß. Mit diesem unerwarteten und erfolgreichen Angriff gelang es, große anglofranzösische Truppeneinheiten einzukesseln und so die strategische Grundlage für die Eroberung des französischen Raumes zu erzwingen.

Der schnelle deutsche Vormarsch durch Holland und die verheerende Bombardierung der Hafenstadt Rotterdam bewirkten, dass die Niederlande sich bereits am fünften Kriegstag ergaben. Derweil eilten die Verbände der Wehrmacht durch Belgien. Innerhalb einer Woche waren Brüssel, Lüttich und Antwerpen besetzt.

Zwei Wochen darauf, am 28. Mai, streckte Belgien die Waffen. Unterdessen schlossen deutsche Verbände rund 400 000 alliierte Soldaten bei Dünkirchen an der Kanalküste ein. Da befahl Hitler seinen Divisionen anzuhalten. Seine Gründe hierfür bleiben bis heute umstritten. Beabsichtigte er, seine erschöpften Panzerverbände für die entscheidende Schlacht um Frankreich zu schonen? Oder wollte der Führer der neuen britischen Regierung unter Premier Churchill die erdrückende deutsche Übermacht demonstrieren und ihr gleichzeitig zu verstehen geben, dass eine Einigung mit Berlin nach wie vor möglich sei?

Viel spricht dafür, dass Hitler durch die atemberaubenden Siegesmeldungen überreizt, die Nerven verloren hatte. Dieser erste operative Fehler Hitlers im Krieg gab den Briten Gelegenheit, 338 226 alliierte Soldaten auf die Insel zu evakuieren. Diese Rettungsaktion blieb jedoch eine Episode in einem ansonsten brillanten deutschen Feldzug. Die Divisionen der Wehrmacht durchbrachen alle französischen Verteidigungslinien und kesselten die feindlichen Divisionen ein. Auch der am 20. Mai neu berufene Oberbefehlshaber General Weygand war unfähig, die strategische Katastrophe abzuwenden. Die französische Armee erwies sich trotz adäquater Bewaffnung und Truppenstärke nicht in der Lage, sich auf heimischem Territorium wirksam zu verteidigen. Die deutschen Panzerarmeen waren für schnelle Vorstöße geeigneter, während die von Panzereinheiten unterstützten französischen Divisionen ihre Stärke im defensiven Kampf hätten entwickeln können – falls ihre militärische Führung und die Soldaten motiviert gewesen wären. Vier Jahre später benötigten die weit überlegenen anglo-amerikanischen Invasionstruppen, welche die absolute Lufthoheit besaßen, länger als ein halbes Jahr, um die Wehrmacht aus Frankreich zu treiben, während gleichzeitig das deutsche Militär an der Ostfront vergeblich versuchte, einer erdrückenden Übermacht der Roten Armee standzuhalten und deutsche Städte und Rüstungsanlagen von alliierten Bomberverbänden in Schutt und Asche gelegt wurden. Der Unterschied zwischen beiden Phasen des Weltkriegs war, dass der Masse der französischen Armeeführung und den Soldaten der *Grande Nation* 1940 schlicht der unbedingte Wille zum Sieg, zumindest zur Verteidigung, fehlte. Der nach Frankreich geeilte Churchill fand Regierung und Armeeführung in »tiefster Niedergeschlagenheit«. Im Generalstab herrschte Chaos. Als der Brite sich beim Chef der französischen Armee nach der Stärke der strategischen Reserve erkundigte, erwiderte der General: »Überhaupt keine.«

Selbstverständlich wollten auch die französischen Generäle und Grenadiere den Krieg gegen den deutschen Erzfeind nicht verlieren, doch sie waren nicht bereit, notfalls ihr Leben für Frankreich hinzugeben. Auf deutscher Seite dagegen zeigten sich die Soldaten entschlossen, den von ihnen geleisteten Eid einzuhalten, ihr Vaterland auch auf fremdem Boden zu verteidigen, ihrem Führer unbedingten Gehorsam zu leisten und dafür ihr Leben einzusetzen. Diese Todesbereitschaft war der maßgebliche Unterschied zwischen den Kriegsgegnern. Er entschied den Waffengang.

Im Ersten Weltkrieg scheiterte die kaiserliche Armee am Widerstand zäher Gegner. Ein Vierteljahrhundert später waren die französischen Truppen feiger als ihre Väter. Ihnen gegenüber aber standen deutsche Truppen unter dem Oberbefehl eines zu allem entschlossenen Führers. Adolf Hitler entwickelte die von ihm in *Mein Kampf* eingeforderte »unerschütterliche Willensenergie« des Führers. Seine Willenskraft trug entscheidend dazu bei, dass das strategische Modell des Sichelschnitts zur Kriegswirklichkeit erzwungen wurde. Frankreichs Premier Reynaud versuchte die verzweifelte militärische Lage politisch auszugleichen, indem er die Vereinigten Staaten zum Kriegseintritt an der Seite der Alliierten drängte. Doch Präsident Roosevelt, der entschlossen war, Hitlers Regime zu bekämpfen, konnte dem nicht zustimmen, da in seinem Land eine isolationistische Stimmung herrschte. Dagegen lehnte die Anfang Juni nach Bordeaux geflüchtete französische Regierung das Angebot des britischen Premiers Churchill einer Union beider Staaten ab. Der am 17. Juni zum neuen Regierungschef ernannte 84-jährige Marschall Pétain, ein Heros des Ersten Weltkriegs, folgte dem *volonté generale,* als er die aussichtslosen Kampfhandlungen durch ein Ersuchen um Waffenstillstand beendete.

Hitler inszenierte die Kapitulation zu einem propagandistischen Rachespektakel. Der Eisenbahnwagen, in dem deutsche Vertreter am 9. November 1918 die bedingungslose Kapitulation unterzeichnet hatten, wurde aus einem Pariser Museum in den Wald von Compiègne geschafft. Dort musste der französische General Huntziger die Übergabe unterzeichnen. Adolf Hitler tanzte vor Freude – und mit ihm so gut wie alle Deutschen. Sie teilten das Urteil ihres Führers, dies sei der »glorreichste Sieg aller Zeiten«.

Adolf Hitler begab sich zu einer eintägigen Besichtigungstour durch Paris, wo er unter anderem das Grab Napoleons besuchte. Die Geste wurde in Deutschland und Frankreich verstanden. Bei seiner Rückkehr nach Berlin am 6. Juli wurde der Führer von Millionen Deutschen triumphal gefeiert. Der Chef des Oberkommandos der Wehrmacht Wilhelm Keitel pries Hitler als »größten Feldherrn aller Zeiten«. Die Deutschen dachten genauso. Unter Hitlers Führung hatten ihre Soldaten mit relativ geringen Verlusten in sechs Wochen vollbracht, wozu die Armee Kaiser Wilhelms II. in vier Jahren und dem Opfer von Millionen Toten nicht imstande gewesen war. Selbst die Grenadiere Preußens und der mit ihm verbündeten deutschen Länder hatten trotz des grandiosen Kommandos des »alten« Moltke und der politischen Führung des »eisernen« Kanzlers Bismarck 1870/71 fast ein halbes Jahr gebraucht, ehe sie nach dem schnellen Sieg von Sedan Frankreich endgültig besiegt hatten. Knapp siebzig Jahre später fügten sich die Franzosen in ihr Los und ergaben sich nach einem defätistischen Kampf ihrem Schicksal, also Hitlers Willen. Der deutsche Führer bestimmte, dass der Großteil Frankreichs einschließlich der Hauptstadt unter deutsche Besatzung kam.

Elsass und Lothringen wurden wieder dem Deutschen Reich zugeschlagen. In der südfranzösischen Provinzstadt Vichy durfte Marschall Pétain ein Marionettenregime errichten, dessen Fäden Hitler von Berlin aus nach Belieben zog.

Unterdessen betätigte sich Benito Mussolini als strategischer Leichenfledderer. Am 10. Juni, nur wenige Tage vor der französischen Kapitulation, erklärte der Duce Paris und London den Krieg. Mit diesem schäbigen Manöver erhob Mussolini seine Ansprüche auf den französischen Riviera-Abschnitt um Nizza. Der vom Sieg berauschte Hitler ließ seinen faschistischen Spießgesellen, der sich trotz Achse und Stahlpakt 1939 geweigert hatte, Deutschland beizustehen, gewähren.

Die Deutschen genossen inzwischen einträchtig ihren unerwartet schnellen und großen Triumph. Nun fielen auch in bislang zurückhaltenden Teilen der Bevölkerung die letzten Bedenken gegen Hitlers Person – und damit gegen sein Regime. Adolf Hitler war jetzt Deutschlands unumschränkter Führer. Er hatte die Menschen seines Landes aus Arbeitslosigkeit, Depression, demokratischer Ratlosigkeit und nationaler Erniedrigung befreit und auf die höchsten Gipfel des Siegs getrieben. Deutschland hatte sich unter ihm zur führenden Nation der Welt hochgekämpft. Hitler war dem Vertrauen, mehr noch den Projektionen, seines Volkes gerecht geworden – die Deutschen dankten ihrem bewunderten Führer.

Im weiteren Kriegsverlauf sollte die deutsche Treue zunehmend ihre furchtbare Kraft entfalten. Das lag nicht zuletzt an der Naivität der Deutschen. Ihre Siegeseuphorie und die Identifikation mit ihrem Führer machte sie glauben, das Treueverhältnis sei wechselseitig. Hitler dagegen war entschlossen, Herr seines Handelns zu bleiben und sich nicht vom »Gefühl« der »breiten Masse« überwältigen zu lassen. Wer die »breite Masse gewinnen« wolle, brauche außer Willen und Kraft auch »brutalste Rücksichtslosigkeit«, hatte er bereits in *Mein Kampf* verkündet. Hitler war entschlossen, diese, wenn nötig, auch gegen sein Volk einzusetzen.

Einstweilen richteten Führer und Deutsche ihre Schlagkraft gegen den äußeren Feind. Bereits am 2. Juli 1940, vier Tage vor seiner triumphalen Rückkehr nach Berlin, gab Hitler die Weisung zu der Operation »Seelöwe«, der Invasion Großbritanniens. Eine Vorbedingung war die Erringung der Luftherrschaft über England. Görings Luftwaffe intensivierte ihre Attacken nach Kräften. Sie flog Angriffe gegen militärische Objekte, speziell die Rollfelder und die Kampfflugzeuge der Royal Air Force, sowie gegen zivile Ziele vor allem in London. Doch die Luftwaffe konnte keine Entscheidung erzwingen. Die britischen Maschinen, insbesondere die modernen

Spitfire-Jagdflugzeuge, waren den Luftwaffengeschwadern überlegen.

London hatte das knappe Jahr nach der Münchner Konferenz vom Herbst 1938 genutzt, um auch die Aufrüstung der eigenen Luftwaffe voranzutreiben. Die Kampfmoral der britischen Piloten war hoch. Air Force-Flieger waren im Gegensatz zur französischen Armee bereit, ihr Leben für das Vaterland hinzugeben. So blieb die psychologische Kriegführung der Luftwaffe, etwa durch die Sturzkampfbomber, ohne große Wirkung. Die Stukas wurden aufgrund ihrer geringen Endgeschwindigkeit von der Royal Air Force reihenweise abgeschossen. Die deutschen Verluste nahmen stetig zu. So musste Göring im Herbst 1940 die Luftoffensive gegen die Britische Insel abbrechen, um einen Kollaps seiner Streitmacht zu vermeiden.

Adolf Hitler war es recht. Gern hätte er das Regiment seines unversöhnlichen Feindes Churchill in die Knie gezwungen. Doch ein langwieriger, verlustreicher Waffengang mit England kam für Hitler aus weltanschaulichen Gründen nicht infrage. Er hätte sein Reich vom primären Ziel des Führers, der Eroberung von Lebensraum im Osten, abgelenkt. Nun musste die Unterwerfung der kommunistischen UdSSR direkt angegangen werden. England würde sich mit der Invasion Hitlers gedulden müssen.

Vernichtungskrieg
um »Lebensraum«

1941–1943

Mit Beginn des Russlandfeldzugs am 22. Juni 1941 konnte Adolf Hitler erstmals er selbst sein. Um seine Machtposition aufzubauen hatte er bis dahin je nach Notwendigkeit in wechselnde Charakterrollen als Friedenspolitiker, Diplomat, Staatsmann, Parteimanager, Verständigungspolitiker, Nationalist, Anwalt der Arbeiter, Bauern, Kleinbürger schlüpfen müssen. Er hatte mit beträchtlichem taktischen Geschick seine jeweilige Partie gegeben. Doch seine demagogische Gewalt übermittelte jenseits des gesprochenen Textes eine aggressive Botschaft, die von den Deutschen nach der demütigenden Niederlage im Ersten Weltkrieg lange vergeblich gesucht worden war. Hitler gab den Deutschen, wonach ihnen verlangte: Glanz und Gloria plus Illusionen, kurz: gewolltes Selbstbewusstsein.

Adolf Hitler verstand sich als Künstler und Eroberer. Seine Leinwand war die Welt. Er war entschlossen, sie entsprechend seiner Anschauung zu gestalten. Die verbindliche Planskizze seiner Welteroberungsvision hatte er in *Mein Kampf* entworfen. Die in der Folge notgedrungen gespielte Rolle des taktierenden Politikers hatte ihm viel Selbstbeherrschung und Verstellungskraft abverlangt. Hitler vermochte seinen Part über die Jahre nur zu geben, weil er unbeirrt an seine rückwärts gewandte Utopie glaubte – und unablässig auf ihre Verwirklichung hinarbeitete.

Der deutsch-sowjetische Pakt vom August 1939 war für Hitler ein aus taktischer Not herrührender »Bruch mit meiner ganzen Herkunft, meinen Auffassungen … Ich bin glücklich, dass ich diese Seelenqualen nun los bin«, bekannte der Führer unmittelbar vor dem Überfall auf die UdSSR in einer Depesche an Benito Mussolini: »Seit ich mich zu diesem Entschluss durchgerungen habe, [fühle ich mich] innerlich wieder frei.«

Hitlers Entscheidung, die Sowjetunion anzugreifen, entsprang keineswegs einer spontanen Regung. Ebenso wie Napoleon gut hundertdreißig Jahre zuvor hatte Hitler lange mit sich über das Für und Wider gerungen. Bei beiden Männern spielte das gescheiterte Bemühen, England zu unterwerfen, eine wichtige Rolle. Doch damit enden die Gemeinsamkeiten. Napoleon ließ sich bei seinem Feldzug gegen Russland von fehlerhaften strategischen Überlegungen leiten. Für Adolf Hitler dagegen war die Eroberung von »Lebensraum im Osten« ein unverzichtbares weltanschauliches und daher auch ein politisches und militärisches Ziel. Die gewaltsame Besetzung des weiten osteuropäischen Territoriums mit seinen Bodenschätzen galt ihm als Voraussetzung für die Weltherrschaft. Hitler hielt sich für unersetzbar und war von seiner historischen Mission durchdrungen. Er wollte als Deutschlands Führer die »jüdisch-bolschewistische Herrschaft« über die Sowjetunion liquidieren, die Substanz des russischen Volkes brechen und die Inbesitznahme dieses Lebensraums für Deutschland erzwingen.

Am 18. Dezember 1940 erließ Hitler die Weisung Nr. 21, den »Fall Barbarossa«. Der Feldzug gegen die Sowjetunion sollte nach dem Beispiel der zurückliegenden triumphalen Blitzkriege mit einem überfallartigen Angriff beginnen und innerhalb weniger Wochen bis zum 15. Mai 1941 abgeschlossen sein.

Nur drei Wochen nach dem Befehl zur Kriegsvorbereitung unterzeichneten Deutschland und die Sowjetunion einen Wirtschaftsvertrag. Dies sollte Moskau in Sicherheit wiegen, wo man mit Besorgnis die zunehmenden Spannungen mit Berlin über die Aufteilung des Balkans registrierte. Ab Frühjahr 1941 mehrten sich im Kreml alarmierende Geheimdienstberichte, Berlin plane einen Angriffskrieg gegen die UdSSR. Stalin hielt diese Hinweise für Provokationsversuche und legte Wert auf eine korrekte Erfüllung der im Kooperationsabkommen mit Berlin vereinbarten sowjetischen Rohstofflieferungen. Doch der Diktator und sein Außenminister Molotow waren keineswegs leichtgläubig. Mit einem geschickten diplomatischen Manöver suchte sich die sowjetische Führung gegen einen Zweifrontenkrieg im Fall eines deutschen Angriffs zu sichern. So vereinbarte Moskau im April 1941 ein Neutralitätsabkommen mit Tokio und machte auf diese Weise den Antikominternpakt unwirksam, der Japan mit Berlin verband.

Die militärischen Planungen des Überfalls auf die Sowjetunion wurden von der Wehrmachtführung mit gewohnter Effektivität und der Erfahrung sowie dem Selbstbewusstsein der bisherigen Blitzsiege durchgeführt. Für Hitler jedoch war der Russlandkrieg mehr als ein strategischer Feldzug – dies sei ein »reiner Weltanschauungskrieg«, betonte er wiederholt.

Ende März 1941 hielt Hitler in seiner neuen Reichskanzlei eine Geheimrede vor der Mehrzahl der deutschen Generäle. Dabei verlangte er von den höchsten Offizieren, in ihm nicht nur den Oberbefehlshaber der Wehrmacht, sondern auch ihren »obersten weltanschaulichen Führer« zu sehen. Er brandmarkte den Bolschewismus als »asoziales Verbrechertum« und betonte die Notwendigkeit eines »Vernichtungskampfs«. In diesem Krieg müsse die Wehrmacht ihren bisherigen »Standpunkt des soldatischen Kameradentums« aufgeben. Denn in der Sowjetunion komme es auf die »Vernichtung der bolschewistischen Kommissare und der kommunistischen Intelligenz« an. Damit markierte Hitler die primären Zielgruppen seines Ausrottungsfeldzugs: »Kommissare und GPU [Geheimdienst]-Leute sind Verbrecher und müssen als solche behandelt werden«. Das gleiche galt für Juden, die er als Träger der »kommunistischen Intelligenz« bezeichnete.

Die SS stellte Anfang Mai vier Einsatzgruppen für den bevorstehenden Krieg auf. Heinrich Himmler und Reinhard Heydrich bereiteten die Kommandeure darauf vor, Juden und Kommunisten systematisch umzubringen. Parallel dazu befreite eine Anweisung Angehörige der Wehrmacht von Strafverfolgung bei Vergehen gegen die Zivilbevölkerung. Am 13. Mai 1941 wurde ein entsprechender »Erlass über die Ausübung von Kriegsgerichtsbarkeit im Gebiet Barbarossas und über besondere Maßnahmen der Truppe« in Kraft gesetzt. Am 6. Juni verfügte die Armeeführung den so genannten Kommissarbefehl. Darin wurde angeordnet, dass politische Kommissare der Roten Armee, »wenn im Kampf oder Widerstand ergriffen, grundsätzlich sofort mit der Waffe zu erledigen« sind. Denn: »Im Kampf gegen den Bolschewismus ist mit einem Verhalten nach den Grundsätzen der Menschlichkeit oder des Völkerrechts nicht zu rechnen. Die Urheber barbarisch asiatischer Kampfmethoden sind die politischen Kommissare.«

Diese Befehle und Maßnahmen der Armeeführung dienten nicht allein der praktischen Widerstandsbekämpfung. Für den Untergrundkrieg und Massenhinrichtungen standen die Einsatzgruppen bereit. Das entscheidende Ziel Hitlers und der Wehrmachtführung war, die nationalsozialistische Weltanschauung der Landser zu festigen und durch die Autorität des Führers eventuell bestehende ethische Hemmungen abzubauen.

Bereits in *Mein Kampf* hatte sich Hitler gesorgt, dass bei »schwächlichen und unsicheren Charakteren … Zweifel [an den] eigenen Rechten« aufkommen könnten. Daher drang er 1941 vehement darauf, die Soldaten und Offiziere von der Notwendigkeit eines Vernichtungskriegs zu überzeugen. Die Grenadiere sollten sich als Kreuzritter der germanischen Rasse in ihrem Existenzkampf gegen das slawische Untermenschentum fühlen. Ihre Mission war der Sieg und damit die Eroberung von Lebensraum für ihr Volk im Osten. Verloren sie, dann drohten Deutschland und Europa einem neuen Mongolensturm zum Opfer zu fallen. Die angreifenden deutschen Truppen waren die Verteidiger der Zivilisation gegen das jüdisch-bolschewistisch gesteuerte slawische Barbarentum.

Spätestens seit der Abfassung von *Mein Kampf* Mitte der zwanziger Jahre war Hitler von der eigenen Idee der Eroberung von Lebensraum im Osten besessen. Als propagandistische Begründung dienten ihm dabei deutsche Überlegenheitsgefühle gegenüber den Slawen, die er mit seinem und dem allgemeinen Antisemitismus verband. Entscheidend für Hitler war Hass als Antrieb der deutschen Eroberungskriege.

»Im Osten ist Härte mild für die Zukunft«, hatte Hitler bereits im März seinen Generälen eingeimpft. Sie gaben seine Parole an ihre Soldaten weiter.

Adolf Hitler gelang es, die Wehrmacht für seinen Krieg im Osten optimal zu indoktrinieren. Die Soldaten, vom Feldmarschall bis zum Schützen, identifizierten sich mit den Zielen ihres obersten Feldherrn. Dies lag nur teilweise an der geschickten Propaganda des Hitler-Regimes. Entscheidend waren handfeste Interessen und Gegebenheiten. Die meisten Generäle und erst recht das Offizierskorps hatten die entscheidenden Sprossen ihrer Karriere in Hitlers Wehrmacht erklommen. Die jüngeren Soldaten waren während Hitlers Herrschaft in Schule und HJ gemäß den Richtlinien der Partei erzogen worden; die älteren Mannschaften hatten erlebt, wie Hitler die Arbeitslosigkeit beseitigt und Deutschlands nationale Reputation wiederhergestellt hatte.

Ausschlaggebend war jedoch, dass die Soldaten unter dem Kommando ihres obersten Feldherrn Adolf Hitler bislang nie da gewesene Triumphe errungen hatten. Sie waren die Grenadiere des Führers. Ihr Glaube an Adolf Hitler, ihre Hingabe an ihn war schier grenzenlos. Am Vorabend des Russlandfeldzugs herrschte im Heer uneingeschränkte Zuversicht. Selbst der skeptische Generalstabschef Franz Halder, der Hitler noch 1939 in seinen Aufzeichnungen als »Verbrecher« tituliert hatte und verhaften lassen wollte, rechnete nun mit einer nur zweiwöchigen Dauer des Kriegs gegen die Sowjetunion. Und der Oberbefehlshaber des Heeres von Brauchitsch schwadronierte, der Waffengang werde zu einer »reinen Hasenjagd« geraten.

Diese euphorische Stimmung hatte zur Folge, dass die Armeeführung keine Vorsorge für einen Winterkrieg traf. Dies, obgleich die Vorbreitungen zum Feldzug nicht wie geplant am 15. Mai abgeschlossen waren, sondern erst fünf Wochen später beginnen konnten. Den Anlass zu dieser Verzögerung gab Benito Mussolini. Aus Eifersucht auf die militärischen Erfolge seines Kollegen und Rivalen in Berlin hatte der Duce Ende Oktober 1940 Griechenland angreifen lassen. Die Offensive der Italiener blieb jedoch nach wenigen Tagen stecken. Daraufhin gingen die Hellenen in die Offensive. Später landeten britische Truppen auf dem griechischen Festland und auf Kreta.

Durch diese Entwicklung drohte eine britisch geführte Balkanfront das »Unternehmen Barbarossa« durch einen Flankenangriff zu gefährden. Hitler ergriff die Initiative. Am 6. April 1941 begann die Operation »Marita«, der simultane Angriff deutscher Verbände auf Bulgarien und Griechenland, dem ein Vorstoß gegen Jugoslawien folgte.

Neben der Stabilisierung des italienischen Achsenverbündeten und der Ausschaltung des britischen Einflusses auf dem Balkan wollte sich Hitler die kriegswichtigen rumänischen Ölquellen zunutze machen und zudem die Flankensicherung für den Krieg gegen Russland gewährleisten.

Der Balkanfeldzug verlief wie gewohnt. Der Blitzkrieg führte einmal mehr zum Blitzsieg. Jugoslawien kapitulierte nach zehn Tagen; vier Tage später streckte Griechenland die Waffen.

Am 22. Juni 1941, drei Wochen nach der Eroberung Kretas, eröffnete die Wehrmacht den Krieg gegen die Sowjetunion. Auf deutscher Seite traten drei Millionen Landser zur Offensive an, die verbündeten Armeen Rumäniens, Kroatiens, Finnlands sowie spanische Freiwillige stellten noch einmal 600 000 Mann. Insgesamt griffen 153 Divisionen mit 3600 Panzern, 600 000 motorisierten Fahrzeugen, 7000 Artilleriegeschützen und 2500 Flugzeugen an, begleitet von mehr als 600 000 Pferden.

Das war die bis dahin gewaltigste Offensivstreitmacht dieses Krieges. In wenigen Wochen wollten die drei deutschen Heeresgruppen im Norden, in der Mitte sowie im Süden durch blitzartige Panzervorstöße die Front der Roten Armee durchbrechen, ihre Divisionen einkesseln, die sowjetische Militärmacht zerstören und eine Linie von Archangelsk im Norden die Wolga entlang bis zum Kaspischen Meer erreichen. Damit würde der Bolschewismus vernichtet und der deutsche Lebensraum im Osten erobert sein. Voraussetzung der Zuversicht Hitlers und seiner Generäle war indessen schlichte Ignoranz.

Am 19. August 1941, weniger als zwei Monate nach Angriffs-beginn, bekannte Goebbels nach einem Gespräch mit Hitler in dessen Fronthauptquartier die falsche Bewertung des sowje-tischen Potenzials und deren fatale Folgen: »Wir haben offen-bar die sowjetische Stoßkraft und vor allem die Ausrüstung der Sowjetarmee gänzlich unterschätzt. Auch nicht annähernd hatten wir ein klares Bild über das, was den Bolschewisten zur Verfügung stand. Daher kamen auch unsere Fehlurteile. Der Führer hat beispielsweise die sowjetischen Panzer auf 5000 ge-schätzt, ... in Wirklichkeit an die 20 000.« Ebenso erdrückend war das Kräfteverhältnis zugunsten der Sowjets bei der Artil-lerie. 7000 deutschen Geschützen standen rund 35 000 russi-sche Kanonen gegenüber.

Trotz der materiellen Übermacht der sowjetischen Ausrüs-tung gelangen der Wehrmacht in den ersten Monaten beein-druckende militärische Erfolge. Wie geplant rückten die deut-schen Panzerdivisionen tief auf sowjetisches Gebiet vor. Mehr als 600 000 Rotarmisten gerieten in deutsche Kriegsgefangen-schaft. Tausende russische Panzer, Artilleriegeschütze und Fahr-zeuge wurden zerstört. Diese deutschen Siege waren jedoch nicht allein das Ergebnis der Tapferkeit der Soldaten und der Entschlossenheit der militärischen und politischen Führung. Im Krieg ist man nur so gut, wie der Gegner schlecht ist. Die Rote Armee litt 1941 noch immer unter den politischen Säu-berungen Stalins in den Jahren 1937 und 1938. Dabei war die Elite der sowjetischen Armee hingerichtet worden, unter an-deren Marschall Michail Tuchatschewskij, der strategische Kopf der Streitkräfte. Mehr als hundert kommandierende Ge-neräle verloren ihr Amt, die meisten wurden umgebracht. Liquidierungen und Verhaftungen erstreckten sich bis in die unteren Offiziersränge. Auf diese Weise wurde die Komman-dostruktur und damit die Schlagkraft der Streitkräfte empfind-lich getroffen.

Die neue sowjetische militärische Elite war weitgehend un-erfahren – mancherorts rückten Majore nach einer Express-beförderung zu Divisionskommandeuren auf – und ängstlich auf die Befehle der Parteiführung, also Stalins, fixiert. Die Mannschaften waren ebenfalls verschreckt. Seit der Kampagne gegen die Kulaken Ende der zwanziger Jahre und den Säuberungen in allen Gliederungen der Partei in der Folgezeit herrschte in der sowjetischen Gesellschaft und damit auch in der Armee ein Klima der Furcht. Die negativen Ergebnisse dieses Angst- und Unerfahrenheitscocktails waren bereits im Finnlandkrieg des Winters 1939/40 deutlich geworden. Die Rote Armee benötigte mehrere Monate, um die weit unterlegenen finnischen Streitkräfte niederzuringen. Diese mäßige militärische Leistung hatte erheblichen Anteil an der Unterschätzung des sowjetischen Militärs durch die Wehrmachtführung und Hitler.

Tatsächlich war die Schlagkraft der UdSSR-Streitkräfte unmittelbar nach dem deutschen Überfall relativ gering. Denn Stalin hatte die zahlreichen Warnsignale einer bevorstehenden deutschen Offensive, darunter konkrete Warnungen des britischen Premiers Churchill, nicht wahrhaben wollen. Als General Schukow seinen Diktator aufgrund der unübersehbaren Vorbereitungen zur deutschen Offensive zu einem präemptiven Militärschlag drängte, erteilte dieser ihm einen scharfen Verweis. So wurde die Rote Armee von dem deutschen Militärschlag vollständig überrascht. Tausende Flugzeuge der sowjetischen Luftwaffe wurden am Boden zerstört.

Entscheidend war jedoch, dass die politische und militärische Führung der Sowjetunion zunächst vielfach panisch, falsch oder gar nicht reagierte. Stalin war durch die Nachricht vom deutschen Angriff tief schockiert und kaum handlungsfähig. An der Front waren die jungen Generäle mit der Truppenführung meist überfordert. Viele Soldaten besaßen nur geringe Gefechtsmotivation. Die Durchhalteappelle der Kommissare und ihre Drohungen stifteten oft Panik, statt zur Erhöhung der Kampfmoral beizutragen. Diese desolate Lage hatte zur Folge, dass sich in den ersten Wochen eine Reihe überrannter und eingekesselter sowjetischer Einheiten ergaben, ohne wirksamen Widerstand geleistet zu haben. Auf deutscher Seite dagegen griff eine hoch motivierte, kampferprobte und siegesgewohnte Armee unter dem Befehl eines fanatisch entschlossenen Führers zuversichtlich an. Diese höhergewichtige Willens- und Führungskraft bewirkte anfangs die gewohnten deutschen Erfolge.

Doch allmählich verlangsamte sich der deutsche Vormarsch. Die Sowjets begannen sich neu zu organisieren. Stalin fand seine Entschlusskraft und Führungsstärke wieder. Er rief seine Landsleute zum rücksichtslosen Kampf im »Vaterländischen Krieg gegen die mörderischen faschistischen Invasoren« auf. Diese Botschaft des Diktators wurde allenthalben verstanden, zumal die Menschen aus eigener Anschauung erfuhren, dass Stalin dieses Mal die Wahrheit sagte.

Die deutsche Wehrmacht, vor allem aber die nachfolgenden Einsatzgruppen, führten einen umbarmherzigen Vernichtungskrieg gegen Rotarmisten, Kommunisten, Juden, Intellektuelle und willkürlich ausgesuchte Teile der Zivilbevölkerung. Viele sowjetische Soldaten, besonders Intellektuelle und Bauern, die Stalins Regime gern losgeworden wären, sahen sich gezwungen, unter der Führung des roten Herrschers unnachsichtig gegen die deutschen Invasoren zu kämpfen, weil dies der einzige Weg war, um zu überleben. Selbst wenn sie bereits überrannt waren, formierten sich Kommunisten, Patrioten und Juden als Partisanenverbände, um der Wehrmacht einen erbitterten Untergrundkrieg zu liefern. Die quantitative Überlegenheit der sowjetischen Streitkräfte begann sich auszuwirken. Gleichzeitig bekam die Wehrmacht ein Handikap zu spüren, das Clausewitz bereits mehr als ein Jahrhundert zuvor beschrieben hatte: Friktion. Die enorme Weite des Landes forderte einen ungeahnten Tribut an Menschen, Pferden und Kriegsgerät von der darauf unvorbereiteten Wehrmacht. Die deutschen Soldaten waren von den monatelangen Märschen erschöpft, Waffen und Material nahmen Schaden, während die Sowjets immer neue Truppen und effektive Waffen, vor allem den überlegenen Panzer T 34, ins Gefecht führten.

»In den vergangenen Wochen hat es manchmal sehr kritisch

gestanden«, gab Goebbels nach dem Lagebericht Hitlers zu. Es war bezeichnend für die NS-Führung, dass sie sich weigerte, vorsorgende Konsequenzen aus den eigenen falschen Einschätzungen zu ziehen, sondern im Gegenteil diese Fehlbeurteilung zur glücklichen Fügung umlog, um sodann ein erhöhtes Risiko einzugehen. »Der Führer betont aber …, dass es auch für ihn sehr vorteilhaft gewesen ist, … sich nicht so genau im Klaren gewesen zu sein über das, was uns bevorstand.« Goebbels sekundierte: »Vielleicht wären wir doch davor zurückgeschreckt, die nun einmal fällig gewordene Frage des Ostens und des Bolschewismus in Angriff zu nehmen.«

Die Siegeszuversicht der deutschen Soldaten hingegen war trotz der fühlbaren materiellen Unterlegenheit der Landstreitkräfte und der zunehmenden Nachschubprobleme zunächst ungebrochen. Diese optimistische Einstellung der Truppen, verbunden mit ihrer unbedingten Loyalität gegenüber Hitler, dirigiert von einem eingespielten Generalstab unter dem scheinbar unwiderstehlichen Kommando des Führers, war dem schwerfälligen System der Roten Armee, wo trotz Stalins patriotischer Aufrufe die Angst vor dem Diktator, seinen Kommissaren und dem allgegenwärtigen Geheimdienst fast jegliche operative Selbstständigkeit und Entscheidungsfreude hemmte, weit überlegen. Dies hatte zur Folge, dass die Wehrmacht ab Mitte August ihren Druck auf den Feind wieder erhöhen konnte. Die ukrainische Hauptstadt Kiew wurde nach einer erbitterten fünfwöchigen Schlacht Ende September erobert.

Die Niederlage von Kiew bewirkte den Zusammenbruch der sowjetischen Südwestfront. Die Eroberung der Ukraine wurde von der deutschen Propaganda als entscheidender Sieg bejubelt. In der Tat war dies ein wichtiger psychologischer, militärischer und wirtschaftlicher Erfolg. Deutschland gewann kriegswichtige Rohstoffe und gelangte in den Besitz der Kornkammer Europas.

Strategisch war damit für die Panzerarmeen der Wehrmacht der Weg nach Moskau frei. Am 2. Oktober begann der Vorstoß auf die russische Hauptstadt. Hitler verkündete: »Ich erkläre heute und erkläre es ohne Vorbehalt: der Feind im Osten ist gebrochen und wird sich nie wieder erholen.« Goebbels Propagandaapparat sorgte dafür, dass dieses Siegesfanal des Führers ins deutsche Bewusstsein eingetrichtert wurde.

Doch der deutsche Angriff geriet im tiefer werdenden Schlamm immer mehr ins Stocken. Ende November kam die deutsche Front fast zum Erliegen. Mit letzter brachialer Energie versuchte die Wehrmacht, nach Moskau vorzudringen und die Hauptstadt zu erobern. Von der Einnahme Moskaus versprachen sich Hitler und die Wehrmachtführung einen entscheidenden psychologischen Erfolg. Doch der Ablauf des napoleonischen Feldzugs hatte bereits 1812 bewiesen, dass die Russen sich selbst durch die Besetzung ihrer Metropole nicht zur Kapitulation nötigen ließen. Die Wehrmacht versuchte den Kräfte zehrenden Angriff dennoch. Am 2. Dezember, zwei Monate nach Beginn der Moskauoffensive, standen deutsche Panzer zwanzig Kilometer vor der sowjetischen Metropole. Da setzte der russische Winter in voller Stärke ein. Nun blieb die deutsche Offensive endgültig stecken. Den deutschen Soldaten fehlte eine Winterausrüstung – obgleich Hitler bereits im August davon ausgegangen war, dass der Krieg bis in den Winter anhalten würde. Während die Landser versuchten, sich notdürftig vor Frost bis zu minus dreißig Grad zu schützen, trat das sowjetische Heer am 5. Dezember auf einer 300 Kilometer breiten Front zur Gegenoffensive an. Die Kerntruppe des Angriffs bildeten unverbrauchte sibirische Elitedivisionen.

Hitler befahl ein Ausharren in den erreichten Stellungen um jeden Preis und untersagte selbst minimale Absetzbewegungen. Das kategorische Verbot, verbunden mit dem enormen Prestige des Führers, aber auch der Angst vor ihm, hatte entscheidenden Anteil an der gewaltigen militärischen Leistung, mit zahlen- und waffenmäßig weit unterlegenen Truppen, die zudem den extremen Wetterbedingungen fast schutzlos ausgeliefert waren, die deutsche Frontlinie im Großen und Ganzen zu stabilisieren. Dieser operative Erfolg verschleierte, dass im

Ablauf des Krieges und im Verhalten Hitlers eine entscheidende Wende eingetreten war.

Im Dezember 1941 vollzog Adolf Hitler endgültig die Wandlung vom Politiker zum Hakenkreuzritter. Der Entschluss zum Russlandfeldzug und die von ihm erteilten Anordnungen zum Massenmord zeigen, dass der NS-Führer die breiten Register des Staatsmannes gegen das beschränkte Waffenarsenal des Glaubenskriegers und Vernichters in eigener Sache getauscht hatte. Dennoch hatte sich Hitler bis dahin eine letzte rationale Option offen gelassen.

Die isolationistische Stimmung in den Vereinigten Staaten hatte es bislang Präsident Franklin D. Roosevelt trotz seiner ausgesprochenen Nazi-Feindschaft verboten, formal an der Seite Großbritanniens in den Waffengang gegen Deutschland einzugreifen. Unterhalb der Schwelle des Krieges indessen tat der US-Demokrat fast alles in seiner Macht Stehende, um London – und nach dem Überfall auf die Sowjetunion auch Moskau – zu unterstützen. Nach seiner dritten Wahl zum Präsidenten proklamierte Roosevelt noch im Januar 1941 das Eintreten seines Landes für die »vier Freiheiten« der Rede, des Glaubens, der Meinung und der Freiheit von Not und Furcht. Dies war eine Kampfansage an Nazi-Deutschland. Zwei Monate darauf folgte die faktische wirtschaftliche Kriegserklärung durch das Leih- und Pachtgesetz, das den Präsidenten zu Waffenlieferungen selbst ohne Bezahlung ermächtigte. Im Rahmen dieses Gesetzes exportierten die USA ab August 1941 auch Kriegsgerät in die angegriffene Sowjetunion. Zur gleichen Zeit begannen regelmäßige Absprachen zwischen dem britischen und dem US-Generalstab. Deutsche und italienische Handelsschiffe wurden in amerikanischen Häfen beschlagnahmt. Die US-Armee errichtete Stützpunkte auf Grönland und Island, um die Nachschubrouten für Kriegsgerät nach Europa zu sichern.

Am 14. August unterzeichneten Churchill und Roosevelt die »Atlantik-Charta«. Sie sah für die Nachkriegszeit das Selbstbestimmungsrecht für alle Völker, den Verzicht auf territoriale

Veränderungen, außer mit Zustimmung der Betroffenen, sowie die Freiheit von Furcht und Not vor. Deutschland sollten diese Vergünstigungen vorenthalten bleiben.

Hitler ließ sich von diesen feindseligen Schritten jedoch nicht zu vergleichbaren Gegenmaßnahmen provozieren. Er untersagte vielmehr der Reichskriegsmarine die Führung eines uneingeschränkten U-Boot-Krieges gegen die Nachschubwege nach Großbritannien und dem sowjetischen Eismeerhafen Murmansk.

Washington sollte, anders als 1917, keinen Vorwand für einen casus belli erhalten. Denn Hitler wollte fast um jeden Preis verhindern, dass die Vereinigten Staaten ihren potenziell gewaltigen Militärapparat direkt gegen Deutschland operieren ließen und das Reich auf diese Weise zu einem Zweifrontenkrieg zwangen.

Im Dezember 1941 gab Hitler diese rationale Politikstrategie schlagartig auf. Deutschland erklärte den Vereinigten Staaten am 11. Dezember den Krieg. Hitler nötigte darüber hinaus Mussolini zu einer gleichgerichteten Proklamation. Der Anlass der Aktionen Berlins und Roms war die amerikanische Kriegserklärung an Japan vom 8. Dezember, die eine Reaktion Washingtons auf den mehr oder minder überraschenden japanischen Angriff gegen den US-Marinestützpunkt Pearl Harbor vom Vortag war.

Deutschland reagierte im Sinne des Antikominternpakts von 1936. Hitler war zu diesem Schritt jedoch keineswegs verpflichtet. Denn entgegen dem Geist des Abkommens hatte Japan im April 1941 einen Nichtangriffspakt mit der Sowjetunion geschlossen. Der Vertrag mit Tokio ermöglichte es Stalin, die intakten sibirischen Divisionen nach Westen zu werfen. Der Vorstoß auf Pearl Harbor bewies Hitler, dass Tokio nicht daran dachte, der angeschlagenen UdSSR in den ungeschützten Rücken zu fallen. Stattdessen starteten Nippons Söhne einen weiträumigen Seekrieg gegen die Vereinigten Staaten.

Für Hitler eröffnete dieses japanische Vorgehen neue diplomatische Möglichkeiten. Berlin hätte seinerseits Washington einen Nichtangriffspakt anbieten können. Präsident Roosevelt wäre nicht darauf eingegangen. Doch ein entsprechender außenpolitischer Vorstoß, flankiert von einer tatkräftigen Friedenspropaganda, hätte seine Wirkung auf die durch Pearl Harbor schockierte amerikanische Bevölkerung gewiss nicht verfehlt. Der Druck der Öffentlichkeit hätte sicherlich ausgereicht, den Krieg auf die Bekämpfung Japans zu beschränken, statt die US-Boys ohne offensichtliche Not auf die Schlachtfelder Europas zu senden, auf denen noch das Blut der amerikanischen Kämpfer des Ersten Weltkriegs klebte. Washington wäre gezwungen gewesen, zumindest die Unterstützung der Sowjetunion drastisch zu reduzieren, wahrscheinlich auch die Hilfe an Großbritannien einzuschränken.

Der gewiefte Machtpolitiker Hitler verzichtete auf diese diplomatischen Möglichkeiten und zog mit seiner Kriegserklärung an die Vereinigten Staaten mutwillig deren enorme Militärmacht in den Kreis seiner Feinde. Was bewog Hitler zu diesem drastischen Kurswechsel?

Nach dem Zusammenbruch der Offensive vor Moskau begriff Hitler rascher als seine im militärischen Denken verhafteten Generäle, dass die Wehrmacht trotz ihrer bis dahin erzielten erheblichen Erfolge nicht in die Lage kommen würde, einen entscheidenden Sieg zu erzwingen. Je länger der Krieg währte, desto mehr Soldaten und Kriegsgerät würde Stalin in die Schlacht werfen. Am Ende drohte die materielle Übermacht der Sowjets den Krieg zu entscheiden. Aus der objektiv prekären Situation und den Hinweisen auf Hitlers Stimmung sowie seine Entscheidungen folgerten Sebastian Haffner und in seinem Sog weitere Autoren, der NS-Führer habe nach den Rückschlägen im Dezember 1941 den Krieg endgültig verloren gegeben und ihn nur fortgeführt, um Zeit für den Völkermord gegen die Juden zu gewinnen. Diese Hypothese bezieht ihre Anziehungskraft aus ihrer maliziösen Kühnheit, dem Entsetzen über das kaum fassbare Verbrechen der Schoah und der aberwitzigen Kriegserklärung Hitlers an die USA – richtig wird sie dadurch aber nicht.

Hitlers Hoffnung, den Russlandkrieg vor Einbruch des Winters siegreich zu beenden, hatte sich zerschlagen. Er schätzte die Kriegslage im Dezember 1941 als verzweifelt ein, entsprechend war seine Stimmung. Depressionen und Gedanken an Selbstmord hatte es immer wieder in seinem Leben gegeben, doch stets hatte er die Energie gefunden, sich und seine Umgebung aus der Verzweiflung zu reißen und die Niederlage in einen Sieg umzumünzen. Hitlers Rezept war immer gleich: Er setzte auf bedingungslosen Kampf. Nur so war es ihm 1932 gelungen, den vermeintlich sicheren Niedergang seiner Bewegung aufzuhalten und in einen strahlenden Sieg zu verwandeln. Neun Jahre später, im Dezember 1941, befanden sich die Wehrmacht und folglich Deutschland erneut in einer Existenz bedrohenden Krise. Ebenso wie in den vorausgegangenen Tiefs machte Hitler einmal mehr andere für den Niedergang verantwortlich und handelte nach bewährtem Muster: Er riss alle Verantwortung an sich und stürzte sich in eine brutale Konfrontation. Hitler jagte den unfähigen Chef der Heeresleitung Walther von Brauchitsch aus dem Amt und übernahm persönlich die Führung der deutschen Bodenstreitkräfte. Er befahl seinen Grenadieren »fanatischen Widerstand«. Dazu gehörte unter anderem auch der Befehl vom 21. Dezember 1941, »Gefangene und Einwohner rücksichtslos von Winterkleidung zu entblößen«. Viele Landser hatten noch vor der Anweisung zur Selbsthilfe gegriffen und die Russen ihrer gefütterten Mäntel und Stiefel beraubt.

Tatsächlich gelang es Hitler – anders als Napoleon, dem die Nachschublinien fehlten –, die Kampfkraft seiner Armeen trotz erheblicher russischer Überlegenheit und widriger Witterungsbedingungen im Großen und Ganzen intakt zu halten. Die Generäle dagegen wollten, wie sie in ihren klugschwätzerischen Memoiren bestätigten, taktische Rückzüge befehlen. Unter den gegebenen Bedingungen hätten die Übermacht der Roten Armee, das ungewohnte Gelände und das extreme Wetter rasch zu einer strategischen Katastrophe führen können, wie sie Napoleons Grenadiere beim Übergang über die Beresina erleiden mussten. Im Dezember 1941 dagegen übertrug sich Adolf Hitlers bedingungsloser Kampfesmut auf seine Krieger. In einer internen Untersuchung wurde dazu festgestellt: »Die Kampfmoral der Soldaten hat im ersten russischen Winter keineswegs nachgelassen, außer bei manchen Stäben. Der Landser erkennt schnell, dass er durchhalten muss, wenn er nicht untergehen will.« Die überwiegende Mehrheit der deutschen Soldaten – und der Bevölkerung in der Heimat – stand unverbrüchlich hinter ihrem vertrauten Oberbefehlshaber. Unverdrossen für »Führer, Volk und Vaterland« kämpfend, erzwangen die Soldaten schließlich eine Festigung der Front. Der Entschluss Hitlers, den Vereinigten Staaten im Dezember 1941 den Krieg zu erklären, war machtpolitisch, diplomatisch und strategisch ein fataler langfristiger Fehler – doch er entsprang der psycho-logischen Notwendigkeit des uneingeschränkten Kampfes.

Während des Winters 1941/42 wurde der Völkermord an den Juden systematisiert. Doch die prinzipielle Entscheidung dazu war bereits im Zusammenhang mit dem Beschluss zum Russlandfeldzug gefallen. Sie wurde wie vorgesehen von den Einsatzgruppen und den Totenkopfverbänden und der SS sowie ihren zahllosen Helfern realisiert. Die Aktionen gingen während der Krise an der Ostfront unvermindert weiter. Der Spiritus Rector der Vernichtung, Adolf Hitler, dachte jedoch nicht daran, nach der ersten russischen Gegenoffensive und dem Erstarren der deutschen Front den Krieg um Lebensraum im Osten verloren zu geben und sich ausschließlich auf die Ausrottung der Juden zu konzentrieren. Dazu bestand für Hitler kein Grund. Zwar waren die deutschen Verluste extrem hoch – im ersten Dreivierteljahr des Russlandfeldzugs fielen 1,86 Millionen Soldaten, drei Millionen wurden verwundet – doch die Wehrmacht stand 1000 bis 1500 Kilometer tief auf russischem Gebiet, Leningrad war eingeschlossen, Moskau lag knapp hundert Kilometer hinter der Front – also in Reichweite eines schnellen Panzerkeilvorstoßes.

Adolf Hitler, seine Partei und Deutschland hatten sich bereits in fataleren Situationen befunden. Doch der Führer war einmal mehr überzeugt, er allein sei in der Lage, selbst aussichtslos scheinende Situationen meistern und Triumphe erzwingen zu können. Diese Selbstgewissheit in Verbindung mit einem sozialdarwinistischen Weltbild und dem Naturell eines Hasardeurs hatten Hitler bewogen, den Krieg mit Großbritannien und Frankreich in Kauf zu nehmen und später die Sowjetunion angreifen zu lassen. Nach der Enttäuschung wegen des ausbleibenden Blitzsiegs über die UdSSR und deren Gegenangriff hatte Hitler keineswegs resigniert. Der Erfolg der fanatischen Durchhaltebefehle des Führers zeigte, dass er Herr des Handelns auf deutscher Seite geblieben war und damit zumindest eine vorläufige Stabilisierung der Kriegslage erzwingen konnte. Mit diesem Minimalziel wollte Hitler sich nicht zufrieden geben – der zwanghafte Krieger und megalomane Glücksritter tat das, was er zeit seines politischen und militärischen Wirkens stets getan hatte: Er kämpfte.

Wie ein in die Enge getriebenes Tier suchte Hitler sich durch einen rohen Angriff aus seiner Notlage zu befreien. Statt kühl die sich bietende internationale Situation zu analysieren und taktisch-politische Gegenmaßnahmen einzuleiten, nutzte er die Notsituation zur Befreiung der eigenen Psyche und der seines Volkes. Hitler schleuderte seinen Diplomatenfrack endgültig auf den Müllhaufen der Geschichte und kämpfte fortan allein mit dem ungelenken Morgenstern.

Hitler mochte gegenüber den Vereinigten Staaten, die er im Griff des internationalen Weltjudentums wähnte, nicht länger den Beschwichtiger geben. Er wollte seine und Deutschlands kriegerische Existenzkrise allein durch einen brutalen Kampf gewaltsam überwinden. In seiner Fixierung übersah er, dass er seine bisherigen Erfolge einer Mixtur aus taktischer Flexibilität und streitbarer Härte zu verdanken hatte. Die monomane Begrenzung auf einen gewaltsamen Kampf beraubte Hitler der weiten Skala gewiefter politisch-militärischer Variationen, die er zuvor virtuos beherrscht hatte. Die Kriegserklärung an die Vereinigten Staaten sollte den deutschen Soldaten an der Front und der Zivilbevölkerung in der Heimat beweisen, dass die Alternative zum Sieg die vollständige Niederlage und damit eine Zerstörung Deutschlands war.

Dank der Hingabe der deutschen Soldaten an ihren Führer und dessen nicht wankender Entschlossenheit gelang es der Wehrmacht, den Winteroffensiven der überlegenen Roten Armee standzuhalten. Die Sowjets erkämpften zwar an fast allen Abschnitten Geländegewinne, doch sie schafften es nirgends, die deutsche Front zu durchbrechen. Die Wehrmacht ihrerseits nutzte die Wintermonate, um Rekruten einzuziehen und zu trainieren. Neue Einheiten wurden aufgestellt und ausgerüstet. Man erneuerte die Truppen an der Front. Insgesamt wurden 1,12 Millionen frische Soldaten an die Ostfront geschafft – dies bedeutete, dass im Vergleich zum Beginn des Feldzugs im vergangenen Juni fast eine Dreiviertelmillion Landser fehlte.

Trotz ihres verringerten Personalbestands gelang es der Wehrmacht im Frühjahr 1942, Angriffe der Roten Armee zurückzuschlagen und das im Winter verlorene Terrain wieder zu besetzen. Vorsichtige Militärs schlugen Hitler vor, die Front zu halten, in starken Verteidigungsstellungen die Gegenschläge der Sowjets abzuschmettern und so ihre Offensivkraft zu brechen. Hitler dachte nicht daran, diese defensive Strategie einzuschlagen. Er tat recht daran, denn die Zeit arbeitete gegen Deutschland. Während das Reich abwartete, würden die Sowjets systematisch aufrüsten und schließlich die Schlagkraft ihres überlegenen Bevölkerungspotenzials und ihrer größeren Rüstungsindustrie ins Kriegsspiel bringen. Darüber hinaus würden die zunehmenden amerikanischen Waffenexporte die Rote Armee weiter verstärken. Hitler musste rasch in die Offensive gehen, um die Schlagkraft der sowjetischen Streitkräfte zu vernichten, noch ehe sich die Balance entscheidend zuungunsten Deutschlands veränderte.

Am 28. Juni 1942 eröffneten Verbände der Wehrmacht eine breit angelegte Offensive, den »Fall Blau«. Ihr Zweck war, »die letzte verbliebene Wehrkraft [der Sowjetunion] endgültig zu vernichten und [ihr] die wichtigsten kriegswirtschaftlichen

Kraftquellen soweit als möglich zu entziehen«. Das Ziel des Angriffs war, wie die bemerkenswert einschränkende Sprache – »so weit als möglich« – andeutete, nicht länger Moskau.

Hitler versuchte, die Versorgung der sowjetischen Kriegswirtschaft und Armee mit Erdöl sowie mit modernen Waffen, vor allem mit dem Panzer T 34 zu unterbinden. Dies sollte geschehen, indem die Wolga blockiert, die Rüstungsschmieden in der Industriestadt Stalingrad zerstört und anschließend die Erdölfelder bei Maikop sowie am Kaspischen Meer besetzt würden.

Die deutsche Offensive gewann rasch an Durchschlagskraft. Rostow wurde genommen, Panzerverbände drangen in die Täler des Kaukasus vor, Fallschirmjäger hissten die Hakenkreuzfahne auf dem Berg Elbrus. Diesen Erfolgen zum Trotz misslang es dem deutschen Heer jedoch, die Südgrenze der UdSSR zu erreichen und damit den angloamerikanischen Nachschub zu unterbrechen. Zwar wurden die Ölfelder von Maikop eingenommen, diese waren jedoch zuvor von der Roten Armee gesprengt worden. Dennoch wurden die Landser wie im Vorjahr von dem Elan ihres obersten Führers mitgerissen und zu militärischen Höchstleistungen angespornt. In der Heimat erwarteten die Menschen an ihren Radiogeräten die von Fanfarenstößen begleiteten Sondermeldungen des Oberkommandos der Wehrmacht. Der Endsieg ihrer Truppen schien den Deutschen nur noch eine Frage der Zeit.

Hitler geriet, wie stets bei Erfolgen, in euphorische Stimmung und befahl am 17. Juli 1942 die Ausweitung der Offensive. Fünf Divisionen wurden Richtung Stalingrad in Marsch gesetzt. Neben strategischen und kriegsökonomischen Zielen spielte dabei die Psychologie eine entscheidende Rolle. Hitler wollte Stalin demütigen, indem er die nach ihm benannte Stadt eroberte. Hier scheint ein ähnliches Denkmuster durch wie in der Schlacht von Verdun des Ersten Weltkriegs. Damals wusste Generalstabschef Erich von Falkenhayn, dass Verdun für die Franzosen höchsten symbolischen Wert besaß. Indem er Verdun angriff, zwang er Paris, die Festung um jeden Preis zu verteidigen und funktionierte sie so zur »Blutpumpe« um. Hitler war entschlossen, die Fehler von einst zu vermeiden. Doch je länger der Waffengang anhielt, desto mehr verfiel der Weltkriegsgefreite in die alten Denk-, also Schlachtmuster. Die mutwillige Hinnahme des Zweifrontenkriegs im Dezember 1941 war hierfür das erste gravierende Anzeichen, der Befehl zur Eroberung Stalingrads ein weiteres.

Die Order zur Einnahme der Wolgastadt hatte die Ausweitung der Südfront von zuvor 800 auf mehr als 4000 Kilometer zur Folge. Dies bedeutete unter normalen strategischen Gesichtspunkten eine gefährliche Überdehnung der Kampflinie. Doch in diesem Krieg unter Hitlers Führung war wenig normal. Deutschland hatte Frankreich mit unterlegenen Kräften in einem brillanten Blitzkrieg in wenigen Wochen niedergerungen. Die Anfangserfolge des Russlandfeldzugs schienen Hitlers Ruf als »größten Feldherrn aller Zeiten« zu bestätigen. Die Zahl der Kritiker im Generalstab wurde immer geringer – die Offiziere wollten schließlich ihre Karriere nicht gefährden. Zudem waren sie Zeugen, bis zu welchem Grad Hitler imstande war, Logik und Wahrscheinlichkeit der Strategie außer Kraft zu setzen. Entsprechend der Anweisung des Führers erteilte General Paulus den Verbänden seiner 6. Armee sowie der 4. Panzerarmee am 4. August 1942 den Befehl zum Angriff auf Stalingrad.

Auf sowjetischer Seite herrschte eine ähnliche Politikkonstellation und eine entsprechende Strategie wie bei den Deutschen. Stalin agierte trotz seiner katastrophalen Fehler im Vorfeld und zu Beginn des Krieges als unumschränkter Diktator. Auch er setzte in der Defensive auf eine sture Verteidigung. Einen Tag vor dem deutschen Angriff auf die Wolgastadt erließ Stalin die Direktive Nummer 227. Ihr Motto: »Nicht einen Schritt zurück.«

Trotz oder gerade wegen der unflexiblen Verteidigung der Sowjets kamen die deutschen Panzerdivisionen Stalingrad schnell näher. Die Rote Armee störte die Verbände der Wehrmacht zwar ständig mit kleineren Gegenvorstößen. Dennoch drangen die deutschen Truppen bereits Anfang September in die Stadt vor, wo sogleich erbitterte Kämpfe um jedes Haus und teilweise um jedes Zimmer einsetzten.

Der maßlos überdehnte Frontverlauf, die Gefährdung der Flanken und der Nachschublinien wurde von den militärischen Fachleuten mit zunehmender Besorgnis verfolgt. Im Führerhauptquartier im ukrainischen Winniza kam es zu heftigem Streit. Der Generalstabchef des Heeres Halder verlangte eine Verkürzung der Frontlinie, was eine Räumung Stalingrads bedeutet hätte. Hitler lehnte dieses Ansinnen kategorisch ab und entließ Halder.

Der Führer isolierte sich zunehmend von seinen Generälen, beschimpfte sie, verweigerte taktische Ratschläge. Obgleich die Spitzenmilitärs erkannten, dass Hitler einer objektiven Beratung nicht mehr zugänglich war, sich immer stärker der Wirklichkeit verschloss, dachten sie nicht daran zu rebellieren, sondern befolgten loyal seine Befehle, auch wenn sie diese als Existenz bedrohend für ihre Armee ansahen. Das Eintreten einer Katastrophe war lediglich eine Frage der Zeit.

Anfang November befanden sich 90 Prozent der Überreste des westlichen Stalingrad unter deutscher Kontrolle. Doch die sowjetischen Soldaten leisteten unvermindert heftigen Widerstand. Da übernahm am 19. November die Rote Armee die Initiative. Überlegene externe sowjetische Einheiten griffen in die Kämpfe ein. In kurzer Zeit wurden die von rumänischen Verbänden gesicherten Flanken des deutschen Angriffskeils nach Stalingrad eingedrückt. Die Wehrmachtsverbände waren eingekesselt. Die anhaltende sowjetische Offensive drohte die gesamte deutsche Südfront abzuschnüren. Hitler verweigerte dennoch alle Rückzugsoptionen. Ähnlich wie zuvor Stalin bestand der Führer darauf, dass seine Soldaten um »jeden Fußbreit Boden« kämpften. Doch die extreme Gefährdung der Kaukasusfront ließ Hitler schließlich keine Wahl. Er musste die Räumung des Kaukasus erlauben.

Der eingeschlossenen 6. Armee in Stalingrad aber verbot Hitler den Ausbruch. »Ich [!] bleibe an der Wolga!«, gebot er deren Kommandeur Friedrich Paulus und machte damit deutlich, dass er sich mit seiner Truppe identifizierte – ohne deren Schicksal physisch teilen zu müssen. Der General und seine Landser gehorchten widerspruchslos, obgleich ihre Versorgungslage kritisch wurde. Ein Versuch, die eingeschlossenen Truppen in Stalingrad zu entsetzen, scheiterte am 12. Dezember.

Im Kessel wurde die Lage verzweifelt, die deutschen Einheiten hungerten, ihnen fehlten Munition, um die anstürmenden Rotarmisten abzuwehren, und Medikamente, um die Verwundeten zu versorgen. Daraufhin erbat General Paulus von Hitler die Erlaubnis, einen Ausbruch zu wagen. Das Unternehmen war zu diesem Zeitpunkt chancenlos, denn was dem gut gerüsteten Entsatzheer missglückt war, konnte den desolaten Resten der 6. Armee nicht gelingen. Hitler unterband den aussichtslosen Ausbruchversuch ebenso wie die Menschenleben rettende Übergabe: »Verbiete Kapitulation. Die Armee hält ihre Position bis zum letzten Soldaten und zur letzten Patrone und leistet durch ihr heldenhaftes Aushalten einen unvergesslichen Beitrag zum Aufbau der Abwehrfront und zur Rettung des Abendlandes.«

»Wenn wir … Stalingrad preisgeben, geben wir eigentlich den ganzen Sinn des Feldzuges preis«, verkündete Hitler im Hauptquartier. Damit hatte er nicht Unrecht. Er ahnte, dass nach einer Niederlage der Wehrmacht in einer ausschlaggebenden Schlacht wie Stalingrad die deutsche Armee ihres entscheidenden Trumpfes beraubt würde, des Nimbus der Unbesiegbarkeit. Ging dieser psychologische Vorteil verloren, würden materielle Komponenten entscheidend, die mit fortwährender Kriegsdauer zunehmend gegen Deutschland sprachen. Da Hitler viel scharfsichtiger als seine Armeeführer die Bedeutung des Mentalen für die Kriegführung erkannte, versuchte er, sich mit aller Macht dem Eingeständnis einer Niederlage entgegenzustemmen.

Am Ende konnte aber selbst Hitlers gewaltiger Wille die erdrückende materielle Unterlegenheit seiner Truppen nicht mehr ausgleichen und damit die Niederlage abwenden. Die deutsche Führung besaß nicht mehr die Option, Stalingrad zu halten oder preiszugeben – die Stadt, oder vielmehr deren Ruinen, waren bereits verloren. In dieser Situation wäre es die Pflicht der deutschen Generalität gewesen, Hitler zu einer wirklichkeitsnahen Auseinandersetzung mit der strategischen Gesamtlage zu nötigen – zumindest das Leben von Soldaten zu retten, für die sie Verantwortung trugen. Stattdessen unterwarf sich die Wehrmachtführung einmal mehr teils nörgelnd, teils widerspruchslos seinen Anordnungen. So verweigerte Generaloberst Paulus am 8. Januar 1943 die Aufforderung der Roten Armee zur Übergabe. Die frierenden und hungernden deutschen Haufen verteidigten ihre zerschossenen Stellungen so gut es ging. Ende Januar und Anfang Februar war das Drama endlich vorbei. Paulus und sein Vertreter erlaubten ihren Soldaten, die kaum noch munitionierten Waffen zu strecken. 90 000 Landser schleppten sich in sowjetische Gefangenschaft – ganze 5000 Mann sollten sie überleben, darunter Paulus.

Hitler reagierte empört. Er hatte erwartet, dass Paulus seinem Leben ein Ende setzen würde, statt zu kapitulieren: »So viele Menschen müssen sterben, und dann geht ein solcher Mann her und besudelt in letzter Minute noch den Heroismus von so vielen anderen.« Hitler kam nicht in den Sinn, dass seine Wertung in erster Linie ihm selbst als verantwortlichem Oberbefehlshaber zu gelten hatte.

Objektiv hielten sich die deutschen Ausfälle in Grenzen. Gut 250 000 Mann waren tot oder gefangen, ihr Kriegsmaterial vernichtet. Im Vergleich dazu waren die sowjetischen Verluste enorm, mehr als anderthalb Millionen Rotarmisten waren gefallen oder verwundet. Die materiellen Einbußen des UdSSR-Heeres übertrafen die deutschen Schäden um das Vierfache. Die Armeen Stalins hatten einen Pyrrhussieg errungen. Dennoch begriffen die wichtigen Entscheidungsträger auf beiden Seiten, dass der Verlauf – vom »Glück« mochten selbst Zyniker in diesem fatalen Waffengang nicht reden – des Krieges sich zuungunsten Deutschlands gewendet hatte. Selbst Adolf Hitler gestand dies indirekt ein, als er dekretierte: »Das [Paulus] ist der letzte Feldmarschall gewesen, den ich in diesem Krieg mache.«

In Stalingrad war der Mythos der Unbesiegbarkeit Deutschlands und damit der entscheidende Faktor seiner bisherigen Triumphe am Selbsterhaltungswillen und am Hass der Sowjets, an der kämpferischen Entschlossenheit, Disziplin und quantitativen Überlegenheit der Roten Armee zerschellt. Das deutsche Volk wurde aus der auf Wagner zurückgehenden Zauberwelt Hitlers in die Realität eines modernen, industriell gestützten und geführten Krieges geworfen.

Totaler Krieg

1943

Ein Nimbus gleicht einer Seifenblase. Nach dem Zerplatzen ist die Faszination vorüber. Daher blieben nach Stalingrad Heroenbeschwörungen wie Hermann Görings Vergleich mit den militärischen Märtyrern Spartas ohne nachhaltige Wirkung auf die deutschen Soldaten und die Menschen in der Heimat. Heldenmut und Opferbereitschaft sind wirkungslos gegen einen Feind, dessen Bevölkerung die Überzeugung gewonnen hat, die Siegesgöttin habe die Seiten endgültig gewechselt und werde fortan allein ihren Armeen Triumphe bescheren.

Der erste, der auf deutscher Seite die Konsequenz dieses Stimmungswechsels unsentimental begriff und mit aller Macht dagegen anzukämpfen beschloss, war Joseph Goebbels. Der Propagandaminister war überzeugt, dass der Führer am besten imstande sei, durch eine mächtige Kampagne den Deutschen an der Front und vor allem in der Heimat ihre Siegeszuversicht wieder einzuimpfen. Doch Hitler war nach dem Debakel wieder einmal durch Depressionen gelähmt. So stilisierte sich Goebbels selbst zum Engel der neuen Siegeszuversicht.

Im Berliner Sportpalast inszenierte Joseph Goebbels nur zwei Wochen nach der Kapitulation in Stalingrad am 18. Februar 1943 die wohl eindrucksvollste Polit-Suggestionsshow der Weltgeschichte, die »totale geistige Mobilmachung«, wie er schrieb. Die riesige Halle war bis auf den letzten Platz mit einem sorgfältig ausgesuchten Publikum gefüllt. »Ich habe heute zu dieser Veranstaltung nun einen Ausschnitt des deutschen Volkes im besten Sinne des Wortes eingeladen«, tönte Goebbels und vermittelte damit dem Auditorium das Bewusstsein, es sei der deutsche Souverän. Rasch gelang es dem Redner, seine Zuhörer zu emotionalisieren. »Vor mir sitzen reihen-

weise deutsche Verwundete von der Ostfront, Bein- und Arm-
amputierte, mit zerschossenen Gliedern, Kriegsblinde, die mit
ihren Rotekreuzschwestern gekommen sind, Männer in der
Blüte ihrer Jahre, die vor sich ihre Krücken stehen haben. Da-
zwischen zähle ich an die fünfzig Träger des Eichenlaubes und
des Ritterkreuzes, eine glänzende Abordnung unserer kämpfenden Front. Hinter ihnen erhebt sich ein Block von Rüstungsarbeitern und -arbeiterinnen ... Wieder hinter ihnen sitzen Männer aus der Parteiorganisation, Soldaten aus der
kämpfenden Wehrmacht, Ärzte, Wissenschaftler, Künstler, Ingenieure und Architekten, Lehrer, Beamte und Angestellte ...
eine stolze Vertreterschaft unseres geistigen Lebens ..., dem das
Reich gerade jetzt ... Wunder der Erfindungen ... verdankt ...
Ich [sehe] Tausende von deutschen Frauen. Die Jugend ist hier
vertreten und das Greisenalter. Kein Stand, kein Beruf blieb ...
unberücksichtigt. Ich kann also mit Fug und Recht sagen: [vor
mir sitzt] ein Ausschnitt aus dem ganzen deutschen Volk an der
Front und in der Heimat. Stimmt das?« Das Publikum sprang
auf und brüllte seine Zustimmung.

Goebbels spendete seinen Zuhörern Zuversicht, indem er
ihre Ängste ansprach, diese als Lügen der britischen Propaganda denunzierte und Widerspruch provozierte. Der Minister höhnte: »Die Engländer behaupten, das deutsche Volk habe
den Glauben an den Sieg verloren ... [sie] behaupten, das deutsche Volk ist des Kampfes müde ... Die Engländer behaupten,
das deutsche Volk wehrt sich gegen die totalen Kriegsmaß-
nahmen der Regierung. Es will nicht den totalen Krieg, sondern die Kapitulation ... [sie] behaupten, das deutsche Volk hat
sein Vertrauen zum Führer verloren.«

Zehn Fragen wandelte Goebbels in Einklang mit seiner
Volksversammlung in zehn »Heilige Eide« – der fanatische
Antisemit Goebbels konnte oder wollte seine katholische Erziehung, die auf das Judentum und dessen Zehn Gebote zu-
rückging, nicht verleugnen. Kernprodukt war der Schwur zum
»Totalen Krieg, ... wenn nötig, totaler, radikaler, als wir ihn uns
heute überhaupt noch vorstellen können«. Dieser totale Krieg

umfasste »radikalste Maßnahmen gegen einen kleinen Kreis von Drückebergern und Schiebern« und »Deutschland[s] … Absicht …, dieser jüdischen Bedrohung …, wenn nötig unter vollkommener und radikalster Ausrottung des Judentums entgegenzutreten«.

Die gewollte Vertretung des deutschen Volkes schwor enthusiastisch jeden von ihrem Regisseur geforderten Eid zum totalen Krieg mit allen radikalen und mörderischen Konsequenzen. Die Massenschwurorgie im Berliner Sportpalast wird heute von Wissenschaftlern als Propaganda-Coup ohne konkrete Auswirkungen marginalisiert. Das ist unrichtig. In der Tat konnten die aufpeitschenden Worte Joseph Goebbels' und die Treueide seiner Volksgenossen keine Wende des Kriegsverlaufs mehr erzwingen – dazu war die materielle Überlegenheit der Alliierten zu erdrückend. Sie wurde zunehmend wirksam, als der Mythos der deutschen Unbesiegbarkeit wenige Monate nach Stalingrad auch in Nordafrika zerbrach und einer Aufbruchsstimmung wachsender Zuversicht auf Seiten der Feinde Deutschlands Platz machte. Diese äußeren Umstände lassen heutzutage manchen vergessen, dass nach Goebbels Sportpalastrede ein psychologischer Ruck durch Deutschland ging, der beachtliche materielle und politische Folgen zeitigte und sogar das militärische Geschehen beeinflusste.

Das deutsche Volk war in seiner überwiegenden Mehrheit tatsächlich entschlossen, »wenn der Führer es befiehlt, zehn, zwölf, und wenn nötig vierzehn und sechzehn Stunden täglich zu arbeiten und das Letzte herzugeben für den Sieg«. Auch die deutschen Soldaten fochten weiterhin unverdrossen für Führer, Volk und Vaterland. Dies, obgleich jeder Landser an der Front und erst recht jeder Offizier im Stab erkennen musste, dass der Vorsprung der Feinde an Soldaten und Waffen uneinholbar war. Trotz der nach Stalingrad nicht abreißenden Kette militärischer Niederlagen gab es in der deutschen Armee, anders als in der Endphase des Ersten Weltkriegs, bis zum Selbstmord Hitlers keine Auflösungserscheinungen. Die deutschen Soldaten kämpften diszipliniert und mit Hingabe für ihren Führer.

Das Gleiche galt für die Heimat. »Der totale Krieg ist jetzt nicht mehr eine Sache weniger einsichtiger Männer, sondern er wird jetzt vom Volke getragen«, notierte Goebbels zufrieden in sein Tagebuch. Obgleich die Front immer näher an Deutschlands Grenzen rückte und ab Ende 1944 sogar auf deutschen Boden gekämpft wurde, trotz der Flucht von Millionen Deutschen vor allem aus ihren von den »Russen« besetzten Heimatorten im Osten nach Westen und obwohl ab Ende 1942 Deutschlands Städte durch alliierte Bombengeschwader systematisch zerstört wurden, bewies auch die »Heimatfront« eine ungebrochene Kampfmoral. Mehr als 500 000 Bombentote und weit über eine Million Verwundete, Millionen zerstörter Wohnungen, zahlreiche ausgelöschte Innenstädte, permanente Angst vor Verschüttung und Tod konnten der Loyalität der Deutschen ihrem Führer gegenüber nichts anhaben. So stieg die deutsche Rüstungsproduktion trotz der zunehmenden Zerstörungen der Produktionsstätten und des Todes von Hunderttausenden Rüstungsarbeitern bis Ende 1944 stetig an. Erst ein halbes Jahr vor Kriegsende kamen die modernsten deutschen Waffen zum Fronteinsatz, der Düsenjagdbomber Me 262 sowie die »Vergeltungswaffen« V 1 und V 2, der erste Marschflugkörper und die erste waffenfähige Fernrakete. Das Vertrauen der Bevölkerung in Hitler und in die NS-Staatsführung blieb bis Februar 1945 ungebrochen. Dies lässt sich unter anderem daran ablesen, dass die Menschen bis zu diesem Zeitpunkt ihre Barschaft in Geldinstituten deponierten. Sparen war damals, als Arbeiter ihren Lohn in bar ausgezahlt bekamen, ein aktiver Akt und damit ein Zeichen von Zutrauen in die herrschenden Verhältnisse.

Nach dem Desaster von Stalingrad gelang es den Soldaten der Wehrmacht im Winter 1942 und Frühjahr 1943, die deutsche Front, von taktischen Geländebegradigungen abgesehen, auf die Linie des zurückliegenden Herbstes von Schlüsselburg im Norden über Orel und Kursk in der Mitte bis zum Asowschen Meer im Süden zu stabilisieren. Dieser relative Erfolg der defensiven Kriegskunst wurde Anfang Juli 1943 zunichte gemacht, als auf Hitlers Befehl die Wehrmacht mit der Operation »Zitadelle« eine Offensive von Orel und von Charkow gestartet wurde mit dem Ziel, die sowjetischen Kräfte im Kursker Bogen einzuschließen und zu vernichten. Der Großangriff war die strategische Bankrotterklärung des ehemaligen Gefreiten. Der Versuch, nach Stalingrad eine Wende zu erzwingen, indem das Heer einmal mehr die Blut- und Prestigestrategie von Verdun wiederholte.

Nachdem die sowjetischen Streitkräfte den deutschen Angriff zurückgeschlagen hatten, gingen sie ihrerseits zum Vorstoß über. Die personelle und materielle Überlegenheit der Roten Armee war gewaltig. Im südlichen Frontabschnitt betrug der Vorsprung 7 zu 1 zugunsten des sowjetischen Militärs, im Norden sah es nicht wesentlich günstiger für Deutschland aus. Insgesamt war das Unternehmen »Zitadelle« gescheitert: Im Süden konnten nur 18, im Norden 10 Kilometer Gelände gewonnen werden. Die Rote Armee übernahm nun endgültig die strategische Initiative. In verbissenen Kämpfen drängten die Sowjets die deutschen Einheiten langsam, aber beständig zurück. Am 13. Juli brach Hitler – auch im Hinblick auf die am 10. Juli geglückte Landung der Alliierten in Sizilien, die eine Verlegung von Kräften nach Italien erforderlich machte – die Operation ab.

Trotz dauernder drückender personeller und waffentechnischer Unterlegenheit und Nachrichten von verheerenden Schäden in ihren Städten und toten Familienangehörigen in der Heimat und obgleich sie ab Winter 1942 über Jahre ständig auf dem Rückzug waren, zeigte das Gros der Landser zu keinem Zeitpunkt Zeichen von Defätismus oder Resignation. Nie kam es zu verheerenden Niederlagen durch Selbstaufgabe, die mit denen des französischen Heers 1940 oder der Roten Armee in den ersten Monaten des Russlandfeldzugs vergleichbar gewesen wären. Der Grund für die Leistungsfähigkeit der deutschen Soldaten war ihr Vertrauen, ihre Loyalität, ja ihre Identifikation mit ihrem obersten Feldherrn und Führer. Ein Querschnitt von Feldpostbriefen zeigt, dass bei den meisten

Grenadieren bis zuletzt der Glaube an Adolf Hitler ungebrochen blieb: »Zum Vorbild nehme ich mir den Führer, der ja auch nicht in Deutschlands schwerster Zeit den Mut und den Willen zum Gelingen seiner Pläne verloren hat.« – »Auf alle Fälle wird der Führer den richtigen Weg finden.« – »Seit der Führer die Sache in die Hand genommen hat, kriegen wir wieder prima Verpflegung.« – »Eben konnte ich die Rede des Führers hören. Klar und unbeirrbar zeichnet er unseren Weg.« Es gab auch andere, realistischere Stimmen, doch sie blieben in der Minderzahl. Die große Mehrheit setzte unverdrossen ihren Kampf für Hitler, ihre Familien und Deutschland fort. Selbst als Hitler sich nach Stalingrad kaum noch in der Öffentlichkeit zeigte, geriet sein Mythos zum Symbol der Zuversicht und des ungebrochenen Kampfeswillens.

Der vernünftige italienische Verrat

1943–1944

Die Bewertung des Verhaltens der Deutschen wird einfacher erklärbar, wenn man es dem der Italiener gegenüberstellt, die in einer vergleichbaren Situation waren. Von Anfang an bestand ein entscheidender Unterschied. Anders als Hitler und sein Nationalsozialismus zielten Mussolini und dessen Faschismus nicht auf einen europäischen Krieg, sondern auf Schau und Ansehen. Der gewaltsame Zusammenstoß eines Waffengangs gegen einen ebenbürtigen Gegner musste zwangsläufig die militaristische Kulisse des Duce-Imperiums beschädigen. Daher setzte sich Mussolini auf der Münchner Konferenz für die Beibehaltung des Nicht-Kriegs ein und wollte im Folgejahr den Ausbruch eines europäischen Feldzugs unterbinden. Im Krieg scheiterte die italienische Armee an allen Fronten.

Als angloamerikanische Truppen nach der raschen Eroberung Siziliens im Juli 1943 auf das italienische Festland übersetzten, lieferte ihnen die Wehrmacht harte Abwehrschlachten quer durch die Apennin-Halbinsel. Die Italiener dagegen sahen über alle Parteigrenzen hinweg ein, dass der Krieg verloren war, und zogen die notwendigen Konsequenzen.

Der Große Faschistische Rat, das oberste Parteigremium, beschloss am 24. Juli 1943 mit 19 gegen 7 Stimmen, den König zu bitten, eine »andere Politik anzuordnen«. Dies bedeutete de facto den Ausstieg aus der Kriegskoalition mit Hitler-Deutschland und die Entmachtung Mussolinis. Um den Diktator nicht der Versuchung einer Konspiration mit Hitler auszusetzen, wurde Mussolini am folgenden Tag verhaftet. Als neuen Regierungschef setzte König Viktor Emanuel III. in Absprache mit dem Kabinett den Oberbefehlshaber der Armee Marschall Pietro Badoglio ein. Dieser verkündete zwar, seine Regierung wolle den Krieg an Deutschlands Seite fortsetzen. Doch niemand mochte seinem Lippenbekenntnis trauen. Denn insgeheim verhandelte der Marschall mit den Angloamerikanern über einen Seitenwechsel. Während Hitler die Entmachtung des römischen »Gesindels« – also des Königs, Marschalls Badoglio und der Armeespitze – plante, verboten eben jene Herren flugs die Faschistische Partei, die seit mehr als zwei Jahrzehnten mit ihrer tatkräftigen Hilfe den Alltag und die Politik Italiens bestimmt hatte.

Am 3. September 1943 schloss Marschall Badoglio mit den Alliierten einen Waffenstillstand. Einen Monat später erklärte das Königreich Italien seinem bisherigen Verbündeten Deutschland den Krieg. Hitler, Wehrmacht und SS hatten längst Gegenmaßnahmen eingeleitet. Am 12. September befreite ein Kommandotrupp der Waffen-SS Mussolini aus seinem Arrest auf dem Berg Gran Sasso in den Abruzzen und flog ihn zu Hitler. Nach einer Stippvisite im Führerhauptquartier wurde er von einer SS- und Wehrmachteskorte ins norditalienische Städtchen Salò verbracht, wo mit deutscher Hilfe am 9. September die faschistische Repubblica Sociale Italiana installiert worden war. Mussolini hatte an die Spitze dieser republikanisch-sozialistischen Scheinregierung zu treten. Der Duce war zur Karikatur Hitlers verkommen.

In »guten«, also unbedrängten und erfolgreichen Zeiten war Mussolinis faschistische Diktatur von der überwiegenden Mehrheit der Italiener enthusiastisch unterstützt worden. Die Unterdrückung, Verbannung, Inhaftierung und vereinzelte Ermordung Oppositioneller wurde ähnlich wie in Deutschland von den wenigsten beanstandet. Die Italiener fühlten sich solidarisch mit ihrem Duce und bewunderten ihn. Daran änderten außenpolitische Drohungen Roms ebenso wenig wie die in den späten dreißiger Jahren unter dem Einfluss Hitlers erfolgten antisemitischen Diskriminierungsgesetze. Der von Marschall Badoglio befehligte feige Aggressionskrieg gegen das unterlegene Abessinien wurde von den meisten Italienern gutgeheißen und als Beweis der wieder erstandenen Großmachtstellung ihres Landes begrüßt. König Viktor Emanuel III. ließ sich zum Kaiser von Abessinien krönen. Die Italiener befürworteten auch die militärische Unterstützung der frankistischen Aufständischen in Spanien, die Kriegserklärung an das besiegte Frankreich ebenso wie die Angriffe auf Albanien und Griechenland. Die angloamerikanische Invasion im Sommer 1943 machte den Entscheidungsträgern in Regierung, Armee, Partei sowie der breiten Mehrheit der Bevölkerung indessen deutlich, dass der Krieg verloren war.

Als italienisches Land besetzt wurde und die schönen Städte der Halbinsel durch alliierte Luftangriffe Schaden nahmen, wurde die Schuld allein Mussolini aufgebürdet. Konsequent entmachtete man ihn in einer konzertierten Aktion von Königshaus, Armee-, faschistischer Partei- und Staatsführung. Als der einst umjubelte Diktator stürzte, erhob sich aus der Millionenschar seiner Anhänger keine Hand und schon gar kein Gewehr zu seiner Verteidigung.

Die Untreue der Italiener gegenüber Mussolini war nicht nobel, aber vernünftig. Politik ist keine Ehe, schon gar nicht eine katholische. Ihr vorrangiger Zweck ist die Erhaltung von Gesellschaft und Staat, nicht die Pflege sentimentaler Gefühle. Indem die politische Führung ebenso wie die Bevölkerung Italiens sich ohne viel Federlesen von ihrem einstigem Heros Mussolini verabschiedeten, suchten sie, Schaden von sich und ihrem Land abzuwenden.

Als die Italiener wie erwartet dem Dritten Reich den Krieg erklärten, reagierte Hitler gewohnt radikal. Kommandos der Wehrmacht und der Waffen-SS besetzten die Stäbe des italienischen Heeres, die Ministerien sowie die Residenz des Königs. Doch der Monarch und das Kabinett befanden sich längst auf der Flucht. Nach ihrer Volte musste die italienische Führung mit den erfolgten Maßnahmen der Deutschen rechnen – daher setzten sich ihre Mitglieder planmäßig hinter die alliierten Linien ab. Diese Möglichkeit blieb dem Gros der italienischen Armee verwehrt. Die Soldaten konnten sich nicht hinter dem Rücken von Amerikanern und Briten verstecken.

Die Verantwortlichen in Regierung und Armee versagten dabei vollständig. Sie ließen Bevölkerung und Militär im Stich. Das mit einem Mal führungslose Volk fügte sich widerstandslos in sein Schicksal. Zwei Millionen mehr oder minder gut ausgerüstete italienische Soldaten ergaben sich im eigenen Land ohne nennenswerte Gegenwehr einer nunmehr feindseligen deutschen Truppe, die etwa ein Achtel der italienischen Streitmacht zählte, und wanderten in Kriegsgefangenschaft.

Nachdem Italien nüchtern die richtige politische und strategische Entscheidung getroffen hatte, die Fronten vom Verlierer zum Sieger zu wechseln, zeugte der Unwille, eine effektive Verteidigung der eigenen Heimat und Unabhängigkeit zumindest zu versuchen, von Verantwortungslosigkeit und Ängstlichkeit. Die Italiener mussten für ihre Hasenherzigkeit, eine gewaltsame Auseinandersetzung mit den zahlenmäßig unterlegenen deutschen Truppen im eigenen Land nicht zu wagen, mit einem fast zwei Jahre währenden Terrorregime der deutschen Besatzungsmacht sowie mit Krieg auf ihrem Boden bezahlen. Der erst Ende 1944 zum Tragen kommende Untergrundkampf durch von Kommunisten dominierte Partisanenverbände besaß aufgrund der schmalen Zahl der Aufständischen, von den letzten Wochen des Kriegs abgesehen, keine militärische Relevanz. Hier drängt sich wiederum ein Vergleich mit dem einstigen Achsenpartner im Norden auf.

In Deutschland herrschten umgekehrte Verhältnisse wie in Italien. Obgleich ab Mitte 1943 immer deutlicher wurde, dass der Krieg unwiderruflich verloren war, verharrten Parteiführung, die breite Mehrheit der Bevölkerung und der Soldaten in ihrer unverbrüchlichen Treue zu Adolf Hitler. Er blieb der unumschränkte Führer des deutschen Volkes und der NSDAP. Ein parteiinterner Putsch unter Teilnahme des Kabinetts war in Deutschland undenkbar. Dies galt auch für das Jahr 1944. Im Sommer und Herbst dieses Jahres torkelte die Wehrmacht von einer Niederlage in die nächste. Am 6. Juni landete die angloamerikanische Invasionsarmee in der Normandie. Die Streitmacht erzwang nach harten Kämpfen den Durchbruch in den freien Raum. Deutschlands Heer hatte somit mit schrumpfenden Kräften einen Dreifrontenkrieg zu führen. Ende August musste die Wehrmacht Paris räumen. Zur gleichen Zeit wurden vor Minsk 25 deutsche Divisionen Opfer der sowjetischen Sommeroffensive. Im September streckten die mit Deutschland verbündeten Finnen im Abkommen von Moskau die Waffen. Einen Monat später, am 16. Oktober 1944, erzwang die Rote Armee im ostpreußischen Goldap erstmals einen Einbruch auf deutsches Territorium.

Die Hitlertreue der Deutschen blieb von dieser Niederlagenserie unbeeinflusst. Sie erwies sich einmal mehr im Dezember 1944, als Hitler seinen Wehrmachts- und SS-Truppen in den Ardennen eine aussichtslose Winteroffensive zur Wiedereroberung der belgischen Küste befahl. Die deutschen Soldaten fochten bravourös. Dennoch blieb ihr Angriff nach wenigen Tagen stecken – das halsbrecherische Unternehmen scheiterte an der vielfachen Übermacht der alliierten Bodentruppen und ihrer vollständigen Beherrschung des Luftraums. Mit dieser wagemutigen Offensive opferte Hitler seine letzten intakten Kampfverbände. Trotz der strategisch verheerenden Niederlage blieb die Ergebenheit der Soldaten zu ihrem Führer bis zuletzt über jeden Zweifel erhaben. Die gleiche Loyalität brachte die »Heimatfront« ihrem Führer entgegen. Die Treue der Deutschen gegenüber ihrem Führer vermittelte ihnen das Gefühl von Anstand. Doch diese Haltung war unklug, in der Konsequenz sogar verbrecherisch.

Die Mehrheit der Deutschen wagte – anders als die Italiener – nicht den Tyrannensturz, weil sie Hitler bis zuletzt nicht als Tyrannen empfand. Den meisten fehlten schlicht der Mut und die Fantasie, während des Kriegs den Führer zu stürzen, sich eine Alternative zum NS-Regime auszumalen und diese notfalls gewaltsam durchzusetzen. Doch Heinrich Heine irrte, als er meinte: »Im Land der Eichen und Linden / Wird niemals sich ein Brutus finden.«

Widerstand zwecklos?

1933–1945

Von Anfang an hatten Hitler und seine Bewegung unversöhnliche Gegner in Deutschland. Mit ihren Terrororganen gelang es Partei, SA, SS und NS-Staat nach 1933 jedoch rasch, die KPD und die SPD zu zerschlagen. Entscheidend für den Zusammenbruch eines vitalen Widerstands war jedoch das wachsende Prestige Hitlers und der NSDAP. Mit zunehmenden Erfolgen Hitlers unterstützten immer mehr Deutsche seine Politik, die Nazi-Partei und ihre zahllosen Unterorganisationen. Die Flut der Zustimmung, zumindest aber die Hinnahme des Hitler-Regimes zerstörte die soziale Existenzbasis fast aller Oppositionsbestrebungen. Nach wie vor gab es individuelle Widersacher und Feinde Hitlers und seines Herrschaftsapparats, doch der Widerstand dieser Menschen fiel zunächst kaum ins Gewicht.

Im Krieg ging die Aktivität der Opposition zwangsläufig noch weiter zurück. Die Nation solidarisierte sich immer mehr mit ihrem Führer. Gleichwohl bestand stets ein Kern unentwegter Hitler-Gegner. Bereits bei Kriegsbeginn setzte Johann Georg Elser mit seinem Attentat am 8. November 1939 im Münchner Bürgerbräukeller ein unübersehbares Fanal. Der schwäbische Handwerker begriff früher als viele Intellektuelle, dass Hitler als Pfeiler der Nazi-Herrschaft weder durch kluge Pamphlete noch mithilfe inbrünstiger Gebete von der Macht entfernt werden konnte. Der einzige Weg in Elsers Augen war der Tyrannenmord. Ohne fremde Hilfe konstruierte Elser eine Höllenmaschine und deponierte diese im Bürgerbräukeller, wo Hitler alljährlich im Kreis seiner »alten Kämpfer« die Wiederkehr ihres Putsches von 1923 zelebrierte. Entgegen seiner sonstigen Gewohnheit hielt Hitler am Vorabend des 9. November 1939 nur eine kurze Ansprache und verließ das Lokal – zehn Minuten, ehe der Sprengsatz explodierte und mehrere Menschen tötete. Elser wurde bereits zuvor verhaftet – zur Überraschung Himmlers war der vermeintlich biedere Schreinergeselle nicht Teil einer Verschwörung, sondern handelte aus eigener Erkenntnis, auf eigene Faust.

Die Träger des Widerstands gegen die Nazi-Herrschaft waren vielfach unpolitisch, ihre Opposition richtete sich zumeist lediglich gegen einzelne Maßnahmen des Regimes, für die sie Hitler nicht verantwortlich machten. Das signifikanteste Beispiel einer derartigen partiellen Opposition war die Ablehnung der Euthanasie. Der erfolgreiche Widerstand von Angehörigen und einzelnen Geistlichen gegen diese Massenmorde bewogen die Gremien der offiziellen Kirchen jedoch keineswegs zu einer prinzipiellen Opposition gegen das NS-Regime, dessen verbrecherischer Charakter bei den Aktionen gegen die Behinderten deutlich geworden war. Auch die Entrechtung, die Deportation und der im Vatikan und den obersten deutschen Kirchengremien bereits 1942 bekannt gewordene Genozid an Juden, von denen manche konvertierte Christen waren, konnten die etablierten Kirchen nicht zu offiziellen Protesten oder gar Drohungen bewegen.

Bereits im April 1933 hatte die zum Katholizismus konvertierte Jüdin Edith Stein in einem Brief an Papst Pius XI. die Kirche vor dem kriminellen Charakter des NS-Regimes und »seinem Vernichtungskampf gegen das jüdische Blut« gewarnt und darin »eine Schmähung der allerheiligsten Menschheit unseres Erlösers« gesehen. Das Schreiben wurde von der Vatikan-Administration aus schlechtem Grund dem Pontifex vorenthalten. Unbeeindruckt von ernsten Warnungen betrieb die Diplomatie des Kirchenstaats den Abschluss des Konkordats mit der Hitler-Regierung.

Später, als die Euthanasie bekannt wurde, fürchtete die katholische Kirche, durch offene Opposition ihre im Reichskonkordat festgeschriebenen Privilegien einzubüßen. Einzelne Priester wie der bereits erwähnte Berliner Domprobst Bernhard Lichtenberg oder der Warendorfer Pater Elpidius Josef Markötter, die die »Willkür gegen Juden und Polen, die heute in Deutschland als Untermenschen behandelt werden« anprangerten, wurden von den NS-Behörden verhaftet und umgebracht, ohne dass ihre Kirchen nachhaltig dagegen vorgegangen wären. Die Unterdrückung tat ihre abschreckende Wirkung. Der Protest verstummte.

Dass entschlossener Widerstand wirksam sein konnte, zeigte ein Aufbegehren inmitten Berlins. Am 27. Februar 1943 verhafteten Polizei und Gestapo in einer »Fabrikaktion« alle Juden, die als Zwangsarbeiter in den Rüstungsbetrieben der Hauptstadt beschäftigt waren. Die Hebräer wurden zunächst in jüdischen Gemeindeeinrichtungen im Zentrum der Stadt festgehalten, die nun als Sammellager dienten. Hinzu kamen im Zuge der »Schlussaktion Berliner Juden« festgenommene Israeliten, die in »privilegierter Ehe« lebten, also mit Nichtjuden verheiratet waren, sowie so genannte »Mischlinge«, die einen jüdischen Elternteil hatten.

Daraufhin begaben sich Hunderte nichtjüdische Partner in die Rosenstraße und forderten lautstark die Freilassung ihrer Angehörigen. Passanten wurden auf den Protest aufmerksam. Die Polizei richtete zwar ihre Waffen gegen die Menge, wurde jedoch nicht aktiv. Denn Berlins Gauleiter Joseph Goebbels wollte nur zehn Tage nach seinem Aufruf zum »totalen Krieg« die von ihm beschworene Eintracht aller Deutschen mit dem Führer unter keinen Umständen stören lassen. »Es haben sich ... leider etwas unliebsame Szenen vor einem jüdischen Altersheim abgespielt, wo die Bevölkerung sich in größerer Menge ansammelte und zum Teil sogar für die Juden etwas Partei ergriff«, notierte der Minister in sein Tagebuch und bestimmte: »Ich gebe dem SD den Auftrag, die Judenevakuierung nicht ausgerechnet in einer so kritischen Zeit fortzusetzen. Wir wollen uns das lieber noch einige Wochen aufsparen, dann können wir es umso gründlicher durchführen.«

Gauleiter Goebbels ordnete am 6. März an, die »Mischlinge« und in »privilegierter Ehe« lebenden Juden freizulassen. Fünfundzwanzig Männer, die bereits nach Auschwitz deportiert worden waren, wurden nach Berlin zurückgeschickt. Da die Behörden fürchteten, sie könnten verbreiten, was sie in Auschwitz gesehen hatten, blieben die Männer in Berlin in Haft.

Insgesamt wurden aus der Rosenstraße und anderen Sammelhäusern rund 1700 Menschen wieder freigelassen, die in Vernichtungslager deportiert werden sollten.

Die Träger des Protestes waren hier wie dort Angehörige, und Kirchen, die keine politische Opposition planten, sondern lediglich darum kämpften, ihre Verwandten oder Glaubensbrüder vor Tötung oder Deportation zu bewahren. Der Widerstand gegen den Massenmord an Behinderten war – relativ – erfolgreich, weil seine Träger sich nicht auf die direkt betroffenen Angehörigen beschränken ließen. Die Nazi-Behörden wollten unter allen Umständen eine Solidarisierung breiter Bevölkerungskreise mit ihren Opfern vermeiden – dies hätte ihre Herrschaft, die vorwiegend auf einen Konsens der Volksgemeinschaft beruhte, erodiert.

Die Verhaftung und Deportation der Juden in Deutschland und in Europa dagegen verlief ohne Protest, ja teilweise mit Unterstützung der Bevölkerung, daher wurde sie rasch und »effektiv« exekutiert. Wo die Menschen sich mit den bedrängten Juden solidarisierten – wie in Bulgarien und Dänemark – ließen die NS-Stellen zunächst von ihren Massenmordplänen ab. In Deutschland fehlte jedoch Widerstand gegen die Judendeportation; die Bindung an Hitler und sein Regime war stärker als jene zu den Juden, in denen man, anders als bei den Behinderten, nicht seine Nächsten sah.

Eine herausragende Rolle im Widerstand nahm die Bekennende Kirche ein. Ihr Inspirator und Organisator war Martin Niemöller. Der Berliner hatte in der Märzwahl 1933 noch für die NSDAP votiert. Doch bereits wenige Wochen später rief er den »Pfarrernotbund« ins Leben. Niemöller empörte sich gegen die Diskriminierung der Juden und die Verächtlichmachung des Alten Testaments. Pfarrgemeinden aus Berlin und bald aus ganz Deutschland, die sich zum Gebot der Nächstenliebe uneingeschränkt bekannten und gegen die Unterdrückung von Mitmenschen eintraten, bildeten spontan die Bekennende Kirche. Auf der Bekenntnissynode von Barmen im Mai 1934 formulierte das kirchliche Bündnis seinen Protest gegen den »Arierparagraphen« und das Ausblenden des Alten Testaments aus Gottesdienst und Religionsunterricht.

Fünf Monate später wurde auf der Reichs-Bekenntnissynode in Barmen-Gemarke der Notstand der Kirche proklamiert. Den »Bruderräten« wurde die Aufgabe der Kirchenleitung übertragen. Da die amtliche Deutsche Evangelische Kirche und insbesondere die »Deutschen Christen« das NS-Regime und dessen Maßnahmen pauschal guthießen, erklärte sich die Bekennende Kirche in Bekenntnisfragen als allein rechtsmäßig. Der Rechts- und Machtanspruch der Reichskirche wurde in Abrede gestellt. Dies war eine seit Luther präzedenzlose Herausforderung der Amtskirche – und des (NS)-Staates.

Die Reaktion ließ nicht lange auf sich warten. Niemöller wurde verhaftet und als »persönlicher Gefangener des Führers« in mehreren Konzentrationslagern bis ans Ende der NS-Herrschaft interniert. Andere Pastoren und Laien unterwarf man ähnlichen Zwangsmaßnahmen. Geistliche verloren mit Zustimmung der Amtskirche ihre Pfarreien und Lehrämter. Sie wurden inhaftiert, ihre Publikationen verboten. Dennoch ließen sich die Vertreter der Bekennenden Kirche nicht von ihren humanen Grundsätzen abbringen und halfen Verfolgten des Nazi-Regimes.

Neben der Bekennenden Kirche existierten noch eine Reihe weiterer zwangsläufig illegaler Oppositionskräfte, etwa die Glaubensgemeinschaft der Zeugen Jehovas. Viele ihrer Anhänger nahmen KZ-Haft, ja ein Todesurteil hin, um den Prinzipien ihres Bekenntnisses, vorwiegend der Gewaltlosigkeit, treu zu bleiben. Dazu zählte unter anderem eine Verweigerung des Wehrdienstes.

Während der gesamten NS-Herrschaft bestanden trotz unnachsichtiger Verfolgung kleine, unabhängig voneinander operierende kommunistische Widerstandszellen, etwa die im Berlin der Kriegszeit tätige Gruppe, die von Herbert und Marianne Baum geleitet wurde. Sie verübte 1942 einen Brandanschlag gegen eine antikommunistische Propagandaausstellung. Die Baums und ihre Mitkämpfer wurden gefasst und hingerichtet.

Das gleiche Schicksal ereilte die Mitglieder der »Weißen Rose« in München. Der Zirkel um die Geschwister Scholl, ihre Kommilitonen und Professor Huber protestierte mit Flugblättern gegen den Angriffskrieg in der UdSSR und die Verbrechen an den Juden. In ihren Handzetteln wiesen sie auch auf die drohende militärische Niederlage Deutschlands hin.

Die Männer und Frauen dieser Gruppen, die zunächst teilweise durchaus mit dem Regime sympathisiert hatten, kämpften aus ethischen Beweggründen gegen Nationalsozialismus und Krieg. Die Durchschlagkraft dieser Widerstandsgruppen blieb jedoch gering, da ihre Kreise meist klein und ungenügend organisiert waren. Sobald die Gestapo von den Aktivitäten erfuhr, zerschlug sie die Organisationen und liquidierte deren Urheber. Entscheidend für den Misserfolg aller Widerstandsgruppen war, dass sie keine Resonanz in der Bevölkerung besaßen. Die überwältigende Mehrheit der Deutschen bekannte sich zu ihrem Führer. Dies führte, wie im Fall der »Weißen Rose«, auch bis zur aktiven Bespitzelung und Denunziation der Widerständler, denen der Tod sicher war.

Heroismus und Täuschung

20. Juli 1944

Unter den Widerstandsaktionen ragt der Umsturzversuch des 20. Juli 1944 heraus. Die Genealogie des Anschlags weist auf die vielfältigen Wurzeln des Widerstands hin. Eine tragende Persönlichkeit war Carl Friedrich Goerdeler. Der national-konservative Leipziger Oberbürgermeister trat 1937 von seinem Amt zurück, als die Nazis darauf bestanden, das Denkmal des Komponisten Felix Mendelssohn-Bartholdy wegen dessen jüdischer Herkunft zu schleifen.

Goerdeler versammelte eine Gruppe von Persönlichkeiten, die aus einer ähnlichen Geisteshaltung wie er in Opposition zu Hitler standen um sich. Der Runde gehörten unter anderen der frühere deutsche Botschafter in Italien Ulrich von Hassel, der preußische Finanzminister Johannes Popitz sowie der demissionierte Generalstabschef Ludwig Beck an. Bei ihren Treffen erörterten die Herren Möglichkeiten, Hitlers Regiment zu beenden. Seit Kriegsbeginn intensivierten Goerdeler und sein Kreis ihre Aktivitäten.

Der Chef des Allgemeinen Heeresamtes General Friedrich Olbricht entwickelte in Absprache mit Generaloberst Beck den Plan »Walküre«, ein verdecktes Unterfangen zum Staatsstreich. Goerdeler unterstützte diese Ideen, ein Attentat auf Hitler hingegen lehnte er ab. Stattdessen hoffte er, den Staatschef durch sachliche Argumente zum Rücktritt bewegen zu können. Der einstige Bürgermeister strebte statt eines Führerstaats die Wiedereinführung der Monarchie und die Installation eines Zweikammerparlaments an.

Die Vorstellung, dem Führer mit Argumenten beikommen, ihn quasi im Disput von der Notwendigkeit seines Rücktritts überzeugen zu wollen, wies auf die Verkennung der politischen

Wirklichkeit und mehr noch der Persönlichkeit Hitlers hin. Durch die sich rapide verschlechternde Kriegslage sowie die Verbindung zu Militärs wurden die zivilen Opponenten Hitlers gezwungen, ihre theoretischen Vorstellungen zugunsten praktischer Maßnahmen zu erweitern.

Erst als Hitler ab Herbst 1937 die Wehrmacht anwies, konkrete Vorbereitungen für einen Angriffskrieg zu treffen, widersprachen ihm führende Militärs. Generalstabschef Ludwig Beck nahm seinen Abschied. Andere Gegner Hitlers und seines Regimes blieben in den Streitkräften. Unter ihnen Offiziere, die von Anfang an in scharfer Gegnerschaft zu Hitler gestanden hatten. Der wohl aktivste und vehementeste war Hans Oster. Der Offizier verstand sogleich, dass Hitler seinen öffentlichen Beteuerungen zum Trotz den Krieg wollte und darauf hinarbeitete. Oster unternahm mit hohem persönlichem Risiko alles in seiner Macht Stehende, um Deutschlands potenzielle Gegner, insbesondere Großbritannien, von Hitlers kriegerischen Absichten zu überzeugen. Doch die englischen Militärs und Politiker nahmen Osters Warnungen nicht ernst. Oberst Salmuth und General Ulex waren ebenfalls entschlossen, Hitler Widerstand zu leisten.

Die Verschlechterung der militärischen Lage ab 1942 sowie die ihnen bekannten Kriegsverbrechen gegen die Zivilbevölkerung und die systematische Ermordung von Kommissaren und Juden in Osteuropa führte bei immer mehr Offizieren zu Reserven gegenüber dem NS-Staat. Gerade bei idealistischen Militärs schlug die Begeisterung für Hitler gelegentlich in Feindschaft um, sobald sie den kriminellen Charakter seines Regimes durchschauten.

Einer der ersten, der sich nicht mit oppositionellen Gefühlen und Gedanken begnügte, sondern aktiv gegen die Hitler-Herrschaft vorgehen wollte, war Henning von Tresckow. Wie viele seiner Kameraden begrüßte er den 30. Januar 1933 als Fanal eines nationalen Aufbruchs. Neun Jahre später hatte von Tresckow seine Illusionen verloren. Als Oberst im Generalstab der Heeresgruppe Mitte in der Sowjetunion versammelte er

junge, gleich gesinnte Offiziere, beispielsweise die Brüder Philipp und Georg von Boeselager sowie Fabian von Schlabren-
dorff um sich. Die Widerstandsaktivitäten Tresckows und seiner
Mitverschwörer waren deren Vorgesetzten Generalfeldmarschall
Günther von Kluge bekannt.

Kluge billigte den Plan des Obersts, Hitler zu töten – zumindest prinzipiell, denn als feststand, dass der Führer seine Heeresgruppe am 13. März 1943 besuchen würde, unterband Kluge
den Anschlag. Ein Attentat auf Hitler, so der Generalfeldmarschall, sei nur sinnvoll, wenn auch SS-Chef Himmler dabei getötet würde, doch diesmal würde allein der Führer bei der
Truppe erscheinen. Tresckow fügte sich dem Befehl – selbst ihm
war der Wunsch seines Vorgesetzten wichtiger als die eigene Erkenntnis von der Notwendigkeit eines Attentats auf den Diktator. Danach sann Tresckow unermüdlich nach neuen Wegen
und Möglichkeiten, Hitler zu beseitigen. Bei seiner ständigen
Suche nach Gleichgesinnten traf Tresckow auf Claus Schenk
Graf von Stauffenberg. Der süddeutsche Aristokrat war während
seiner Studienzeit Bewunderer des neudeutschen Romantikers
und Schriftstellers Stefan George gewesen. Als Leutnant war
Stauffenberg von der Ernennung Hitlers zum Reichskanzler
zunächst angetan. Noch 1941 hatte Stauffenberg die Übernahme des Oberbefehls über die Wehrmacht durch Hitler begrüßt. Doch mit der sich zunehmend verschlechternden Kriegslage wuchs die Entschlossenheit des Offiziers, Hitler zu töten.

Gemeinsam mit den Generälen Olbricht und Tresckow sowie Mertz von Quirnheim entwickelte Stauffenberg aus der
Notfalloperation »Walküre« das Szenario für einen Staatsstreich.
Den Eid auf den Führer empfanden die gläubigen Offiziere
nicht als Hinderungsgrund ihrer Umsturzpläne. Denn durch
seine Verbrechen hatte Hitler den Schwur gegenüber dem deutschen Volk gebrochen. Sein Sturz war daher moralisch geboten.

Stauffenberg und Tresckow standen wiederum in Verbin-
dung mit dem so genannten »Kreisauer Kreis«, der sich um die
Juristen und NS-Gegner Helmuth James Graf von Moltke und
Peter Graf Yorck von Wartenburg etabliert hatte. Der später

vom Reichssicherheitshauptamt nach dem schlesischen Gut Moltkes benannte lose tagende Zirkel entwickelte Konzepte für eine Neuordnung von Staat, Wirtschaft und Gesellschaft in der Zeit nach Krieg und Diktatur. Anders als die national-konservativ orientierte Gruppe um Goerdeler strebten die Kreisauer, zu denen auch Adam von Trott zu Solz gehörte, eine demokratische europäische Föderation an, die sich an den Vereinigten Staaten orientierte. Die Idee eines Staatsstreichs oder gar den politischen Mord an Hitler lehnten die Kreisauer aus ethisch-religiösen Gründen ab. Davon abgesehen fehlten dem Zirkel zunächst auch die notwendigen Machtmittel oder direkte Verbindungen zu Kampfeinheiten. Dies änderte sich ab Ende 1943 durch die Kontakte zu Stauffenberg und Tresckow. Nach der Verhaftung ihres Spiritus Rector Moltke im Januar 1944 wurden die Kreisauer zwangsläufig von der Realität der Hitler-Diktatur eingeholt. Die aktiven Mitglieder wandten sich daraufhin teilweise den militärischen Verschwörern zu.

Die Offiziere um von Tresckow und von Stauffenberg entwickelten laufend Vorhaben, Hitler umzubringen. Es blieb nicht beim Pläneschmieden. Wiederholt gelangten die Männer des Widerstands in die unmittelbare Umgebung des Diktators. Ebenso oft aber hatte Hitler Glück. So versagten die Zünder eines Sprengsatzes, der im Flugzeug des Diktators deponiert wurde. Ein anderes Mal misslang ein Anschlag, der während eines Hitlerbesuchs einer Präsentation erbeuteter sowjetischer Waffen in Berlin vorgesehen war. Die Zeit lief den zum Umsturz entschlossenen Offizieren davon, da der militärische Zusammenbruch Deutschlands nach der gelungenen angloamerikanischen Invasion in der Normandie sich immer schneller abzeichnete. In dieser verzweifelten Situation entschloss sich Stauffenberg, der seit dem 1. Juli 1944 als Stabschef des Befehlshabers des Ersatzheeres direkten Zugang zu Hitler bekommen hatte, zu einem persönlichen Attentat, obgleich er durch eine fehlende Hand stark gehandikapt war. Bezeichnend für die Stimmung der zum Widerstand entschlossenen Offiziere ist ein Ausspruch von Tresckows aus jener Zeit: »[Es kommt jetzt nicht mehr] auf den praktischen Zweck [des Attentats] an, [sondern darauf], dass die deutsche Widerstandsbewegung vor der Welt und vor der Geschichte unter Einsatz des Lebens den entscheidenden Wurf gewagt hat.«

Am 20. Juli 1944 explodierte um 12.42 Uhr in der Lagebaracke des Führerhauptquartiers »Wolfsschanze« in Ostpreußen eine von Stauffenberg deponierte Sprengladung. Vier Offiziere starben, andere wurden schwer verletzt, Hitler aber kam mit leichten Blessuren davon.

Die NS-Führung war vom Schock des Anschlags zunächst wie gelähmt. Doch die Verschwörer nutzten diese Zeit nicht. So meldete der Chef des Fernmeldewesens General Fellgiebel, der dem Kreis der Widerstandskämpfer angehörte, der Kommandantur des Ersatzheeres nach Berlin: »Der Führer [!] lebt.« Dort, im Bendlerblock, herrschte zunächst Konfusion. Der Chef des Ersatzheeres Generaloberst Fromm, der in die Attentatspläne eingeweiht war, versuchte sich nach der Hitler-lebt-Alarmmeldung für alle Eventualitäten abzusichern und verharrte daher in abwartender Haltung. So ging wertvolle Zeit verloren. Erst als Stauffenberg nach sechzehn Uhr im Bendlerblock eintraf, löste er nach Streit mit Fromm durch massive Drohungen sowie die Behauptung, Hitler sei dem Anschlag erlegen, endlich die »Operation Walküre« aus. Truppenverbände in der Hauptstadt und woanders wurden mit dem Hinweis auf einen Staatsnotstand infolge innerer Unruhen alarmiert, um die Schlüsselpositionen von Staat und Armee in die Hand der Aufständischen zu bekommen.

Dabei unterliefen den Verschwörern Unterlassungen, die – Absurdität der Geschichte – an das Versagen der putschenden Nazis am 9. November 1923 gemahnen. So versäumten die Umstürzler, die zentralen Schaltstationen von Rundfunk-, Telefon- und Telegrafenämtern zu besetzen. Stattdessen wurde das designierte Staatsoberhaupt der Putschisten, Generaloberst Beck, in den Bendlerblock gebeten. Dort saß Beck tatenlos herum, statt das Kommando über die Gruppe der Verschwörer zu übernehmen, sich in einer Radioansprache an die Bevölkerung zu wenden, die Verbrechen der NS-Machthaber anzuprangern und die Ziele der Aufständischen zu propagieren.

Die NS-Führung dagegen überwand rasch ihren Schrecken und handelte entschlossen. Auf Anweisung von Goebbels meldete der Reichsrundfunk, Hitler habe einen Anschlag überlebt. Bei den Streitkräften herrschte vielerorts Verwirrung. In Paris entwaffneten Wehrmachtskommandos SS-Verbände und setzten deren Kommandeure fest. In Berlin dagegen war der Chef des Wachbataillons Großdeutschland, Major Ernst Remer, zunächst ratlos, was er von den widerstreitenden Nachrichten und Befehlen halten sollte. Der Offizier begab sich darauf zu Goebbels.

Hitler lebe, so der Propagandaminister, Remer solle die Ordnung wiederherstellen. Der Major reagierte zunächst ungläubig, zögernd. Daraufhin verband Goebbels Remer mit Hitler. Der Offizier schlug sogleich innerlich die Hacken zusammen und versicherte dem Führer seine unbedingte Loyalität. Nun ging Remer entschieden zu Werke und ließ unverzüglich die Schlüsselpositionen in der Reichshauptstadt besetzen.

Um ein Uhr nachts strahlte der Reichsrundfunk eine kurze Ansprache Hitlers aus: »Eine ganz kleine Clique ehrgeiziger, gewissenloser und zugleich verbrecherischer, dummer Offiziere hat ein Komplott geschmiedet, um mich zu beseitigen und zugleich mit mir den Stab ... der deutschen Wehrmachtsführung auszurotten ... [dieser] ganz kleine Klüngel verbrecherischer Elemente [wird] erbarmungslos ausgerottet werden.«

Die von Hitler angekündigte Hetzjagd auf die Attentäter war bereits im Gang. Im Bendlerblock hatte Generaloberst Fromm Stauffenberg und seine Mitverschwörer von Quirnheim, Olbricht und von Haeften erschießen lassen, um die eigene Verwicklung in den Putschversuch zu verschleiern. Derweil versuchte Generaloberst Beck sich ebenfalls zu erschießen, was erst mit fremder Hilfe gelang. An der Ostfront nahm sich von Tresckow das Leben, in Paris tat von Kluge dasselbe im August, während Erwin Rommel, der sich nicht an dem Umsturz beteiligt hatte, aber von dem Vorhaben wusste, im Oktober gezwungen wurde, Selbstmord zu begehen.

Die »ganz kleine Clique« war so klein nicht. Im Nachhall des 20. Juli wurden mehr als 5000 Personen verhaftet. Die Männer wurden gefoltert, in Konzentrationslager verschleppt – ihre Familienangehörigen in Sippenhaft genommen. Die von den Behörden als wichtig angesehenen Verdächtigen kamen vor den Volksgerichtshof. Dort verhängten Präsident Roland Freisler und seine Kollegen mehr als 2000 Todesurteile. Die Delinquenten wurden bis in die letzten Kriegstage hingerichtet.

In der Retrospektive wurden die Aufständischen des 20. Juli und andere Widerstandskämpfer vielfach zum Alibi des »anständigen, freiheitlichen Deutschland« verklärt. In letzter Zeit hingegen häuft sich die Kritik, vor allem an den Offizieren des 20. Juli und an dem mit ihnen verbundenen »Kreisauer Kreis«. Den Widerständlern wird vorgeworfen, zu lange theoretisiert, Hitler unterschätzt, vor allem aber den Umsturz dilettantisch in Szene gesetzt zu haben. Ein südamerikanischer Oberst hätte umsichtiger geputscht. Dies mag stimmen. Aufstände und politisch motivierte Attentate gehören nicht zur politischen und ethischen Kultur unseres Landes, von den Fememorden Anfang der zwanziger Jahre abgesehen. Auf deutschen Militärakademien und in deutschen Kirchen werden Staatstreue gelehrt und Eidbrüche verdammt. Gewiss begingen Stauffenberg und seine Kameraden schwerwiegende taktische Fehler, als sie etwa die Wichtigkeit von Kommunikationsmitteln außer Acht ließen. Auch Opportunismus und Niederträchtigkeit waren im Spiel, etwa auf Seiten des Rückversicherers Generaloberst Fromm, den die Nazis bald entlarvten und umbrachten, oder fatales Zögern und allzu schnelle Resignation wie im Fall von Feldmarschall Kluge.

Die entscheidende Ursache für das Scheitern der Widerstandskämpfer, vom Schreiner Georg Elser bis zu Generaloberst Beck, waren jedoch nicht deren taktische Fehler, sondern die Nibelungentreue der Deutschen zu Adolf Hitler. Das Wissen, dass eine offene Erhebung keine Aussicht auf Erfolg haben

konnte, musste zwangsläufig das Vorgehen des Widerstands bestimmen.

Der klassische Armeeputsch hat zur Voraussetzung, dass die
primäre Loyalität der Soldaten ihren Kommandeuren gilt und
nicht dem Staat und dessen enttäuschenden Repräsentanten,
auf die sie vereidigt wurden. Generäle wie Franco oder Pino-
chet wagten ihren Putsch, weil sie wussten, dass sie sich auf die
Gefolgschaft ihrer Grenadiere verlassen konnten – auch wenn
sie sich gegen den gewählten Präsidenten erhoben. In Nazi-
Deutschland dagegen galt die Loyalität der Truppe bedingungslos Adolf Hitler. Die Aufständischen konnten im ganzen
Land kein Regiment finden, dessen Mannschaften und Offiziere bereit gewesen wären, gegen den eigenen Führer zu marschieren und ihn notfalls zu töten. Daher mussten selbst Pläne
wie jener des späteren Generalobersten Halder, Hitler 1938 am
Vorabend des Kriegs festnehmen zu lassen, Makulatur bleiben.
Als die unvermeidliche militärische Niederlage und das Wissen um die Kriminalität Hitlers und seines Regimes ab 1943
die Offiziere des Widerstands schließlich zum Handeln zwangen, mussten die Aufrührer daher zunächst Hitler beseitigen,
ehe sie hoffen konnten, dass zumindest größere Truppenteile
ihren Befehlen folgen würden. Es war bezeichnend, aber konsequent, dass der Putschplan »Walküre« auf einer Täuschung,
ja einem Etikettenschwindel beruhte – ein vorgebliches Ein-
schreiten gegen Umstürzler, die sie selbst waren.

Viele Putschisten blieben dennoch Gefangene der Dominanz ihres Oberbefehlshabers, daher der Funkspruch General
Fellgiebels, »der Führer [nicht ›Hitler‹ oder gar ›der Diktator‹]
lebt.« Ein bezeichnendes Verhalten weist auch der Chef des
Berliner Wachbataillons auf. Major Remer war zunächst selbstverständlich bereit, Befehle des Stadtkommandanten zu befol-
gen und die Ordnung wiederherzustellen. Doch sobald er die
Stimme seines Führers vernahm, gehorchten er und seine
Truppe Adolf Hitler bedingungslos und sicherten dessen Regiment. Die Widerständler scheiterten, sobald sie als solche ent-
larvt wurden. Sie wussten, dass sie gegen einen lebenden Füh-

rer keine Chance besaßen, und so kam es tatsächlich auch. Das zufällige Misslingen des Attentats vom 20. Juli wie zahlreicher Anschläge zuvor verstanden Hitler und die Deutschen einträchtig als »Vorsehung«.

Das zwangsläufige Scheitern des Widerstands an der Ergebenheit seines Volkes gegenüber Hitler darf indessen nicht vergessen machen, dass die Aufständischen und andere Regimegegner tatsächlich vor der Welt bewiesen, dass es in Deutschland Menschen gab, die aus Vaterlandsliebe, Idealismus und Humanität bereit waren, ihr Leben im Kampf gegen Hitler und seine Herrschaft hinzugeben.

Völkermord

1941–1945

Der Völkermord an den Juden beleuchtet greller als alle anderen Phänomene die vielfältigen Facetten des vermeintlich unabdingbaren Verhältnisses der Deutschen zu ihrem Führer. Vermeintlich unabdingbar, denn anders als bei der Euthanasie erfuhr die Loyalität der Bevölkerung zu Adolf Hitler im Fall der Schoah keine nennenswerte Einschränkung: Die Deutschen fühlten sich hier nicht direkt betroffen. Das NS-Regime verstand es im Gegenteil, breite Kreise der Bevölkerung zu Komplizen und Profiteuren seiner Judenpolitik zu machen und vollzog schließlich die »Endlösung der Judenfrage« mit einem solch hohen Maß an Diskretion und »Effizienz«, dass jeder Deutsche, der es wollte, seine Augen davor verschließen konnte.

Alle Deutschen wussten, dass Hitler und seine Bewegung Todfeinde der Juden waren. Dazu bedurfte es nicht des Studiums von *Mein Kampf*, in dem der Autor schwadronierte, das »Millionenopfer der Front [wäre] nicht vergeblich gewesen«, wenn zu Beginn des Weltkriegs »zwölf oder fünfzehntausend dieser hebräischen Volksverderber ... unter Giftgas gehalten« worden wären. Hasskundgebungen der SA und der NSDAP wie im Vers »Wenn's Judenblut vom Messer spritzt« oder dem Motto »Juda verrecke!« waren unüberhör- und unübersehbar. Deren Hinnahme durch das deutsche Volk bedeutete nicht zwangsläufig ihre Billigung. Die gleichzeitig sprunghaft zunehmende Unterstützung der NSDAP zeigte indessen, dass die Solidarität mit Hitler mehr zählte als die mit den Juden, die weniger als ein Prozent der Bevölkerung ausmachten. Diese Gewichtung veränderte sich nach der Machtübernahme zusehends zugunsten Hitlers und damit zuungunsten der Juden.

Bis zum Beginn der Nazi-Herrschaft bestand eine Vielzahl

unabhängiger jüdischer Organisationen in Deutschland. Ihr wichtigster Dachverband war der »Centralverein deutscher Staatsbürger jüdischen Glaubens«. Die Namensgebung spiegelte das Selbstverständnis der Mitglieder. Sie verstanden sich primär als Deutsche. Kaum an der Macht, zwangen die Nazis die Juden zu einer Umbenennung, durch welche ihre Separation vom deutschen »Volkskörper« demonstriert werden sollte. Fortan hatte die Generalvereinigung als »Reichsvertretung der Juden *in* Deutschland« zu firmieren, ehe sie 1935 erneut zu einer noch aussagekräftigeren Namensrevision genötigt wurde: »Reichsvereinigung der Juden in Deutschland«: Die Juden durften ihre Interessen nicht länger vertreten.

Durch die erpresste Zuarbeit der jüdischen Verbände war die Gestapo umfassend über die Struktur der israelitischen Gemeinschaft informiert. Darüber hinaus nutzte das »Judenreferat« IV B 4 des Reichssicherheitshauptamtes die Gemeinden sowie die »Reichsvereinigung« zur Forcierung der jüdischen Auswanderung. Im Rahmen dieses Bestrebens wurden im August 1938 in Wien und im Jahr darauf in Berlin unter Eichmanns Aufsicht »Zentralstellen für jüdische Auswanderung« eingerichtet. »Auf der einen Seite kommt der Jude herein, der noch etwas besitzt, einen Laden oder eine Fabrik ... und wenn er auf der anderen Seite herauskommt, ist er aller Rechte beraubt, besitzt keinen Pfennig, dafür aber einen Pass, auf dem steht: Sie haben binnen 14 Tagen das Land zu verlassen, sonst kommen sie ins Konzentrationslager«, beschreibt ein Davongekommener die Funktionsweise dieser Einrichtung. Bis 1941 gelang es den Nationalsozialisten, rund 280 000 Juden aus Deutschland zu vertreiben. Das waren rund 55 Prozent der jüdischen Deutschen im Jahre 1933.

Seit Kriegsbeginn 1939 wurde den deutschen Juden eine Auswanderung fast unmöglich gemacht. Mit wenigen Ausnahmen, wie der von Japan besetzten chinesischen Stadt Schanghai, war kein Land oder autonomes Gebiet bereit, Juden aufzunehmen. Zudem gerieten deutsche Juden, die nach Polen, Frankreich, die Niederlande oder Belgien geflüchtet waren, nach deren Besetzung erneut in den NS-Machtbereich. Am 23. Oktober 1941 verbot die Reichsregierung schließlich den deutschen Juden offiziell die Ausreise. Zu diesem Zeitpunkt war die systematische Ermordung der europäischen Juden bereits im Gang.

Hitler gab vor, die Juden beherrschten die Kommunistische Partei und damit die Sowjetunion. Die Vernichtung der Juden sei daher eine Voraussetzung für die Eroberung von Lebensraum im Osten. Bei dieser Gelegenheit sollten auch die polnischen Juden und daraufhin die restlichen Juden Europas umgebracht werden. Die Vorbereitungen wurden mit deutscher Gründlichkeit angegangen. Parallel zum Barbarossa-Feldzugsplan, der die Dislokation und die Festlegung der Vorgehensweise der Wehrmachtsverbände vorsah, wurden SS-Verbände, besonders die Einsatzgruppen noch gründlicher als die Soldaten der Wehrmacht, weltanschaulich indoktriniert. Die Soldaten sollten die Auslöschung von Kommunisten, slawischen Intellektuellen und vor allem Juden als heilige nationale Aufgabe ansehen.

Bis zur Gegenwart fahnden Forscher und Strafverfolger nach einem schriftlich fixierten Befehl Hitlers zur Ermordung der europäischen Juden. Sie werden nie fündig werden. Denn Hitler litt nicht unter dem deutschen Zwang, alles, selbst belastende Zeugnisse, schriftlich niederlegen zu müssen. Ein Befehl Hitlers »wegen Endlösung der Judenfrage« existiert nicht. Das Beispiel der Euthanasie erweist, dass dies im System Hitlers nicht notwendig war. Eine unmissverständliche Anweisung des Führers genügte, und seine Mitarbeiter wussten, was sie zu tun hatten. Derartig weit tragende Entscheidungen wie die »Euthanasie« oder die »Endlösung« behielt sich Hitler persönlich vor. Anders als im Fall der Euthanasie hatte Hitler bereits am Vorabend des Kriegs seine Absicht, die Juden Europas ermorden zu lassen, unverblümt kundgetan. So drohte er am 30. Januar 1939 vor dem Reichstag: »Wenn es dem internationalen Finanzjudentum … gelingen sollte, die Völker noch einmal in einen Weltkrieg zu stürzen, dann wird das Ergebnis nicht die

Bolschewisierung der Erde und damit der Sieg des Judentums sein, sondern die Vernichtung der jüdischen Rasse in Europa.«

Mit seiner Entscheidung, die Sowjetunion im Frühsommer 1941 zu überfallen, führte Adolf Hitler eben jenen Weltkrieg herbei, den er als Voraussetzung für die »Vernichtung der jüdischen Rasse in Europa« angekündigt hatte. Konsequent ließ Hitler das Oberkommando der Wehrmacht nach dem »Kommissarbefehl« vom 6. Juni 1941 unmittelbar vor Kriegsbeginn eine Richtlinie erteilen, in der die »restlose Beseitigung jedes aktiven und passiven [!] Widerstandes«, seien es »bolschewistische Hetzer, Freischärler, Saboteure, Juden«, angeordnet wurde.

Mit dem Einmarsch in Polen begann die Einrichtung ausschließlich von Juden bewohnter Quartiere, so genannter Ghettos. Name und Absonderungsprinzip stammen aus dem Venedig des 16. Jahrhunderts. Als Erstes wurde in Lodz, ab April 1940 Litzmannstadt genannt, ein Ghetto eingerichtet. Die damit verbundene Absicht machte Regierungspräsident Uebelhoer in einer internen Anweisung unverhohlen deutlich: »Die Erstellung des Ghettos ist selbstverständlich nur eine Übergangsmaßnahme. Zu welchem Zeitpunkt und mit welchen Mitteln das Ghetto und damit die Stadt Lodsch von Juden gesäubert wird, behalte ich mir vor. Endziel muss jedenfalls sein, dass wir die Pestbeule restlos ausbrennen.«

Bereits im September 1939 befahl Heydrich den Führern der SS-Einsatzgruppen, in jedem Ghetto einen »jüdischen Ältestenrat aufzustellen, der, soweit möglich, aus den zurückgebliebenen maßgebenden Persönlichkeiten und Rabbinern zu bilden« sei. Durch die Einrichtung der Ältestenräte gewann die SS indirekt die Kontrolle über die Ghettos, ohne sich um deren innere Angelegenheiten kümmern zu müssen. Die Räte sollten als Transmissionsriemen zwischen den Menschen des Ghettos und ihren Häschern dienen. Sie hatten jede Anweisung der SS unverzüglich umzusetzen, einerlei ob es sich dabei um die Aufnahme jüdischer Flüchtlinge oder die Deportation von Ghettobewohnern in die Vernichtungslager handelte.

Lodz war neben Warschau die wichtigste jüdische Gemeinde

Polens. 1939 war jeder dritte Einwohner Jude, insgesamt 233 000 Personen. Nach dem deutschen Angriff floh ein Drittel der Juden aus der Stadt. Bereits einen Monat später löste die Gestapo den jüdischen Gemeinderat auf und bestimmte Chaim Mordechai Rumkowski zum »Judenältesten«. Die Mitglieder seines Beirats wurden bald deportiert und ermordet. Juden, die in den gut situierten Stadtvierteln wohnten, verschleppte man ins Generalgouvernement, damit Volksdeutsche ihre Wohnungen beziehen konnten. Bereits im Januar 1940 wurde in der Innenstadt ein Ghetto eingerichtet. In den folgenden Monaten riegelte man es hermetisch ab. 164 000 Menschen lebten zusammengepfercht auf vier Quadratkilometern. Die gewollt schlechte Versorgung mit Lebensmitteln führte im Ghetto zu Not und Seuchen. Ab Herbst 1941 wurden etwa 20 000 Juden aus dem »Altreich« sowie aus Wien, Prag und Luxemburg ins Ghetto Lodz geschafft. Dadurch nahmen Hunger und Verelendung weiter zu.

Der Judenälteste Rumkowski tat alles, um die SS vom Nutzen des Ghettos für die deutsche Kriegswirtschaft zu überzeugen. Dadurch sollte das Überleben seiner Einwohner gewährleistet werden. Zu diesem Zweck richteten die Juden immer neue Textil- und andere Versorgungsunternehmen ein. In ihnen war jeder tätig, der arbeiten konnte: Männer, Frauen, Alte und Kinder. Im Sommer 1942, als die Deportationen einsetzten, waren 78 000 Juden in 91 Fabriken beschäftigt. Rumkowski versuchte, trotz stetig verkürzter Lebensmittelrationen den Alltag der Menschen erträglich zu gestalten. Der Ghettorat unterhielt fünf Krankenhäuser, mehrere Apotheken, fünfundvierzig Schulen erteilten Unterricht. Öffentliche Küchen verteilten notdürftige Mahlzeiten an Hungernde, in improvisierten Gärten wurde Gemüse angepflanzt. Kulturvereine, Theatergruppen und Musikkapellen gaben sich Mühe, die Ghettobewohner zu unterhalten, zumindest abzulenken.

Rumkowskis Administration hielt mithilfe der »Judenpolizei« die Ordnung aufrecht – gleichzeitig stellte sie im Auftrag der Gestapo Listen für die Transporte in die Vernichtungslager zusammen, deren Zweck dem Ghettoältesten bekannt war. Die meisten Opfer holte sich die SS mit ihren Hilfskräften, in der Regel polnische Kollaborateure, bei überraschenden Aktionen freilich direkt: Alte, Kranke, Kleinkinder. So schrumpfte die Ghettobevölkerung bis Ende 1942 trotz Zugänge aus Deutschland und Westeuropa auf unter 90 000 Seelen. Ungeachtet der vorangegangenen Todestransporte setzte Rumkowski alle Kraft ein, die Verbliebenen zu retten, indem das Ghetto durch eine forcierte Produktion für die Deutschen seine »Unentbehrlichkeit« unter Beweis stellte. So arbeiteten im August 1943 90 Prozent der verbliebenen Bewohner des Judenviertels in 119 Betrieben für Wehrmacht und SS.

Alle Anstrengungen der Ghettobewohner blieben jedoch vergeblich. Das Ziel, die Juden vollständig auszurotten, überwog den materiellen Vorteil jüdischer Sklavenarbeit, und so deportierte die SS im Juni 1944 die verbliebenen 76 700 Juden nach Auschwitz – ihre Namen hatte der Ghettorat zusammengestellt. Rumkowski und seine Familie schlossen sich dem Transport an. Fast alle Deportierten wurden in Auschwitz ermordet oder kamen Monate später bei den Todesmärschen in das »Restreich« ums Leben.

Nach dem Krieg wurden Rumkowski, seine Kollegen und Helfer vor allem von jüdischer Seite, etwa von Hannah Arendt, hart kritisiert. Eine Reihe zionistischer Publizisten und Politiker wiederum verurteilte die Ergebenheit der Juden und ihren fehlenden Widerstand. Sie wären wie »Lämmer zur Schlachtbank« getrottet. Juden hätten sich zu Helfershelfern der SS gemacht, die ohne die Kooperation jüdischer Büttel nicht in der Lage gewesen wäre, die Juden derart effizient aufzulisten, zusammenzufassen und schließlich in die Todeslager zu schaffen, wo sie ermordet wurden. Die jüdischen Kollaborateure treffe daher zumindest eine Mitschuld an dem Umfang des Holocaust.

Diese Kritik wird den Tatsachen nicht gerecht. Es ist simplifizierend und überheblich zugleich, sich mit dem Wissen des historischen Ablaufs, ohne Lebensgefahr und Entscheidungsdruck am Schreibtisch in New York oder Tel Aviv als moralische Scharfrichter aufzuspielen.

Die handelnden jüdischen Personen dagegen waren mit einem Feind konfrontiert, der zur Auslöschung des europäischen Judentums entschlossen war, dies jedoch gegenüber den Juden und deren Anführern nicht kundtat. Dennoch wussten viele Judenräte, was den Deportierten drohte. Im System der SS, der Gestapo, ja aller deutschen Stellen, die sich qua Amt und Funktion mit den Juden beschäftigten, waren Täuschung und Betrug unverzichtbare Elemente. Einerseits wurde den Juden in Polen und Russland, später auch in Deutschland und in Westeuropa, unverhohlen mit Deportation und Tod gedroht, andererseits nötigte man die Juden und ihre Anführer mit Versprechen und minimalen Vergünstigungen – deren wirksamste die Verschonung von der Ermordung war – zur Kooperation.

Es ist gewiss heroisch, seinen Mördern mit einem Molotow-Cocktail oder einem Messer entgegenzutreten wie dies schließlich im Ghetto von Warschau oder im Vernichtungslager Sobibór (Ostpolen) und zahlreichen anderen Lagern und Mordstätten geschah. Doch dazu bedurfte es zumeist aussichtsloser Situationen und junger, unerschrockener Persönlichkeiten. Die meisten Juden ließen sich von der Kombination von Todesdrohung und der Verheißung, weiterzuleben, täuschen und taten, was SS und andere deutsche Stellen von ihnen forderten. Auf diese Weise hofften sie, so viele Leben wie möglich zu retten, einschließlich ihres eigenen. Dies bedeutete die Preisgabe zahlloser unschuldiger Opfer an die Mörder. Doch ein Nichtkooperieren hätte den sicheren Tod für alle bedeuten können.

Wer sich von Steven Spielbergs Film *Schindlers Liste* rühren lässt, sollte nicht vergessen, dass gleichzeitig jüdische Stellen im Auftrag der deutschen Behörden zahllose Deportationslisten zusammenstellten. Viele jüdische Ghettofunktionäre hielten den seelischen Druck, durch die Kooperation mit den deutschen Stellen zu versuchen, eine möglichst große Zahl von Menschen zu retten, nicht aus und setzten ihrem Leben ein

Ende. Andere, wie der Berliner Rabbiner Leo Baeck oder Chaim Mordechai Rumkowski aus Lodz, wanderten mit ihren Gemeinden freiwillig in die Deportation.

Wer früher oder heute gesinnungsethisch die Zusammenarbeit jüdischer Stellen und damit Menschen mit Nazi-Behörden beim Völkermord unzweideutig verurteilt, sollte bedenken, dass deren nicht selten von Verantwortungsethik geleitete Strategie fast einen Teilerfolg errungen hätte: Rumkowski etwa gelang es durch seinen Versuch einer Unentbehrlichmachung bis Sommer 1944 ein Drittel der Bewohner des Ghettos von Lodz am Leben zu erhalten. Zu dieser Zeit wäre Adolf Hitler beinahe dem Attentat des 20. Juli zum Opfer gefallen. Dies hätte die Rettung der damals noch lebenden Juden des Ghettos bedeutet. Rumkowski und viele, die ähnlich handelten, hatten Menschen geopfert, um Zeit für die Rettung anderer zu gewinnen.

Diese Überlebensstrategie widerspricht der jüdischen Ethik, die vom Menschen als Ebenbild Gottes ausgeht. Das Leben jedes Menschen zählt gleich viel. Dementsprechend darf niemand für einen anderen geopfert oder auf Kosten eines anderen vor dem Tod gerettet werden. Von diesem Grundsatz geleitet, weigerten sich etwa die Ärzte im Krankenhaus des Ghettos von Wilna, alten und hinfälligen Patienten die Verabreichung von Insulin vorzuenthalten, um mithilfe dieser Arznei Kranke zu retten, die voraussichtlich eine höhere Lebenserwartung besaßen. Dies hatte zur Folge, dass alle Patienten gleichermaßen so lange mit Insulin versorgt wurden, wie der Vorrat reichte – danach verstarben die Diabetiker einer nach dem anderen. Heute die Entscheidungen und Handlungen der damals Betroffenen moralisch bewerten zu wollen, wäre vermessen. Viele verantwortliche Ghettopersönlichkeiten zerbrachen noch Jahre nach der Schoah an ihrem Schicksal. Dies ist von den meisten SS-Tätern nicht bekannt. Hier quälen sich eher die Nachgeborenen mit der Verantwortung ihrer Väter.

Die vielfältige und systematische Täuschung der Juden durch unterschiedliche Institutionen, einschließlich Presse, Einwohnermeldeämter, Polizei, Gestapo und SS, zeigt sich besonders gravierend im Fall Theresienstadt. Der frühere k. u. k.-Kasernenkomplex in Böhmen wurde als komfortabler Altersruhesitz für deutsche Juden angepriesen, die sich um ihr Vaterland verdient gemacht hatten. Älteren Menschen wurde die Möglichkeit suggeriert, sich durch »Heimkaufverträge« in Theresienstadt einzubringen und so der tagtäglichen antisemitischen Diskriminierung im Reich zu entgehen. Auf diese Weise wurden die Juden kalt enteignet, ehe man sie deportierte.

Tatsächlich war Theresienstadt jedoch ein Ghetto, in dem ältere deutsche Juden, »Mischlinge«, verwitwete Partner aus »privilegierten« Ehen sowie im Ersten Weltkrieg dekorierte jüdische Frontsoldaten am Rande des Existenzminimums zwischenzeitlich vegetieren mussten – ehe man sie ab Juni 1942 zum größten Teil in die Todeslager schaffte und dort ermordete.

Um den Bericht einer Delegation des Internationalen Roten Kreuzes zu konterkarieren, die Anfang 1944 Theresienstadt besucht und festgestellt hatte, dass die dort festgehaltenen Juden unter den unerträglichen Zuständen litten, gab Goebbels den Auftrag zu einem Propagandafilm. Im Herbst 1944 drehten Häftlinge unter der Leitung des jüdischen Regisseurs Kurt Geron den Streifen *Der Führer schenkt den Juden eine Stadt*. Nach Ende der Filmarbeiten wurden die jüdischen Künstler nach Auschwitz verschleppt und ermordet. Es bestand keine Notwendigkeit mehr, den Film öffentlich vorzuführen. Der überwiegende Teil der Juden im deutschen Machtbereich war zu diesem Zeitpunkt bereits umgebracht worden oder befand sich in Gewahrsam der SS.

Die Operationalisierung des Völkermords an den Juden wurde infolge des Beschlusses zum Angriff auf die Sowjetunion entwickelt. Dabei wurden vier SS-Einsatzgruppen mit zusammen 3000 Mann zusammengestellt. In Verhandlungen zwischen SD-Chef Reinhard Heydrich und dem Generalquartiermeister des Heeres, General Eduard Wagner, wurden bereits im Frühjahr 1941 die Leitlinien der Zusammenarbeit von Armee und Einsatzgruppen festgelegt. Diese Übereinkünfte wurden am 28. April 1941 in einem Geheimbefehl an die Heeresgruppen der Wehrmacht und die Einsatzgruppen der SS als »Regelung des Einsatzes der Sicherheitspolizei und des SD im Verband des Heeres« weitergeleitet.

Unmittelbar nach dem Einmarsch der Wehrmacht in die Sowjetunion begannen die nachrückenden Einsatzgruppen mit ihren Tötungsaktionen. Die politische Verantwortung lag bei Hermann Göring, dem Hitler die Koordination der »Judenpolitik« übertragen hatte. In einem »Bestallungsschreiben« an Heydrich vom 31. Juli 1941 dekretierte der Reichsmarschall: »In Ergänzung der Ihnen bereits ... vom 24. 1. 39 übertragenen Aufgabe, die Judenfrage in Form der Auswanderung oder Evakuierung einer ... möglichst günstigen Lösung zuzuführen, beauftrage ich Sie hiermit, alle erforderlichen Vorbereitungen ... zu treffen für eine Gesamtlösung der Judenfrage im deutschen Einflussgebiet in Europa ... Ich beauftrage Sie weiter, mir ... einen Gesamtentwurf über die organisatorischen, sachlichen und materiellen Voraussetzungen zur Durchführung der angestrebten Endlösung der Judenfrage vorzulegen.« Die unverbindliche Wortwahl erinnert an Hitlers Euthanasie-Befehl vom Oktober 1939. Sechs Wochen nach Beginn des Russlandfeldzugs war damit die prinzipielle Entscheidung zum gesamteuropäischen Judenmord bestätigt worden. Vor Ort, in Russland, waren die systematischen Tötungsaktionen zu diesem Zeitpunkt längst im Gang.

Bereits zwei Tage nach dem Beginn des »Unternehmens Barbarossa« ermordete die Einsatzgruppe A mithilfe von Polizisten aus Memel in der litauischen Kleinstadt Gargzdai 301 Juden. In der folgenden Nacht vom 25. auf den 26. Juni veranstalteten Bewohner der soeben von der Wehrmacht besetzten litauischen Stadt Kaunas unter den örtlichen Juden ein Pogrom. Dabei wurden mehr als 1500 Juden erschlagen. Offiziere der Einsatzgruppe stifteten den Mob zu Ausschreitungen und zum Mord an. Wehrmachtssoldaten fotografierten die Tötungsszenen.

Vier Wochen später ermutigte die Gestapo den Bürgermeister der polnischen Ortschaft Jedwabne, das »Judenproblem« in seiner Gemeinde zu beenden. Der Ortsvorsteher kam der Anordnung prompt nach, indem er die Einwohner seiner Gemeinde antrieb, die Juden des Städtchens umzubringen. Viele Polen ließen sich nicht lange bitten. Sie schlugen sogleich alle jüdischen Männer tot, derer sie habhaft werden konnten. Deren Frauen und Kinder sperrten sie in eine Scheune und verbrannten sie bei lebendigem Leib.

Diese und vergleichbare Taten in anderen besetzten Ländern machen die Struktur des Völkermords deutlich. Die Federführung lag bei den Deutschen. Die Durchführung der »Endlösung« wurde von Göring in offenbarer Absprache mit Hitler an Heydrich delegiert, der seinerseits Einsatzgruppen und Gestapo vor Ort damit beauftragte. Auf deutscher Seite gab es klare Hierarchien. Der Massenmord wurde entsprechend den Befehlen vollstreckt. In Osteuropa dagegen war der mörderische Antisemitismus unter der Bevölkerung derart verbreitet, dass es vielfach lediglich einer Ermutigung von Seiten der sonst verhassten Deutschen bedurfte, damit die Bewohner ihre geringen ethischen Bedenken und Glaubensgebote fallen ließen und Juden erschlugen. Das Tötungsverbot des Christentums wirkte sich nur selten hemmend aus. Dagegen blieben über ein Jahrtausend tradierte antisemitische Vorurteile und Aufstachelungen wirksam.

Dieser mörderische Antisemitismus in Mittelost- und Osteuropa brach sich auch ohne die Ermutigung oder den Befehl der Deutschen vielfach Bahn. Vor der Oktoberrevolution waren Pogrome in Russland keine Seltenheit. Im Januar 1945, als sich die Einheiten der Waffen-SS bereits auf dem Rückzug aus Budapest befanden und erste Verbände der Roten Armee in die Stadt eindrangen, veranstalteten Milizen der faschistischen Pfeilkreuzer unter den verbliebenen Juden der Metropole ein Blutbad. Juden wurden umgebracht, sobald und wo man sie antraf, oder in die Donau getrieben und dort erschossen.

Die vom katholischen Priester Jozef Tiso regierte Slowakei, das katholisch-faschistische Ustača-Regime von Ante Pavelić und das Gewaltregiment Marschall Ion Antonescus in Rumänien zeichneten sich durch besonders rigorosen Antisemitismus sowie enge Zusammenarbeit mit der Hitler-Regierung und den nachgeordneten SS-Stellen aus. Dabei beschränkten sich die Klerikaldiktaturen in Bratislava und Zagreb nicht darauf, nach Anforderungen des Reichssicherheitshauptamtes in Berlin Juden in die Vernichtungslager des Ostens zu deportieren. Diese katholischen Regime betrieben ihrerseits eine aktive Judenverfolgung. Ihre Schergen ermordeten insbesondere in Kroatien und Rumänien mehrere Hunderttausend Juden, Serben und politische Gegner im eigenen Land. Hier diente der deutsche Antisemitismus nicht allein als Triebfeder sondern vielfach als Rechtfertigung des Judenmords in eigener Regie.

Die Niederlage des Nazi-Regiments in Deutschland bereitete der Judenfeindschaft, ja gelegentlich nicht einmal dem Mord an Juden in Osteuropa allenthalben ein Ende. So fand in der polnischen Ortschaft Kielce am 4. Juli 1946, über achtzehn Monate nach dem Ende der deutschen Besatzung, mehr als ein Jahr nach dem Tod Hitlers und dem Zusammenbruch seines Reichs, ein Pogrom statt. Dabei wurden 42 Juden, die nach der Schoah in ihre Heimatstadt zurückgekehrt waren, erschlagen und zahlreiche andere misshandelt.

Dagegen ereigneten sich in Deutschland, dem Born des Nazismus, kaum spontane Judenpogrome. Selbst im Verlauf der »Reichskristallnacht«, auf welche die deutsche Bevölkerung von Joseph Goebbels und seinem Propagandaapparat mit systematischer Hetze vorbereitet worden war, wurden Juden von der Zivilbevölkerung in der Regel kaum misshandelt. Die meisten Gewalttaten verübten dazu abgestellte, oftmals ortsfremde SA-Trupps. Während des zwei Tage währenden Reichspogroms wurden in ganz Großdeutschland 91 Juden ermordet. Allein im litauischen Kaunas wurde beim Einmarsch der deutschen Truppen in einer Nacht eine vielfache Zahl jüdischer Menschen umgebracht.

Das fast vollständige Ausbleiben individueller antisemitischer Morde durch Privatpersonen in Deutschland während der gesamten NS-Regierungszeit zeigt, dass die Deutschen, zumal die Zivilbevölkerung, keineswegs mörderische oder eliminatorische Antisemiten waren. Judenfeindliche Gewaltakte wie die der beiden Novembernächte 1938 wurden von der Mehrheit der Bevölkerung in Deutschland abgelehnt.

Doch sobald die Deutschen Uniform trugen oder unter Befehl standen, beteiligten sie sich willig am Völkermord. Im ukrainischen Bjela Zerkow südlich von Kiew erschossen Einheiten der Waffen-SS zwischen dem 20. und dem 22. August 1941 sämtliche erwachsenen jüdischen Einwohner. Soldaten der Wehrmacht entdeckten 90 weinende überlebende Kinder, die in einer Schule eingesperrt waren. Der Vorfall wurde dem Chef der Heeresgruppe von Reichenau gemeldet. Der Generalfeldmarschall entschied, »die Aktion in zweckmäßiger Weise« zu beenden. Damit gab er die Kinder dem Tod preis. Diese Komplizenschaft mit Mordgesellen war ein klarer Bruch mit der hergebrachten preußisch-christlichen Tradition einer ritterlichen Kriegsführung ebenso wie der Vorschriften der Haager Landkriegsordnung. Doch diese Werte und Bestimmungen galten für den Feldherrn längst nicht mehr. Ihre verbrecherische Einstellung und Aktivität hatten Reichenau und andere Offiziere bereits während des »Röhm-Putsches« unter Beweis gestellt.

Von Reichenau vertrat im Russlandfeldzug bedingungslos die nationalsozialistische Kriegführung: »Das wesentliche Ziel des Feldzugs gegen das jüdische bolschewistische System ist die völlige Zerschlagung der Machtmittel und die Ausrottung des asiatischen Einflusses im europäischen Kulturkreis. Hierdurch entstehen auch für die Truppen Aufgaben, die über das hergebrachte einseitige Soldatensystem hinausgehen. Der Soldat ist im Ostraum nicht nur Kämpfer nach den Regeln der Kriegskunst, sondern auch Träger einer unerbittlichen völkischen Idee«, verkündete der Militär wenige Wochen später. Die meisten Offiziere und Soldaten des Heeres verstanden sich in Russland als Vorkämpfer der NS-Ideologie. In ihrem Namen waren sie bereit, sich am Völkermord an Unschuldigen zu beteiligen.

Das von vielen Wehrmachtsoffizieren und breiten Schichten der deutschen Bevölkerung ob seiner mangelnden Kampfleistungen verachtete italienische Militär hob sich in der Regel durch seine Haltung gegenüber den Juden im Vergleich zur deutschen Armee ab. Bereits während des Balkanfeldzugs, vor allem aber seit Beginn des Russlandkriegs kam es zu wiederholten Meinungsverschiedenheiten, ja Auseinandersetzungen zwischen italienischen Offizieren und Diplomaten sowie ihren deutschen Waffenbrüdern über die Behandlung der lokalen jüdischen Bevölkerung. Dieses Verhalten ist bemerkenswert, da das italienische Militär sich als integraler Teil der faschistischen Bewegung verstand, während die Generalität der Wehrmacht trotz ihrer unbedingten Loyalität ihrem Befehlshaber Hitler gegenüber auf Autonomie, insbesondere gegenüber der Partei und der SS, Wert legte.

In zahlreichen Fällen versuchten italienische Stellen, die bedrängten Juden vor dem Zugriff der Deutschen zu schützen. So versorgte das Generalkonsulat Italiens in Thessaloniki Juden mit Pässen und ermöglichte ihnen dadurch, der Deportation in Vernichtungslager zu entgehen. Ähnlich handelten italienische Konsularbeamte in Kroatien. In Mostar betonte der Stabschef der italienischen Armee, es sei mit der Ehre seiner Truppe unvereinbar, gegen wehrlose Zivilisten einzuschreiten. Die italienischen Verbände verweigerten die Teilnahme an Sonderaktionen gegen Juden, viele italienische Offiziere schützten die Verfolgten.

Derartige Beispiele von Zivilcourage und Menschlichkeit waren in der Wehrmacht äußerst selten. Deutsche Offiziere unterstützten vielfach die Judenverfolgung oder nahmen eine passive Haltung ein. So beklagten sich im Herbst 1942 die Generäle Löhr und Horstenau im Führerhauptquartier über italienische Stäbe und Offiziere, die Juden vor deutschen Maßnahmen bewahrten und ihnen vermeintlich ermöglichten, »ihre staatsfeindliche Arbeit und damit diejenigen gegen unsere gemeinsamen Kriegsziele« gerichteten Aktivitäten weiter durchzuführen. Diese und ähnliche Beschwerden, von denen Propagandaminister Joseph Goebbels erfuhr, zeigten ihm, dass sich die Verbündeten, insbesondere die Italiener, nicht an den deutschen Verfolgungsmaßnahmen gegen Juden beteiligten oder sich ihnen sogar widersetzten. So notierte Goebbels im Dezember 1942 in sein Tagebuch: »Die Italiener [sind] in der Behandlung der Judenfrage außerordentlich lax … Überall finden die Juden, auch bei unseren Verbündeten, noch Hilfsmannschaften.«

Die verheerendste Erschießungsaktion ereignete sich Ende September 1941 in Babi Yar. Kurz nach der Eroberung der ukrainischen Hauptstadt durch Einheiten des deutschen Heeres wurden von Partisanen auf Dienststellen der Wehrmacht in der Stadt Sprengstoffanschläge verübt. Dabei kamen mehrere Hundert deutsche Soldaten zu Tode. Das Wehrmachtskommando forderte harte Vergeltungsmaßnahmen. Die regionale Einsatzgruppe, die ohnehin die Tötung der Juden Kiews plante, war bereit, dieses Begehren des Heeres zu erfüllen. So wurden die Juden der Stadt am 28. September angewiesen, sich an einem festgelegten Sammelpunkt einzufinden. Nichts ahnend folgten sie dem Aufruf. Statt der von der SS erwarteten 5000 bis 6000 Juden fanden sich schließlich mehr als 30 000 Personen ein. Die arglosen Menschen wurden umgehend in die Schlucht von Babi Yar geführt. Innerhalb von zwei Tagen erschossen die Einsatzkommandos nach eigenen Angaben 33 771 Juden. Als die Juden entdeckten, was ihnen bevorstand, waren sie gelähmt, unfähig zu Flucht oder Widerstand. Viele Todgeweihte schaufelten ihre eigenen Massengräber.

Nach Beendigung der Tötungsaktion zeigten sich die Führung der Einsatzgruppe C und Vertreter der Heeresgruppe befriedigt über das reibungslose Zusammenwirken ihrer Verbände. Der Stab des örtlichen Wehrmachtskommandos bat darum, die Verbände der SS-Einsatzgruppen künftig »möglichst weit vorne« im Einzugsbereich des Militärs wirken zu lassen. Auf diese Weise sollte das Heer effektiv gegen Partisanen sowie Saboteure und Kommunisten, die vor allem unter Juden vermutet wurden, geschützt werden.

Die großen Tötungsmaßnahmen der Einsatzgruppen waren von vornherein lediglich als »Überbrückungsmaßnahmen« geplant. Nach Kriegsende berichtete Auschwitz-Kommandant Rudolf Höß, Heinrich Himmler habe ihn bereits im Sommer 1941 wissen lassen, ihm sei vom Führer der Befehl zur »Endlösung [der Judenfrage]« erteilt worden. Dabei habe Hitler die Einrichtung einer zentralen Vernichtungsanstalt angeordnet. Dazu sei das ab Frühjahr 1940 zu errichtende Konzentrationslager Auschwitz bestimmt worden.

Unmittelbar vor Beginn des Russlandfeldzugs besuchte der SS-Chef das Lager, um sich von den Fortschritten der Ausbauarbeiten zu überzeugen.

Trotz der unerwartet hohen Erschießungszahlen nach Beginn des »Unternehmens Barbarossa« bereitete das SS-Judenreferat IV B 4 mit Hochdruck die Entwicklung und Anwendung noch effizienterer Tötungsmethoden vor. So wurden ab Oktober 1941 Juden aus dem Raum Lodz erstmals in »Gasautos« ermordet, die bereits während der Euthanasiekampagne eingesetzt worden waren. Dabei wurden Motorabgase in das Innere der Fahrzeuge geleitet, um die eingezwängten Menschen zu vergiften. Doch diese Tötungsweise erwies sich als zu umständlich für das Vorhaben.

Im Sommer 1942 inspizierte Adolf Eichmann Auschwitz. Dabei äußerte er gegenüber Höß, dass »Tötung durch Motorenabgase ... bei den zu erwartenden Massentransporten ... nicht in Frage« käme. Eichmann wollte »sich nach einem Gas [umsehen], das leicht zu beschaffen wäre und keine besonderen Anlagen erfordere«.

Die SS entschied sich schließlich für Zyklon B. Die mit Kieselgur vermischte kristallisierte Blausäure verwandelt sich bei der Berührung mit Luft in tödliches Gas. Zyklon B wurde bis dahin zur Vernichtung von Ungeziefer verwandt. Ab dem 3. September 1941 wurde es in Auschwitz in eigens errichteten Kammern zur Tötung von Juden eingesetzt.

Die Zahl der Juden in den Todestransporten war jedoch so groß, dass das Judenreferat des Reichssicherheitshauptamtes rasch neue Kapazitäten organisierte. Mitte Oktober 1941 fiel die Entscheidung zum Bau des Vernichtungslagers Belžec. Später wurden weitere Tötungsfabriken in Treblinka, Chelmo, Majdanek eingerichtet.

Eine zentrale Rolle bei der »organisatorischen, sachlichen und materiellen« Vollstreckung der »Endlösung der europäischen Judenfrage«, also des systematischen Völkermords, spielte die so genannte Wannseekonferenz. Am 20. Januar 1942 versammelte SD-Chef Reinhard Heydrich in einer Villa am Berliner Wannsee fünfzehn Staatssekretäre aus den Schlüsselministerien, die von dem Vorhaben zur Tötung der Juden im deutschen Machtbereich betroffen wurden. Anwesend waren unter anderem die stellvertretenden Behördenleiter des Reichsinnenministeriums, des Auswärtigen Amtes, des Ostministeriums, des Reichssicherheitshauptamtes, des Justizministeriums, des Generalgouvernements, des Amtes für den Vierjahresplan, der Reichkanzlei. Die Besprechung diente laut dem von Adolf Eichmann angefertigten Protokoll der Operationalisierung und »Parallelisierung der Linienführung« des Genozids.

Heydrich vermittelte den Konferenzteilnehmern zunächst einen Überblick über die bisherige »Auswanderungspolitik«, also die Vertreibungsmaßnahmen. An ihrer Stelle sollte fortan eine »Evakuierung ... nach dem Osten« treten. Sie betreffe alle europäischen Juden: »Im Zuge dieser Endlösung der europäischen Judenfrage kommen rund elf Millionen Juden in Betracht ... Unter entsprechender Leitung sollen nun im Zuge der Endlösung die Juden in geeigneter Weise im Osten zum Arbeitseinsatz kommen. In großen Arbeitskolonnen, unter Trennung der Geschlechter, werden die arbeitsfähigen Juden straßenbauend in diese Gebiete geführt, wobei zweifellos ein Großteil durch natürliche Verminderung ausfallen wird. Der allfällig endlich verbleibende Restbestand wird, da es sich bei diesem zweifellos um den widerstandsfähigsten Teil handelt, entsprechend behandelt werden müssen, da dieser, eine natürliche Auslese darstellend, bei Freilassung als Keimzelle eines neuen jüdischen Aufbaues anzusprechen ist. (Siehe Erfahrung der Geschichte). Im Zuge der praktischen Durchführung der Endlösung wird Europa von Westen nach Osten durchgekämmt … Die evakuierten Juden werden zunächst Zug um Zug in so genannte Durchgangsghettos verbracht, um von dort aus weiter nach dem Osten transportiert zu werden«, hielt Eichmann die Darlegung seines Vorgesetzten fest.

Bemerkenswert an der Begründung des Mordplans bleibt, dass Heydrich indirekt die Möglichkeit eines Scheiterns des NS-Systems impliziert. Da eine freiwillige »Freilassung« von Juden der grundsätzlichen Absicht der »Endlösung« widersprach, war diese nur infolge einer Niederlage Deutschlands möglich.

Derartige geschichtsphilosophische Überlegungen quälten die Konferenzteilnehmer zumindest nicht bewusst – immerhin erachtete Eichmann die Argumentation des SD-Chefs für wert, niedergeschrieben zu werden. Nach der prinzipiellen Vorgabe Heydrichs erörterten die Vertreter der Ministerien das künftige Schicksal der »Mischlinge«. Vorschläge zur »Evakuierung« und zur »Zwangssterilisation« wurden gemacht. Die Runde gelangte jedoch zu keiner einheitlichen Meinung. Dies zeigt wiederum, dass die Konferenz lediglich den Auftrag hatte, eine zuvor von Hitler gefällte und von Göring plus Himmler eingeleitete Grundsatzentscheidung organisatorisch und logistisch umzusetzen. Selbst über die relativ nachrangige Frage der »Behandlung« von »jüdisch versippten« Menschen konnte die Wannseekonferenz lediglich debattieren – die Entschlussfassung behielt Hitler sich vor.

Dagegen besaß die Konferenz die Kompetenz, den operativen Ablauf des Judenmordes zu bestimmen. Dabei plädierte Staatssekretär Bühler, der Stellvertreter des Generalgouverneurs Hans Frank, nachdrücklich dafür, die »Endlösung« zunächst in seinem Regierungsbezirk durchzuführen, also die dortigen Juden umzubringen. Denn aufgrund der angespannten Ernährungslage bedürfe das Generalgouvernement noch im Frühjahr 1942 einer »demographischen Entlastung«. Für Bühler und seinen Kollegen Meyer, den Repräsentanten des Ostministeriums, konnte der systematische Judenmord nicht rasch genug beginnen. Daher schlugen sie vor, »gewisse vorbereitende Arbeiten im Zuge der Endlösung in den betreffenden Gebieten selbst durchzuführen«. Dazu zählten die weitere Ghettoisierung der Juden sowie die tatkräftige Unterstützung der Einsatzgruppen.

Die Bedeutung der Wannseekonferenz liegt in der administrativen Institutionalisierung und Reglementierung des Völkermords. Seit Beginn des Russlandfeldzugs wurde das Vernichtungswerk fast ausschließlich von Einsatzgruppen vor Ort exekutiert, die auf Befehl der SS-Führung, in Abstimmung mit der Leitung der Wehrmacht und deren lokalen Stäben ihr Tötungswerk vollbrachten. Die in der zweiten Jahreshälfte 1941 erfolgte Entscheidung Hitlers und seiner Umgebung zur vollständigen Beseitigung des gesamten europäischen Judentums aber erforderte einen breiten exekutiven und verwaltungstechnischen Rahmen. Dabei unterstellten sich etablierte Ministerien wie das Auswärtige Amt und die Ressorts Inneres und Justiz der SS und machten sich zu deren Komplizen. Der Völkermord an den Juden Europas trat in Wannsee aus dem Schatten einer vom Führer gedeckten Sonderoperation durch eine relativ kleine Spezialtruppe, die ihre Opfer willkürlich auswählte. Fortan wurde sie zu einem Werk der Reichsregierung und ihrer Ministerien, also Deutschlands. Dies geschah keineswegs unter Zwang. Adolf Eichmann belegte später die harmonische Atmosphäre und die »freudige Zustimmung« während der Konferenz. Aus Rücksicht auf Empfindlichkeiten des deutschen Bürgertums und der Weltmeinung wurde die Aktion geheim gehalten – obgleich den Verantwortlichen klar sein musste, dass eine verbrecherische Aktion diesen Ausmaßes sich auf Dauer nicht vollständig würde verbergen lassen.

Als Ergebnis der Wannseekonferenz wurde die »Endlösung der Judenfrage« unter Führung Heydrichs und nach dessen Tod von seinem Nachfolger Ernst Kaltenbrunner methodisch angegangen. Noch im Februar 1942 erweiterte man die Gaskammern und Krematorien in Auschwitz. Im Frühjahr setzten Deportationen aus Polen und Deutschland direkt in die Vernichtungslager im Osten ein.

Das Geschehen in den Vernichtungslagern wurde mit industrieller Effizienz geregelt. Die Häftlinge hatten, soweit sie die oft tagelangen Transporte in Güterwaggons ohne ausreichende Verpflegung überstanden, vom Zeitpunkt der Ankunft durchschnittlich zwei Stunden zu leben. »Am Abend war [ihr] Leichnam verbrannt, [ihre] Kleidung für den Transport nach Deutschland verpackt«, schreibt der Historiker Raul Hilberg.

Eine Sonderstellung unter den Konzentrationslagern nahm Auschwitz ein. Diese Anstalt diente als Vernichtungsstätte sowie als Arbeits- und Gefangenenlager. Auschwitz war wegen seiner multiplen Funktionen und aufgrund seiner Größe ein komplexes Unternehmen, das von einem umfangreichen Verwaltungsapparat in Funktion gehalten wurde. Die Zwitterstellung als Vernichtungs- und Arbeitslager brachte bereits beim Eintreffen der Deportierten deren Klassifizierung mit sich. Unmittelbar nach ihrer Ankunft wurden die Juden an der Rampe von SS-Ärzten »selektiert«. Dies bedeutete für durchschnittlich 80 Prozent die unmittelbare Tötung in den Gaskammern. Die Davongekommenen wurden Lagerhäftlinge. Sie hatten Sklavenarbeit in Zweigwerken deutscher Industrieunternehmen in der unmittelbaren Umgebung von Auschwitz zu leisten. Die SS vermietete die Häftlinge preisgünstig an die dort tätigen deutschen Firmen.

Der Industrie kam die Massierung billiger Arbeitskräfte in Auschwitz entgegen. Das SS-Wirtschafts- und Verwaltungshauptamt wiederum erstrebte möglichst umfangreiche Investitionen der Unternehmen in Fabrikanlagen, die auf die Arbeit von Lagerhäftlingen ausgerichtet waren. Die Firmen, in erster Linie die Frankfurter IG-Farben, investierten erhebliche Mittel, vor allem in Auschwitz III. Die preiswert überlassenen Häftlinge versprachen eine kräftige Rendite.

Ein jüdischer Gefangener war in Auschwitz durchschnittlich zehn Monate arbeitsfähig. In dieser Zeitspanne erwirtschaftete er für das ihn vermietende SS-Wirtschafts- und Verwaltungshauptamt einen statistischen Gewinn von 1431 Reichsmark. Nicht mehr arbeitsfähige Häftlinge wurden umgebracht.

Die Festgehaltenen, neben Juden auch »Zigeuner« (Sinti und Roma), Polen, Kriminelle, Kommunisten und andere wurden von einer 3000 Mann starken Wachmannschaft beaufsichtigt, deren Kern aus SS-Totenkopfverbänden bestand. Mit fortlaufender Kriegsdauer wurden zunehmend Polen und Ukrainer für den Wachdienst herangezogen.

Die vollständige Rechtlosigkeit der Häftlinge gab der SS auch Gelegenheit, sie als menschliche Versuchsobjekte zur Bestätigung ihrer Rassenlehre sowie für medizinisch-wissenschaftliche Experimente zu benutzen. Da Juden und »Zigeuner« ohnehin beseitigt werden sollten, bestanden für medizinische Versuche keine Hemmungen und Grenzen. Gefangene wurden mit Seuchenkeimen infiziert, unterkühlt, tödlichen Dosierungen von Röntgenstrahlungen und Druckverhältnissen ausgesetzt sowie einer breiten Skala weiterer meist tödlicher Prozeduren unterworfen.

Der bekannteste Arzt in Auschwitz war nicht von ungefähr Dr. Dr. Josef Mengele. Er wurde 1912 als Sohn einer begüterten Fabrikantenfamilie im bayerischen Städtchen Günzburg geboren. Nach einer Promotion in Germanistik widmete sich Mengele mit zunehmendem Ehrgeiz der Medizin. Im Mittelpunkt seines Studiums stand die Zwillingsforschung. Mengele fiel zunächst nicht als Anhänger der NS-Weltanschauung auf, er verkörperte vielmehr das deutsche Ideal des faustischen Charakters, von nimmermüdem Erkenntnisinteresse getrieben.

In Auschwitz fanden Mengele und andere SS-Ärzte Forschungsbedingungen vor, die durch keinerlei ethische Restriktionen eingeengt wurden. Nach dem Krieg wurden Mengele und Kollegen vielfach als Sadisten dämonisiert, deren Hauptantrieb das Quälen und Töten Unschuldiger war. Die Realität ist differenzierter und makabrer. Mengeles wissenschaftliche Arbeiten, deren experimentelle Erkenntnisse er in

Auschwitz an Häftlingen testete und gewann, wurden von der weltweit anerkannten Deutschen Forschungsgemeinschaft (DFG) begleitet. Mengeles spezieller Betreuer war der renommierte Genetiker Professor Otmar Freiherr von Verschuer. Ein anderer Gutachter Mengeles war der weltberühmte Chirurg Professor Dr. Ferdinand Sauerbruch, der während des Kriegs Hitler behandelte und nach 1945 weiter als Leiter der Chirurgie am Ostberliner Klinikum Charité unbehelligt wirken konnte. Sein Kollege Verschuer ging unterdessen in der Bundesrepublik seinen Forschungen nach.

Dr. Mengele und die Professoren Sauerbruch und Verschuer waren keine Einzelfälle. Sie stehen für eine Reihe von deutschen Ärzten und Forschern, die skrupellos die Vorteile einer kriminellen Diktatur für ihre persönliche Karriere und die Befriedigung des eigenen wissenschaftlichen Erkenntnisinteresses nutzten. Dies geschah im Rahmen der Euthanasie ebenso wie beim Völkermord an Juden, Sinti und Roma, in Heil- und Pflegeanstalten und in Konzentrationslagern gleichermaßen. Die Selektion, die die sofortige Tötung der Häftlinge zur Folge hatte, war nur ein Teil der Tätigkeit der SS-Ärzte, Forschung ein anderer. Die wissenschaftliche Zusammenarbeit von Mengele und Verschuer zeigt, dass sich die Verbrechen keineswegs auf Konzentrationslager und SS-Männer beschränkten. Auch der zivile Sektor war durch anerkannte Wissenschaftler, Forschungsstätten und Kliniken aktiv in die Untaten involviert.

Auf wirtschaftlichem Gebiet war die Verstrickung von Partei und SS sowie ziviler Unternehmen und Einzelpersonen ebenfalls unentwirrbar – dies wurde von allen Seiten so gewollt. Man bildete unter staatlichem Auspizium eine Gemeinschaft zum gegenseitigen Profit. Während der »Arisierung«, einer konzertierten Raubaktion von Bevölkerung, Geldinstituten und Firmen, mussten die Juden den Großteil ihres privaten Vermögens sowie ihre Unternehmen an den Staat, private Firmen und Individuen abgeben. Nach der Deportation ging ihre Ausbeutung weiter. Unmittelbar nach ihrer Ankunft in den Konzentrations- oder Vernichtungslagern wurden die Juden ihrer letzten Habseligkeiten, Kleidung, privater Gegenstände und ihrer Haare beraubt, nach ihrer Ermordung kamen Zahngold und eventuell versteckte Wertgegenstände hinzu. Alles ging an das SS-Wirtschafts- und Verwaltungshauptamt, das die Beute gegen Gewinn veräußerte. So profitierten NS-Staat, Wirtschaft und Bevölkerung gemeinschaftlich von der Vertreibung und Ermordung der Juden.

Die »Arisierung« hatte vielfache Nutznießer: Nachbarn, Geschäftspartner und Konkurrenten, selbst ehemalige nichtjüdische Ehepartner. Die Mehrheit der materiellen Gewinner aber blieb anonym – zumindest für die beraubten Juden. Nachdem sie in Arbeits- und Vernichtungslager verbracht worden waren, ließen die Behörden ihre Habseligkeiten in den meisten Fällen versteigern.

Allein in Hamburg wurden in den Kriegsjahren mehr als 27 000 Tonnen »Judengut« aus den Niederlanden von über hunderttausend Bürgern der Hansestadt günstig erstanden: Möbel, Schmuck, Pelzmäntel, Lebensmittel. Die Güter sollten die Stimmung der vom Bombenkrieg geschädigten Bevölkerung heben. Die Beute für den einzelnen Volksgenossen blieb zwar relativ gering, doch durch die Ersteigerung des »Judengutes« machten sich die Menschen freiwillig zu Komplizen des Regimes, das die Juden offensichtlich beraubte. Den Löwenanteil dieser Beute behielt der NS-Staat indessen für sich.

So trieben die Finanzämter allein durch die von Hermann Göring infolge der »Reichskristallnacht« angeordnete Juden-Kontribution 1,2 Milliarden Reichsmark ein; 200 Millionen mehr, als der Nazi-Funktionär ursprünglich vorgesehen hatte. Unmittelbar darauf bestimmte die Reichsregierung die »Überführung des gesamten Grundstücks- und Effektenvermögens aus jüdischem Besitz in zunächst staatliche und später vielleicht private Hände«. Diese Maßnahme wurde mithilfe der Finanzämter und Banken, bei denen Juden ihre Wertpapiere deponiert hatten, ausgeführt. Auf diese Weise verleibten sich der deutsche Staat und die Privatwirtschaft weitere 6 Milliarden Reichsmark ein. Hinzu kamen während der folgenden Jahre der Schoah und des Kriegs die Auszahlung der Lebensversicherungen der ermordeten deutschen Juden an die Finanzämter. Diese Vermögenswerte trugen dazu bei, einen Kollaps der durch die immensen Rüstungsausgaben völlig überschuldeten deutschen Volkswirtschaft zu verhindern.

Die Ausbeutung jüdischen Vermögens beschränkte sich nicht auf Deutschland. Auch die Volkswirtschaften der vom NS-Reich besetzten Länder profitierten dabei. Die Vermögen der deportierten Juden wurden von den Regierungen der okkupierten Staaten eingezogen. Damit beglichen sie die hohen Besatzungskosten. Da die Zahlungen an Deutschland zumeist aus den beschlagnahmten jüdischen Vermögen stammten, wurden die Volkswirtschaften dieser Länder weniger belastet, die Staaten blieben von starker Inflation verschont. Dadurch ersparten sie sich wirtschaftliches Elend, womit eine wichtige Ursache möglichen Widerstands gegen die deutsche Besatzungsmacht entfiel. Am Ende landeten die Vermögen der deportierten Juden der eingenommenen Länder in Deutschland, wo sie zur Finanzierung des Kriegs beitrugen.

Die Nazis – an ihrer Spitze Hitler, Goebbels und Streicher – unterstellten den Juden Habgier und Mordlust. Eine entlarvende Projektion. In der Tat aber gab es in der Menschheitsgeschichte keinen systematischeren Raubmord, keine ärgere »Ausschlachtung« von Menschen als jene der Juden durch das NS-System und seine Träger, also die deutsche Bevölkerung.

Neben den Juden waren vor allem Sinti und Roma Opfer der Nazis. Die weltanschauliche Begründung der Verfolgung von »Zigeunern« und die Mobilisierung des Hasses gegen sie war noch absurder als im Fall der Juden. Sinti und Roma stammten ursprünglich aus dem Norden Indiens, zählen also zu der Völkerfamilie der Indogermanen, eine offensichtliche Rassenrivalität zu den deutschen »Germanen« ließ sich daher nicht ohne weiteres konstruieren. Tradierte religiöse Feindschaft schied aus, da die »Zigeuner« im Gegensatz zu den jüdischen »Gottesmördern« bereits seit Jahrhunderten den christlichen Glauben angenommen hatten.

Auch ließ sich den Sinti und Roma, anders als den Juden, nicht vorwerfen, dass sie die deutsche Wirtschaft oder gar die Weltökonomie beherrschten. Die »Zigeuner« lebten am Rande der deutschen Gesellschaft, sie wurden im Gegensatz zu den Juden nicht um ihren Reichtum oder ihren Einfluss beneidet, sondern im Gegenteil wegen ihrer Armut, ihrer andersartigen Kultur und ihren Sitten verachtet. Diese Geringschätzung, gepaart mit untergründigen aggressiven Ängsten, war die Basis der Hetze der Nationalsozialisten gegen die »Zigeuner«. Sinti und Roma wurden von den »Nürnberger Gesetzen« ebenso diskriminiert wie die »semitischen« Juden. Auch wurden diesen Indogermanen als Folge des »Blutschutzgesetzes« Eheschließungen und sexueller Verkehr mit Ariern verboten. Arische Hausangestellte hatten »Zigeuner« ohnehin nicht.

1938 wurde im Reichskriminalpolizeiamt eine »Reichszentrale zur Bekämpfung des Zigeunerwesens« eingerichtet. »Zigeuner«, die sich nicht an die »Nürnberger Gesetze« hielten, sich angebliche oder tatsächliche Rechtsübertretungen zuschulden kommen ließen, wurden häufig in KZ-»Schutzhaft« genommen. Sechs Wochen nach Kriegsbeginn, am 17. Oktober 1939, erließ die Reichsregierung einen »Festschreibungserlass«, der »Zigeunern und Zigeunermischlingen« verbot, ihren Wohnort zu verlassen. Auf diese Weise wurden die Betroffenen registriert und für anstehende Deportationen bereitgehalten.

Zu dieser Zeit wurden die »Zigeuner« umfangreichen medizinischen Untersuchungen unterzogen. Die Ärzte des Rassenamtes wollten rassische Merkmale der Sinti und Roma erfassen. Auch ihre völkische Verwandtschaft sowie die Unterschiede zu den »Ariern« sollten erforscht werden. Aktiv dabei waren wiederum der Genetiker Otmar von Verschuer und seine Mitarbeiter. Doch das sich wissenschaftlich gebende Unterfangen wurde Makulatur, als Anfang 1940 die Deportierung der rund 30 000 deutschen »Zigeuner« nach Polen grundsätzlich beschlossen wurde. Die Zwangsverschickungen setzten Mitte Mai 1940 ein. Eine verbindliche Entscheidung über das endgültige Schicksal der »Zigeuner« war noch nicht gefallen. Und so durften die »Zigeuner« in Auschwitz im Gegensatz zu den Juden und anderen Häftlingen in ihren Familienverbänden beisammen bleiben. Es war ihnen erlaubt, ihre Instrumente zu behalten und ihre Musik zu spielen. Zu Arbeiten wurden sie kaum herangezogen. Nach Beginn des Russlandfeldzugs wurden die Maßnahmen gegen die »Zigeuner« verschärft. Man unterzog sie nun, anders als vor dem Krieg in Deutschland, grausamen medizinischen Experimenten. Fortan wurden auch Sinti und Roma aus den deutsch besetzten Gebieten nach Auschwitz deportiert. Ab 1942 wurden sie systematisch ermordet. Insgesamt brachten die Nazis mehrere Hunderttausend Sinti und Roma um. Die Schätzungen gehen bis zu einer halben Million getöteter »Zigeuner«. Ebenso wie im Fall der Juden gab es weder aus breiten Kreisen der Bevölkerung noch seitens der Kirchen organisierten Protest gegen die Diskriminierung, Deportation und Ermordung der »Zigeuner«. Bemerkenswert, da die meisten von ihnen bekennende Christen waren. Auch hier fehlte die Solidarität der Kirche mit ihren Schutzbefohlenen.

Einen authentischen Einblick in die Gemütsverfassung der deutschen Täter vermittelten die Reden Heinrich Himmlers vom 4. und 6. Oktober 1943. Zu diesem Zeitpunkt waren bereits Millionen europäischer Juden ermordet. Himmler sprach in Posen vor hohen SS-Offizieren, Reichs- und Gauleitern: »Ich will hier vor Ihnen in aller Offenheit auch ein ganz schweres Kapitel erwähnen. Unter uns soll es einmal ganz offen ausgesprochen sein, und trotzdem werden wir in der Öffentlichkeit nie darüber reden. … Ich meine jetzt die Judenevakuierung, die Ausrottung des jüdischen Volkes … Der Satz, die Juden müssen ausgerottet werden … ist leicht ausgesprochen … Es trat an uns die Frage heran: Wie ist es mit den Frauen und Kindern? Ich habe mich entschlossen, auch hier eine ganz klare Lösung zu finden. Ich hielt mich nämlich nicht für berechtigt, die Männer auszurotten – sprich also, umzubringen oder umbringen zu lassen – und die Rächer in Gestalt der Kinder für unsere Söhne und Enkel groß werden zu lassen. Es musste der schwere Entschluss gefasst werden, dieses Volk von der Erde verschwinden zu lassen … ›Das jüdische Volk wird ausgerottet‹, sagt ein jeder Parteigenosse, ›ganz klar, steht in unserem Programm. Ausschaltung der Juden, Ausrottung, machen wir.‹ Und dann kommen sie alle an, die braven 80 Millionen Deutschen, und jeder hat seinen anständigen Juden. Es ist ja klar, die anderen sind Schweine, aber dieser eine ist ein prima Jude. Von allen, die so reden, hat keiner zugesehen, keiner hat es durchgestanden. Von Euch werden die meisten wissen, was es heißt, wenn 100 Leichen beisammen liegen, wenn 500 daliegen oder wenn 1000 daliegen. Dies durchgestanden zu haben, und dabei – abgesehen von Ausnahmen menschlicher Schwächen – anständig geblieben zu sein, das hat uns hart gemacht. Das ist ein niemals geschriebenes und niemals zu schreibendes Ruhmesblatt unserer Geschichte.«

Himmlers Worte zeigen ein Dilemma der NS-Führung. Der SS-Chef und Chef-Exekutor des Völkermords ging von einem prinzipiellen Antisemitismus der deutschen Bevölkerung aus. Auch der Zustimmung zu fatalen Parolen. Hitler, Goebbels und ihre Mitstreiter hatten wiederholt unter dem Beifall ihres Publikums die »Ausrottung« beziehungsweise die »Vernichtung« der Juden gefordert und angekündigt. Doch Himmler wusste, dass dieser Beifall vorwiegend prinzipiell und darüber hinaus passiv gemeint war. Aktiv Juden ermorden oder auch nur Kenntnis davon erlangen, wollten nur wenige. Immerhin fanden sich genug Volksgenossen, die den Genozid organisierten und vollzogen, also mordeten. Etwa 150 000 bis 200 000 Menschen – die meisten davon Deutsche – waren direkt und indirekt an der Vernichtung der Juden und Sinti und Roma beteiligt – sei es in dem ausgeklügelten Verwaltungsapparat, bei der Bahn oder vor Ort in den Lagern.

Die breite Mehrheit der »braven Deutschen« ließ den Völkermord an den Juden geschehen. Widerstand hatten die Nazis nicht zu erwarten, selbst wenn die »prima Juden«, also jene, die den einzelnen Deutschen nahe standen, deportiert wurden. Was danach den Juden widerfuhr, sollte die Gemüter der

Deutschen nicht belasten. Dies war der Grund für die Geheimhaltung der »Endlösung« – allein der Begriff beweist die versuchte Camouflage des Geschehens. Die Deutschen waren keine Judenmörder aus Passion. Doch die Passivität der Bevölkerung, die tradierten Vorurteile, egoistische Konkurrenzerwägungen, materielle Vorteile und eine ordentliche Portion Feigheit waren die Voraussetzungen, dass Hitler und seine Paladine sowie deren zahllose Zuarbeiter den Judenmord begehen konnten.

Nicht alle braven Deutschen, die das Bedürfnis hatten, Juden beizustehen, beließen es bei der guten Absicht. Allein in Deutschland überlebten bis zu 5000 Juden in Verstecken den Völkermord. Es wird geschätzt, dass an ihrer Rettung rund 10 000 Menschen beteiligt waren. 5000 versteckte Überlebende von 180 000 der Vernichtung anheim gegebenen Juden, das sind gerade einmal 2,5 Prozent. Und 10 000 Retter unter Millionen ist eine Quote unterhalb des Promillebereichs. Umso mehr verdient der Mut dieser Menschen Hervorhebung. 358 Deutsche wurden in der israelischen Schoah-Gedenkstätte Jad Vaschem für ihre Hilfe mit einem Baum in der Allee der Gerechten geehrt. Getreu dem Motto: »Wer ein Leben rettet, rettet die ganze Welt.« Zumindest sind diese Männer und Frauen der Intention Henning von Tresckows gerecht geworden, ein anständiges Deutschland zu demonstrieren.

Sieht man von Dänen und Bulgaren ab, denen es gelang, fast ihre gesamten jüdischen Gemeinden vor der Vernichtung zu bewahren, ergibt sich in den besetzten Ländern eine niederschmetternde Bilanz. Die SS fand vor allem in Osteuropa, insbesondere in Polen, der Ukraine sowie in den baltischen Staaten Zehntausende Freiwillige, die sie bei ihrem Völkermordunternehmen aktiv unterstützten. Das Gleiche gilt für Ungarn, Rumänien, Kroatien, Griechenland, die Slowakei. Selbst in den vormals und danach demokratischen Staaten Frankreich und Holland halfen Tausende der Gestapo und der SS durch Denunziation und Polizeidienste bei ihrem Vernichtungsfeldzug.

Die angelsächsischen Demokratien und Anti-Hitler-Alliierten taten sich bis 1939 bei der Judenrettung nicht hervor. Die Amerikaner ließen ebenso wie die Briten nur eine begrenzte Anzahl Juden in ihr Land. Seit Kriegsbeginn verschärfte London seine Haltung. Aus Rücksicht auf die arabischen Länder untersagte Großbritannien eine Zuwanderung von Juden in das britische Mandatsgebiet Palästina, das London vom Völkerbund anvertraut wurde, um dort einen jüdischen Staat zu errichten. Durch diese Politik trägt Großbritannien eine Mitverantwortung am Tod Hunderttausender deutscher und westeuropäischer Juden, denen das Hitler-Regime bis 1941 die Ausreise erlaubte.

London und Washington nahmen den Völkermord, über den sie ebenso wie der Vatikan seit 1942 informiert waren, hin. Während alliierte Bombergeschwader seit 1944 mutwillig deutsche Städte und deren Wohnviertel zerstörten, während ihre Kampfflugzeuge die Industrieanlagen rund um Auschwitz attackierten, weigerten sich die Regierungen Großbritanniens und der USA, der Bitte jüdischer Organisationen nachzukommen und die Zufahrtsstrecken, ja die Tötungseinrichtungen der Vernichtungslager anzugreifen. Zynische Begründung der amerikanischen Regierung: dabei könnten Juden zu Tode kommen. Auf diese Weise erhielten die Nazis im Frühjahr/Sommer 1944 Gelegenheit, durch die Ermordung von mehreren Hunderttausend ungarischen Juden den Genozid zu vervollständigen. Hitler und die Seinen fanden viele ihrer willigen und indirekten Helfer auch außerhalb Deutschlands, selbst innerhalb der Regierungen ihrer Feinde.

Am Ende fielen dem Völkermord rund sechs Millionen Menschen zum Opfer. Die Nazis, auch dies wird in der Posener Rede deutlich, waren sich der Dimension ihres Verbrechens bewusst. Daher fürchtete Himmler ebenso wie zuvor sein Stellvertreter Heydrich in Wannsee die Rache der überlebenden Juden. Diese Angst trieb sie, ihren Judenreferenten Eichmann und dessen unzählige Mittäter an, ihre Verbrechen möglichst perfekt zu exekutieren.

Der Preis

1945

Ende April 1945 war für jeden Deutschen offenkundig, dass der von Adolf Hitler gewollte und gelenkte Krieg unwiderruflich verloren war. Sowjetische Verbände standen bereits in Berlin. Ihre Artillerie nahm die Reichskanzlei unter direkten Beschuss.

Die Generalität, die überwiegende Mehrheit der Soldaten und der Bevölkerung waren ihrem Führer trotz strategischer und persönlicher Bedenken in den Waffengang gefolgt. Ungeachtet zunehmender Verwüstungen ihres Landes hatten die Deutschen unverdrossen und zäh für den Sieg gekämpft und gearbeitet. Später stemmten sie sich der Niederlage heldenmütig entgegen.

Zu schlechter Letzt hatte Hitler fast alle seine Ziele verfehlt. Deutschland lag in Trümmern. Das Reich hatte, statt die »Fesseln von Versailles abzuschütteln«, »Lebensraum im Osten« zu erobern und die Vorherrschaft in der Welt zu erringen, sein gesamtes Territorium, seine wirtschaftliche Lebensgrundlage, seine Macht und Unabhängigkeit und jegliche moralische Integrität eingebüßt.

Einem einzigen Ziel war Hitler näher gekommen: Er hatte mithilfe seiner Mitstreiter das europäische Judentum zwischen Atlantik und Wolga fast vollständig ausgelöscht.

Ehe er seinem Leben ein Ende setzte, dokumentierte Hitler nochmals seinen Hass gegen seine erkorenen Todfeinde. In seinem politischen Testament gab er den Juden die Schuld an Deutschlands Niederlage und wollte die nachfolgenden Generationen der Deutschen zur »peinlichen Befolgung [seiner] Rassegesetze« verpflichten. Krieg, Niederlage und Völkermord sollten nicht als Willkürakte Adolf Hitlers, sondern als Verteidigungsmaßnahmen der Deutschen und ihres Führers gegen die jüdische Weltverschwörung erscheinen. Unter dem Brenn-glas der Agonie offenbarte sich ein letztes Mal das vom Verfol-gungswahn bestimmte Weltbild des Diktators. Hitler war am Ende jedoch keineswegs allein.

Die Deutschen hatten den geborenen Österreicher adoptiert. Adolf Hitler hatte die Deutschen als Passagiere seiner Höllen-fahrt zu Triumphen und Niederlagen mitgerissen. Auf diese Weise waren sie endlich zu Komplizen seiner Verbrechen ge-worden.

Statt sich aus der Hand ihres Verführers zu lösen, als dessen Bankrott und seine Folgen für die Bevölkerung unübersehbar wurden, folgten die Deutschen Hitler bis zuletzt loyal in den Untergang. Die Italiener, samt ihrer faschistischen Führung, hatten Mussolini bereits 1943 im Angesicht des Niedergangs abgesetzt. Danach konnte er sich nur noch als Galionsfigur un-ter Hitlers Protektorat halten. Sobald dieser Schutz Ende April 1945 unwirksam wurde, veranstalteten italienische Partisanen eine Treibjagd auf den einstigen Duce. An deren Ende wurden die Leichname Mussolinis und seiner Geliebten öffentlich in Mailand vom Mob geschmäht.

In Deutschland war ein solches Verhalten undenkbar. Solda-ten und Zivilisten fügten sich hier widerspruchslos den Be-fehlen ihres Führers, der am Ende mit Armeen und Waffen operierte, die allein in seinem zunehmend realitätsfernen Be-wusstsein existierten.

Erst als der Tod Adolf Hitlers nach dem 30. April 1945 be-kannt wurde, lösten die Deutschen, selbst fanatische National-sozialisten, abrupt ihre Bindung an den einst bewunderten, gar geliebten Führer. Seine Verheißung, den aus den Minderwer-tigkeitsgefühlen einer prekären geografischen Lage und einer entsprechend zerrissenen Geschichte gezimmerten deutschen Allmachtsmythos zu verwirklichen, war gescheitert. Anders als am Ende des Ersten Weltkriegs konnte es nunmehr an der selbst verschuldeten Niederlage keinen Zweifel geben. Die Deutschen hatten nach dem Willen Adolf Hitlers dieses Mal bis fünf nach Zwölf gekämpft und verloren. Eine neue Dolchstoßlegende hatte daher keine Chance. Auch nicht der Versuch der Nazis, einen werwölfischen Partisanenkrieg zu inszenieren. Niemand beteiligte sich an diesem wahnwitzigen Unterfangen, obwohl es gründlich vorbereitet worden war.

Es brauchte die totale Niederlage im selbst proklamierten totalen Krieg, um aus den deutschen Schädeln die »Berserkerwut ... nordischer Dichter« und deren Sinnbild Adolf Hitler zu vertreiben und sie reif für die Rationalität und Humanität der Demokratie zu machen.

Der Preis war gewaltig.

Danksagung

Mein historisches Denken wurde vorwiegend geprägt und geschult durch meine Lehrer, die Zeithistoriker Professor Ernst Deuerlein, Thomas Nipperdey und Thilo Vogelsang.

Bei der Recherche zu diesem Buch hat mir unermüdlich Professor Otto Neu geholfen. Meine Frau Elisabeth spendete mir fortwährend Mut.

Dr. Annalisa Viviani war eine sorgfältige und stets inspirierende Lektorin. Sven Felix Kellerhoff half mir als kenntnisreicher Kritiker.

Lothar Menne hat das Erscheinen des Buches gefördert. Thomas Rathnow hat das Projekt energisch durchgesetzt. Von ihm erhielt ich bedenkenswerte Anregungen.

Waltraud Stangl hat mich wie gewohnt bei der Niederschrift unterstützt.

Ohne die Ermutigung und Hilfe dieser Menschen hätte dieses Buch nicht entstehen können.

Allein hätte mir die Kraft zur Bewältigung dieser Materie gefehlt. Ihnen allen gilt mein herzlicher Dank.

Berlin, im Januar 2004   *Rafael Seligmann*

Personenregister